清前期地方财政
亏空治理研究
以江苏为例

RESEARCH
ON THE GOVERNANCE
OF LOCAL FISCAL DEFICIT
IN THE EARLY
QING DYNASTY

龚 浩 著

上海社会科学院出版社
SHANGHAI ACADEMY OF SOCIAL SCIENCES PRESS

图书在版编目(CIP)数据

清前期地方财政亏空治理研究：以江苏为例 / 龚浩著 . —上海：上海社会科学院出版社，2022
 ISBN 978-7-5520-3835-4

Ⅰ.①清… Ⅱ.①龚… Ⅲ.①地方财政—财政赤字—研究—江苏—清前期　Ⅳ.①F812.753

中国版本图书馆 CIP 数据核字(2022)第 074850 号

清前期地方财政亏空治理研究
—— 以江苏为例

著　　者：龚　浩
责任编辑：蓝　天
封面设计：黄婧昉
出版发行：上海社会科学院出版社
　　　　　上海顺昌路 622 号　邮编 200025
　　　　　电话总机 021-63315947　销售热线 021-53063735
　　　　　http://www.sassp.cn　E-mail:sassp@sassp.cn
排　　版：南京展望文化发展有限公司
印　　刷：上海颛辉印刷厂有限公司
开　　本：890 毫米×1240 毫米　1/32
印　　张：11
字　　数：264 千
版　　次：2022 年 4 月第 1 版　2022 年 4 月第 1 次印刷

ISBN 978-7-5520-3835-4/F·694　　　　定价：68.00 元

版权所有　翻印必究

本书是"国家社科基金重大项目'清代财政转型与国家财政治理能力研究'(15ZDB037)子课题——清代前期的传统财政沿袭、变迁与改革创新"成果。

目 录

第一章　引　言 ………………………………………………… 1
　第一节　江苏：清朝地方亏空治理的一个缩影 ………… 2
　第二节　何谓"亏空"：概念与时空的厘定 …………… 3
　第三节　绕不开的"亏空"：学术史的回顾 …………… 8
　第四节　拟解决问题与本书框架 ………………………… 17

第二章　纸面规矩：职官、制度与收支 …………………… 20
　第一节　职官体系：地方上的"财政官" ……………… 21
　第二节　有章可循：地方财政管理制度 ………………… 24
　第三节　州县的名义账本：江苏财政收支面貌 ………… 35
　本节补录：江苏州县财政收支实态 ……………………… 75

第三章　名与实：关于江苏应征、实征及实得赋税规模的
　　　　　估计 ……………………………………………… 111
　第一节　几组概念的界定和问题的提出 ………………… 112
　第二节　赋税额的各类估计：以康熙五十一年（1712 年）
　　　　　至雍正四年（1726 年）的数据为例 …………… 115
　第三节　清代康熙至道光时期江苏应征赋税的变化 …… 126
　第四节　康熙至道光时期实征赋税与赋税完纳率的变化
　　　　　趋势及其原因探析 …………………………… 136

第四章　打地鼠：顺康时期江苏亏空治理 …… 144
第一节　新朝的旧疾：亏空由来已久 …… 145
第二节　江南奏销案：康熙朝早期的亏空治理 …… 151
第三节　康熙的难题：无纤毫余剩、私征之实与加派之名 …… 185

第五章　治道务实：雍正时期江苏亏空治理 …… 200
第一节　失败的"试水"：雍正朝初期的江苏亏空治理 …… 201
第二节　拿掉地方的"挡箭牌"：制度改革 …… 218
第三节　归咎胥吏：江苏亏空治理中的"公约数" …… 239

第六章　皇帝的新装：乾隆时期江苏亏空治理 …… 270
第一节　老调重弹：乾隆年间的制度调整 …… 271
第二节　役侵与民欠：乾隆朝的两次亏空清查 …… 282
第三节　面子与里子：尹壮图案与乾隆朝治理亏空成效 …… 295

第七章　故态复萌：嘉道时期亏空治理 …… 305
第一节　世间安得两全法：嘉庆初期的秘密清查 …… 305
第二节　疲玩尤甚：嘉道时期的江苏亏空治理 …… 312

余论　无可无不可的亏空治理 …… 324

参考文献 …… 328

后记 …… 343

第一章 引 言

> 州县为亲民之官,地方事务,全资料理。
> ——《雍正上谕内阁》

亏空,又称为钱粮亏空、财政亏空,或指因纳税人拖欠赋税[①]国家未能足额征收应征赋税的现象,又或指因地方官吏将已征赋税挪移、侵蚀形成财政缺口的现象。清代地方财政收支主要指地丁田赋收支,地方亏空也主要指地丁田赋亏空。在清代,亏空就如附骨之疽,王朝亏空治理也只是"医得眼前疮",又或是"按下葫芦起了瓢"。这不禁让人深思,一个统治时间近三百年的王朝,一个"规模弘远"的王朝,是无法治理亏空?还是无力治理亏空?即或是无心治理亏空?纵观清代,中央多次展开地方亏空治理,留下诸多可资分析的亏空清查案。本书将通过研究清代前期江苏的一系列亏空治理案,管窥传统时期国家的治理体系、治理能力和治理逻辑。

[①] 本文所指赋税,特指地丁田赋。清初,地丁田赋包括按人丁征收的丁银和按土地征收的田赋;雍正时期,实行摊丁入地,将丁银摊入土地征收。赋税收入通常表现为银钱和漕粮两种形式,因此也被称为钱粮收入。

第一节　江苏：清朝地方亏空治理的一个缩影

唐宋以降，及至今日，江苏一直都是中国最富庶的地区之一，也是国家财政收入的主要来源地区。康熙二十四年（1685年），江苏赋税收入398万两，占全国赋税收入（2 823万两）的14.10%；乾隆十八年（1753年），江苏赋税收入337万两，占全国赋税收入（2 961万两）的11.38%。① 尤其是江苏南部的江宁、苏州、松江、常州、镇江和太仓等地，自明代开始就有"重赋"之称。曾在明末担任应天巡抚的张国维在《吴中水利书》中写道，"今天下大计莫重于财赋，而苏松等府地方财赋所入，乃略当天下三分之一"。② 江苏赋税虽重，但常年亏空，中央根本无法获得足额法定收入。如在康熙五十一年（1712年）至雍正四年（1726年）的15年间，江苏亏空高达813万两。③ 再如，嘉庆十四年（1809年）至二十五年（1820年）的12年间，江苏亏空多达262万两。④

当然，亏空并非一省一地之殊情，亦非一朝一时之弊病。无论是以富庶著称的江浙，还是"仅敷本省需用"的闽粤，即或是需要协饷的云贵；无论是在"深仁厚泽"著称的康熙盛世，还是在"振饬纪纲，俾吏治澄清，庶事厘正"闻名的雍正王朝，即或是在以"每事务从宽厚"自鸣的乾隆皇帝治下。亏空皆屡禁不止，"你方唱

---

① 康熙二十四年，各省起运银21 938 627两、存留银6 289 155两。其中江苏起运银2 836 593两、存留银1 141 922两。乾隆十八年，各省田赋银29 611 201两，其中江苏田赋银3 371 334两。参见：(康熙)《大清会典》，卷二十四；(乾隆)《大清会典》，卷十。
② 张国维：《吴中水利全书》，卷十四，清文渊阁四库全书本。
③ 《清世宗宪皇帝实录》，卷七十五，中华书局，1985年。
④ 韩文绮：《秦报追缴嘉庆十四年以前二次清查案内赔项事》，道光四年五月二十九日，中国第一历史档案馆，04-01-35-0791-048。

罢我登场",或谓"天下州县亏空极多",或谓"各省皆有亏空",成为王朝无法根除的痼疾。

可以说：江苏亏空确有其特殊性，赋税虽重而亏空亦不少，国家"空负取盈之名，而终无取盈之实"，① 清王朝格外"关心"对江苏亏空的治理；又或者说：江苏亏空也没有特殊性，江苏所出现的亏空情形在全国各省比比皆是。清王朝对江苏亏空的治理，也只是王朝亏空治理中的一个缩影。

第二节　何谓"亏空"：概念与时空的厘定

一、亏空的定义及其类型

（嘉庆）《大清会典事例》中关于"亏空"的定义如下：

> 钱粮征解支放，各有款项。若为公务移缓就急，谓之挪移；假公济私，谓之侵盗；军兴公用，不得已而借用，谓之透支；借端开销，谓之冒破。②

按照（嘉庆）《大清会典事例》中的定义，亏空包括挪移、侵盗、透支和冒破四类。但这种分类方法存在问题，一方面，挪移与透支都是因公造成，侵盗与冒破则是因私造成，虽然都是亏空，但性质截然不同；另一方面，民欠（纳税人拖欠赋税造成的亏空）又不在此二者之内。

在清代，亏空有着特定含义，包括两个方面："一是额定赋税不

---

① 陆世仪：《苏松浮粮考》，清光绪陆桴亭先生遗书本。
② （嘉庆）《大清会典事例》，卷一百四十七。

能按时按量征收上交，造成拖欠；一是已征入库钱粮被官吏挪移、侵盗，形成短缺。"① 前者往往称之为"民欠"；在后者中，如果是因官员挪移或侵蚀造成的亏空则称之为"官侵"，如果是因胥吏侵蚀造成的亏空则称之为"吏蚀"。由此，"民欠""官侵""吏蚀"构成了清代亏空的三种主要类型。

实际上，将亏空划分为官侵、吏蚀和民欠三类是当时的普遍做法。雍正年间，参与清查江苏亏空的温尔逊在给皇帝的奏疏中写道："伏查历年积欠，官侵甚少，民欠之外，吏蚀居多……果能先将官侵、民欠二者划然分清，则吏蚀自必水落石出，无所容其隐匿也。"② 道光皇帝亦言："至嘉庆十二年（1807年）清查以后，历年复有官侵、吏蚀、民欠。"③ 其中，民欠亏空又可根据拖欠赋税人的身份特征，分为士绅欠税，胥吏欠税、普通百姓欠税三种。

在清代不同皇帝统治时期，清廷治理亏空的侧重点有所不同，只有将亏空类型进行细化，针对具体时期、具体类型的亏空治理进行研究，才能合理评价清代治理亏空的成效。打个比方，雍正时期的亏空治理主要是解决吏蚀问题，如果乾隆年间亏空清查中发现亏空构成中民欠占比大而吏蚀占比小，那么即便乾隆年间也发生了亏空，但至少可以说，雍正年间围绕吏蚀进行的亏空治理是有效的。

二、时间与空间厘定

本书以"清代前期江苏财政亏空治理研究"为题。"清代前期"

---

① 倪玉平：《试论清朝嘉道时期的钱粮亏空》，《人文论丛》2015年第1期。
② 温尔逊：《奏办理清查积欠钱粮事件情形折》，中国第一历史档案馆编：《雍正朝汉文朱批奏折汇编》，第十五册，江苏古籍出版社，1989年，第665页。
③ 《清宣宗成皇帝实录》，卷九十五，中华书局，1976年。

往往指清朝立国至道光二十年（1840年"鸦片战争"）之间的历史时期。但是，道光年间的江苏亏空治理自道光元年（1821年）开始，延续了整个道光朝，至道光二十二年（1842年），尚有未补银99万两。① 为了保证研究的完整性，本书的研究时间下限将包括整个道光时期。

江苏管辖区域在清初经历了多次调整。② 以顺治十八年（1661年）的情形而言，两江总督辖江南与江西两省，江南省设三巡抚和两布政使。包括：江南巡抚（江苏巡抚），驻苏州，辖江宁、苏州、松江、常州和镇江五府；安徽巡抚，驻安庆，辖安庆、徽州、宁国、池州、太平和广德六府州；凤庐巡抚，驻淮安，辖凤阳、庐州、淮安、扬州、徐州、和州和滁州七府州。左布政使（江宁布政使），驻江宁，辖安庆、凤阳、徽州、宁国、池州、太平、庐州、凤阳、淮安、扬州九府和徐、滁、和、广德四州；右布政使（苏州布政使），驻苏州，辖江宁、苏州、松江、常州和镇江五府。③

康熙五年（1666年），废凤庐巡抚，将凤阳、庐州、和州、滁州并入安徽巡抚辖区，将淮安、扬州、徐州并入江苏巡抚辖区。同时，将左布政使所辖淮安、扬州与徐州并入右布政使管辖。康熙六年（1667年），改左布政使为安徽布政使、右布政使为江苏布政使。江苏巡抚与江苏布政使管理区域重合，形成江苏包括"七府一直隶

---

① 程矞采：《奏报追补三次清查案内第十七限完欠银数事》，道光二十三年正月初八日，中国第一历史档案馆，04-01-35-0810-062。
② 《清史稿》，志九十八，中华书局，1976年。清代江苏建省时间，学界看法不一，参见季士家：《江南分省考实》，《中国历史地理论丛》1990年第2期；朱楞：《江苏建省时间辨析》，《东南文化》1999年第4期；公一兵：《江南分省考议》，《中国历史地理论丛》2002年第1期；傅祥林：《清代江苏建省问题新探》，《清史研究》2009年第2期。
③ 《清文献通考》，卷二百七十五，清文渊阁四库全书本；《清史稿》，志九十八。

州五十二县"的格局。① 见下表：

表1-1 康熙六年江苏布政使所辖七府一州表

府	江宁府	苏州府	松江府	常州府	镇江府	扬州府	淮安府	徐州直隶州
州县	上元	吴	华亭	武进	丹徒	江都	山阳	萧
	江宁	长洲	娄县	无锡	丹阳	仪征	盐城	砀山
	句容	昆山	上海	江阴	金坛	泰兴	清河	丰
	溧阳	常熟	青浦	宜兴		兴化	安东	沛
	溧水	吴江		靖江		宝应	桃源	徐
	江浦	嘉定				如皋	沭阳	
	六合	崇明				通州	赣榆	
	高淳	太仓州				高邮州	宿迁	
						泰州	睢宁	
							海州	
							邳州	

资料来源：《清史稿》，志三十三。

雍正二年（1724年），清廷调整了江苏部分州县的行政区划：

苏州府：长洲县析置元和县，昆山县析置新阳县，常熟县析置昭文县，吴江县析置震泽县；松江府：华亭县析置奉贤县，娄县析置金山县，上海县析置南汇县，青浦县析置福泉县（乾隆八年（1743年）裁撤）；常州府：武进县析置阳湖县，无锡县析置金匮县，宜兴县析置荆溪县；太仓府，太仓州析置镇洋县。② 升苏州府的太仓州、扬州府的通州、淮安府的海州与邳州为直隶州。

由此，江苏形成"七府五直隶州"的格局。此后，雍正又将溧

---

① 《清文献通考》，卷二百七十五。
② （乾隆）《江南通志》，卷五。

阳县划归镇江府，析淮安府山阳县和盐城县置阜宁县、析扬州府江都县置甘泉县、析苏州府吴县置太湖厅，升徐州直隶州为徐州府，并将邳州划归徐州府。①

乾隆二十五年（1760年），清廷将江苏分为两布政使司，其中：江宁布政使辖江宁、淮安、扬州、徐州四府和海、通二州；苏州布政使辖苏州、松江、常州、镇江四府和太仓一州。乾隆三十二年（1767年），增设海门直隶厅、析扬州府泰州置东台县。② 至是，江苏"领府八、直隶州三、直隶厅一"。③ 此后，江苏行政区划也有微调，但基本格局延续到了民国时期。

表1-2 清代乾隆朝以后江苏江宁布政使、苏州布政使辖地

	江宁府	淮安府	扬州府	徐州府	通州直隶州	海州直隶州
江宁布政使辖	上元县	山阳县	江都县	铜山县	通州	海州
	江宁县	阜宁县	甘泉县	萧县	如皋县	沭阳县
	句容县	盐城县	扬子县	砀山县	泰兴县	赣榆县
	溧水县	清河县	高邮州	丰县		
	江浦县	安东县	兴化县	邳州		
	六合县	桃源县	宝应县	宿迁县		
	高淳县		泰州	睢宁县		
			东台县			
府	苏州府	松江府	太仓直隶州	常州府	镇江府	
苏州布政使辖	太湖厅	川沙厅	太仓	武进县	太平厅	
	靖湖厅	华亭县	镇洋县	阳湖县	丹徒县	
	吴县	娄县	崇明县	无锡县	丹阳县	

---

① （嘉庆）《溧阳县志》，卷一。（嘉庆）《大清一统志》，卷九十三、卷九十六、卷一百。（民国）《吴县志》，卷十八上。
② （嘉庆）《大清一统志》，卷九十六，四部丛刊续编景旧钞本。
③ （嘉庆）《大清一统志》，卷七十二。

续 表

苏州布政使辖	长洲县	奉贤县	嘉定县	金匮县	金坛县	
	元和县	金山县	宝山县	江阴县	溧阳县	
	昆山县	上海县		宜兴县		
	新阳县	南汇县		荆溪县		
	常熟县	青浦县		靖江县		
	昭文县					
	吴江县					
	震泽县					

资料来源:《清史稿》,志三十三。扬子县即原仪征县。川沙厅,嘉庆二十五年(1820年)析松江府上海县置。① 太平厅,光绪三十二年(1907年)析镇江府丹阳县置。②

第三节 绕不开的"亏空":学术史的回顾

关于清代财政史的研究可追溯到19世纪末,1897年,英国驻上海领事哲美森所著《中国度支考》已经涉及清代财政。③ 刘秉麟、周伯棣、彭泽益、侯家驹、陈锋对清代财政进行了整体性研究。④ 汤象龙、陈支平、庄吉发、曾小萍、倪玉平、何烈、周志初、李三谋、史志宏、周育民、邓绍辉、申学锋分析了清代不同历史时期的

---

① (光绪)《川沙厅志》,卷一。
② (民国)《丹阳县续志》,卷一。
③ 哲美森著,林乐知译:《中国度支考》,上海广学会,1897年。
④ 刘秉麟:《中国财政小史》,收录于《近代中国外债史·中国财政小史》,武汉大学出版社,2007年;周伯棣:《中国财政史》,上海人民出版社,1981年;彭泽益:《清代财政管理体制与收支结构》,《中国社会科学院研究生院学报》1990年第2期;侯家驹:《中国财金制度史论》,(台北)联经出版事业股份有限公司,1988年;陈锋:《清代财政史》,湖南人民出版社,2015年。

财政情况。① 陈锋、何平、百濑弘、王业键探讨了清代财税政策。②同时，陈锋、叶振鹏对清代财政史研究成果进行了整理和述评。③岁有生梳理了清代地方财政史研究成果。④ 前辈学者研究成果是本研究的重要基础，基于研究需要，分"清代亏空研究"和"江苏亏空研究"两部分进行学术史回顾。

一、清代亏空研究

地方亏空是清王朝无法根治的积弊，清代官员和学者针对具体类型的亏空，分析其成因，并试图解决亏空问题。

吏治腐败往往被认为导致官侵的重要原因。即如乾隆、嘉庆时期的御史张鹏展所认为的，州县官员素性奢靡、专意逢迎、心地糊涂、专意营私，"所以侵私迄无顾忌也"，负有监督职责的上级官员则避处分、恐牵连、徇情面、狃积习而失去监督作用，以至于"积习既深之后，诛之不可胜诛"。⑤ 亦如晚清名士冯桂芬所分析："亏

---

① 汤象龙：《鸦片战争前中国的财政制度》，《财经科学》1957年第1期；陈支平：《清代赋役制度演变新探》，厦门大学出版社，1998年；庄吉发：《清世宗与赋役制度的改革》，台湾学生书局，1985年；曾小萍著，董建中译：《州县官的银两——18世纪中国的合理化财政改革》，中国人民大学出版社，2005年；倪玉平：《清朝嘉道财政与社会》，商务印书馆，2013年；何烈：《清咸、同时期的财政》，(台北)编译馆中华丛书编审委员会，1981年；周志初：《晚清财政经济研究》，齐鲁书社，2002年；李三谋：《明清财经史新探》，山西经济出版社，1990年；史志宏、徐毅：《晚清财政1851—1894》，上海财经大学出版社，2008年；周育民：《清王朝覆灭前财政体制的改革》，《历史档案》2001年第1期；邓绍辉：《晚清财政与中国近代化》，四川人民出版社，1998年。
② 陈锋：《清代财政政策与货币政策研究》，武汉大学出版社，2008年；何平：《清代赋税政策研究（1644—1840）》，故宫出版社，2012年；百濑弘著，郑永昌译：《清朝的财政经济政策》，收入于《财政与近代历史论文集》下册，(台北)"中研院"近代史研究所编；王业键著，高凤等译：《清代田赋刍论（1750—1911）》，人民出版社，2008年。
③ 陈锋：《20世纪清代财政史研究》，《史学月刊》2004年第1期；叶振鹏：《20世纪中国财政史研究概要》，湖南人民出版社，2005年。
④ 岁有生：《清代地方财政史研究评述》，《中国史研究动态》2011年第5期。
⑤ 张鹏展：《请厘治吏治五事疏》，贺长龄编，《清经世文编》，卷二十，清光绪十二年思补楼重校本。

欠之故在于亏空，亏空之故在于挪移，挪移之故在于漫无稽考。以一县之主，独操出纳之权，下车之后，公用后而私用先，家室妻子之百需，旧逋新欠之交集，大抵有收管而无开除，为所指挥，莫敢过问，迨上司之至而亏空久也。于是，因亏空而清查，清查一次，亏空又增多一次，徒费笔墨，无益帑藏。"①冯氏认为需要"宽既往而严将来"，以严刑峻法整肃吏治解决官侵亏空问题，甚至提出"嗣后如有亏空一钱者，杀无赦"的极端处理方式。

同时，不合理的财政体制也是导致官侵的重要原因。在清代，中央集权体制下地方财力不足，加之官员俸禄低薄，于是地方官员不得不挪移财政弥补地方财力的不足，由此产生亏空。在一定程度上，这种不合理的财政体制同样是吏治败坏的根源。雍正年间，清廷推动耗羡归公，将地方私自征收的非正项赋税转变为国家法定的正项赋税，增加官员收入与补充地方财力，希冀消除亏空。但随着清廷将耗羡收入纳入中央统一管理，使得这一纠正不合理财政体制的改革失去应有作用。即便到了晚清，冯桂芬都还在倡导"十倍养廉之法"，以提高养廉银来增加地方官员收入和满足地方公务支出需要。

清代官场是"流水的"官员、"铁打的"胥吏，州县官要依靠胥吏管理地方，是以言"本朝则与胥吏共天下"。胥吏遍及州县且人数众多，"今天下大县以千数，县吏胥三百，是千县则三十万也。一吏胥而病百人，三十万吏胥，是病三千万人也"。②清代士大夫普遍认为：胥吏品行不良，多是奸诈之徒，"凡人出身为吏胥者，类皆乡里

---

① 冯桂芬：《校邠庐抗议》，上海书店出版社，2002年，第33页。
② 侯方域：《侯方域集》，卷十，清顺治刻增修本。

桀黠者流，不肯自安于耕凿，然后受役于官而为吏"。① 胥吏在赋税征管中弄虚作假，运用"飞洒""换封""卧批"等等手段侵蚀钱粮，造成吏蚀亏空。

在清代，将造成地方亏空的主要原因归咎于吏蚀的论述不胜枚举。以至于在当时，地方官如何控制胥吏已经成为一门重要的"职场学问"。流传官场的《州县须知》中如是言道："官有胥吏，原以供书写而备差备。其中虽不乏勤慎之人，然衙门气习营私舞弊者多。苟本官严于稽查，善于驾驭，则奸滑固皆畏法而敛迹。否则纵滋无忌，虽勤慎者，亦且相率而效尤，此胥吏之所以不可不防也。"② 王又槐在《刑钱必览》中大篇幅讲述了如何防范胥吏在钱粮征管中舞弊。③ 汪辉祖提醒地方官员"勿受书吏陋规"，认为地方官接受的陋规往往来自书吏挪移的钱粮，一旦地方官接受陋规，就会受胥吏胁迫，走向作奸犯科的道路。④

民欠也是亏空的重要组成部分，清代官员和学者往往将民欠归咎于两个方面：其一，官员、胥吏、士绅在其中舞弊，将侵蚀、挪移、包揽的钱粮捏造为民欠；其二，地方赋税征管制度不完善，胥吏、士绅和奸滑百姓常年拖欠赋税。此外，江苏南部赋税沉重，因此，税负过重也被认为是造成江苏民欠的重要原因。

就以上三类亏空，清代官员和学者往往认为官侵与吏蚀是亏空的主要构成部分，又"乐意"让吏蚀充当"大头"，即如雍正时期杨观潮所言，"今夫亏欠之弊，大端有三，曰官欠、曰民欠、曰役欠。

---

① 储方庆：《储遁庵文集》，卷五，清康熙四十年储右文等刻本。
② 佚名：《州县须知》，卷一，清乾隆刻本。
③ 王又槐：《刑钱必览》，卷五，清嘉庆十九年刻本。
④ 汪辉祖：《学治臆说》，清汪龙庄先生遗书本。

今日之官欠甚于民欠……今日之民欠非必皆民欠……今日之役欠又甚于官欠、民欠",①并提出三个原因:

其一,中央财政集权使得地方财力不足,且官员俸禄低薄,地方官不得不挪移钱粮,由此导致亏空;

其二,赋税征管制度不完善,使得地方官与胥吏能够"钻空子",侵蚀赋税钱粮,造成亏空;

其三,吏治腐败,官员与胥吏侵蚀钱粮以自肥。

近代以来关于清代地方亏空的研究,除了见诸前文所提及的清代财政史研究论著外,学界亦关注对具体时期或具体地区亏空清查的研究。陈锋考察了清代历朝的亏空清查,认为:亏空及其清查贯穿清代,而且每个朝代都有不同的特色。②刘凤云通过对康熙时期地方亏空清查的考察,认为督抚既要作为监察责任人去清查亏空,同时又要为地方的亏空承担连带责任,这种监管体制内部的矛盾是亏空无法根治的重要原因。③倪玉平认为:嘉道时期的清查亏空以失败而告终。从表面看,皇帝处理亏空时暧昧的态度是造成清查亏空失败的重要原因,吏治腐败是导致亏空的重要原因。但是要彻底清查亏空,"就需要对原有的财政制度、官俸制度进行调整,并对吏治腐败问题进行彻底整顿。"④贾允河认为:清代形成了监察官、地方督抚和中央吏部三层吏治防线。乾隆后期吏治防线瓦解,官僚系统全面崩溃,科道官噤若寒蝉,督抚组织庇护,从中央到地方吏治全

---

① 杨观潮:《治平汇要》,卷三,雍正七年刻本。
② 陈锋:《清代清查亏空(待续)》《清代清查亏空(续完)》,《辽宁大学学报》(哲学社会科学版)2008 年第 5、6 期。
③ 刘凤云:《康熙朝的督抚与地方钱粮亏空》,《清史研究》2009 年第 3 期。
④ 倪玉平:《试论清朝嘉道时期的乾隆亏空》,《人文论丛》2015 年第 1 期。

面腐败，官员侵蚀成为造成钱粮亏空的主要根源。①

大抵而言，现有研究基本承袭了清人的研究结论，并更倾向于将造成地方亏空的根本性原因归咎于清代地方财政制度的不完善——地方财力不足和官吏薪俸低薄。中央全面控制财政且获得绝对财力，地方财力严重不足，地方官吏不得不通过加征耗羡、收受陋规、挪移、侵蚀等方式获得其他收入，补充地方财力，由是导致了吏治腐败和亏空。对于清代地方财政不足，耗羡陋规补充财政的现象，学界冠之以"非正式经费体系""法定与非法定财政""二元财政"等多个术语。②此外，在清代前期，物价的上涨使得财政收入与官吏收入发生实质性下降，也迫使政府以及官吏谋取非正项收入。③清代中期以后，银价上涨，地方官员为了弥补银贵钱贱危机引起的税收不足，也不得不加征或挪移正项赋税，这便会造成财政亏空。④

二、江苏亏空研究

地方财政研究也是清代财政史研究的重要内容，学者具体分析了四川、山西、直隶、福建、湖北、广西等省的财政情况，⑤基本

---

① 贾允河：《嘉庆朝钱粮亏空的原因》，《西北师范大学学报》（社会科学版）1993年第5期。
② 曾小萍著，董建中译：《州县官的银两——18世纪中国的合理化财政改革》；王业键著，高凤等译：《清代田赋刍论（1750—1911）》；岁有生：《论清代州县的二元财政》，《兰台世界》2011年第7期。
③ 岩井茂树著，付勇译：《中国近代财政史研究》，社会科学文献出版社，2011年，第39页。周保明：《清代地方吏役制度研究》，华东师范大学博士学位论文，2006年。
④ 林满红：《银钱：19世纪的世界与中国》，江苏人民出版社，2011年，第124页；岩井茂树著，付勇译：《中国近代财政史研究》，第40页。
⑤ 伍丹戈：《四川省地方财政制度历史的考察》，《四川经济季刊》1944年第1期；何汉威：《清季中央与各省财政关系的反思》，《"中央研究院"历史语言研究所集刊》2001年第72期；武静清、陈兴国：《十九世纪末二十世纪初叶山西财政与经济》，中国财政经济出版社，1994年；魏光奇：《清代直隶的差徭》，《清史研究》2000年第3期；岁有生：《清代州县经费研究》，大象出版社，2013年；王树槐：《清末民初江苏省的财政（1860—1916）》，《"中央研究院"近代史研究所集刊》第11期；郑振满：《清代福建财政与政府职能的演（转下页）

认为，清代中央财政过于集权，地方受制于中央且财力窘迫，其必然会导致地方亏空。江苏以赋税沉重且亏空巨大的特点，更是引来学界的关注，相关研究围绕发生在顺治十八年（1661年）、雍正六年（1728年）与乾隆十二年（1747年）的三次江苏亏空清查展开。

其一，顺治十八年（1661年）奏销案。早期对奏销案的研究主要探讨清廷与江南士绅的关系。① 近年来，袁一堂与岁有生从财政角度分析奏销案，认为：顺康之际中央出现财政危机，为弥补中央财力，清廷在全国范围内清理欠税，江南奏销案正是在此背景下发生。② 笔者也对各级官员和士绅在奏销案中的态度进行了分析。③

其二，雍正六年（1728年）亏空清查。曾小萍梳理了清查过程，整理了亏空清查结果，并认为造成地方亏空的原因有三点：民欠、逃税和基层官僚腐败，巨额欠赋的主要推手是弄虚作假的胥吏。范金民翔实考证了本次亏空清查案，还原了亏空清查过程，④ 认为：清查分清了官侵、吏蚀、民欠的类别、数额与比例，挖出了大批侵蚀亏空钱粮的州县贪官和作弊弄奸侵蚀钱粮的经承里书，惩处了大量包揽或花分诡寄甚至抗欠钱粮的不法生监绅宦，挽回了国家和地

（接上页）变——〈福建省例〉研究》，《清史研究》2002年第2期；匡小烨：《清代存留制度与地方社会——以湖北为例》，华中师范大学硕士学位论文，2004年；杨占坡：《清代广西存留制度研究》，广西师范大学硕士学位论文，2009年。

① 孟森：《明清史论著集刊》，中华书局，1959年，第434页；付庆芬：《清初"江南奏销案"补正》，《江苏社会科学》2004年第1期；赵践：《清初奏销案发微——从清廷内阁中枢一个文件说起》，《清史研究》1999年第1期；伍丹戈：《论清初奏销案的历史意义》，《中国经济问题》1981年第1期；马玉良：《清初辅政时期对南方汉族的压制》，《社会科学战线》2006年第3期；朱永嘉：《顺、康间清政府与江南地主阶级的矛盾斗争——兼论清初地主士大夫的民族气节的实质和意义》，《复旦学报》1964年第1期。

② 岁有生：《关于江南奏销案的再思考》，《兰州学刊》2008年第4期；袁一堂：《清顺治末年财政危机及缓解措施》，《河北学刊》1992年第4期。

③ 龚浩：《清初亏空案中的利益群体分析》，《传统中国研究集刊》2016年第14辑。

④ 范金民：《清代雍正时期江苏赋税钱粮积欠之清查》，《中国经济史研究》2015年第2期。

方的钱粮损失。起获了各地里书实收钱粮的底簿,一定程度上堵塞了经承册书诓骗侵蚀业户税粮的作弊渠道。因清查制订的汇欠、汇查册籍,也为清查后改革完善地方赋税征收制度与方式,提供了有益的借鉴。清查期间或稍后,朝廷对江南赋税的征收定额也大幅度减低,从根本上较大程度地解决了赋税积欠的问题。但从本质上说,清查只是治标之手段,而非治本之大计,清查查出和处理的问题,在后世并未得到有效解决,而仍长期严重存在。清查针对的钱粮积欠现象,因为朝廷大幅减低了征税额,其增长的速度和数量虽有所减缓,但始终未曾绝迹。

与清查亏空几乎同时,雍正为解决地方亏空,推行"耗羡归公",承认地方官员私征的耗羡,并将其存留在地方充当公费和以"养廉银"的形式弥补官员收入。佐伯富认为:耗羡定额化降低了百姓负担,耗羡归公与养廉银使得地方经费明确化、预算化,对吏治的澄清产生了积极影响。① 陈锋也认为:耗羡归公在整肃吏治和弥足财政方面有双重的作用,耗羡银主要用于支发养廉、弥补亏空和地方公用,缓解了一些地方财政支出无着的现象。② 从本质上来看,耗羡归公反映出中央对地方财政控制的日益加强,③ 随着耗羡银逐渐被纳入中央管理,失去了原来弥补地方财力的作用。曾小萍研究了江苏耗羡归公改革的过程,并认为江苏耗羡收入中的绝大部分用于完成中央交办的任务,实际用于地方事务的较少。④ 笔者分析了江苏亏空构成和养廉银的支出结构,认为官侵并不是造成亏空的主

---

① 佐伯富著,郑樑生译:《清雍正朝的养廉银研究》,台湾"商务印书馆",1996年,第173页。
② 陈锋:《论耗羡归公》,《清华大学学报》(哲学社会科学版)2009年第3期。
③ 萧国亮:《雍正帝与耗羡归公的财政改革》,《社会科学辑刊》1985年第3期;董建中:《耗羡归公的制度化进程》,《清史研究》2000年第4期。
④ 曾小萍著,董建中译:《州县官的银两——18世纪中国的合理化财政改革》,第145页。

要原因，耗羡归公改革对解决江苏亏空问题的作用有限。①

其三，乾隆十二年（1747年）亏空清查。吕小鲜对中国第一历史档案馆藏乾隆朝朱批奏折进行了整理，收集了乾隆十二年（1747年）前后清理江苏积欠钱粮的相关奏折。②范金民利用上述史料分析了此次亏空清查，认为：此次清查是要清理出胥役侵蚀的钱粮，收到一定的成效，清出的积欠钱粮特别是役侵部分，一定程度上挽回了国家的税粮损失。同时，此次清查查出书役侵蚀钱粮的弊端，惩治了劣迹昭彰者，钱粮征收之措施转为加详，力度有所加大，并向年清年款方向努力。但清查做法仍属补苴之术，治标不治本。江苏钱粮征收中大户包揽、书役特别是各县总书承包征收，官员从超征量中分润，已成常态，钱粮积欠现象并未根本改观。③

三、治史空间

从已有研究成果来看，学界普遍认为造成地方亏空的原因主要有二：其一，清代高度集权的财政体制下地方没有足够的财力、官吏俸禄低薄、赋税征管存在漏洞，此为财政体制与管理问题；其二，吏治腐败，官员、胥吏、士绅互为包庇，相互串通，侵蚀钱粮，此为吏治问题。具体到江苏，还包括赋税沉重的原因。

具体到江苏亏空研究，如果不区分亏空的类型，那么江苏的亏空确实无法根除。亏本包括多种类型，清代在不同的历史时期，在治理江苏亏空中的重点也有所不同。学界普遍认为清代亏空治理的

---

① 龚浩：《官侵与康雍时期地方亏空治理》，《传统中国研究集刊》2015年第12辑。
② 吕小鲜：《乾隆十二年江苏清理积欠史料》，《历史档案》1995年第1期。
③ 范金民：《清代乾隆初年江苏积欠钱粮清查之考察》，《苏州大学学报》（哲学社会科学版）2016年第1期。

作用有限。但如果将清代亏空问题研究聚焦于某一历史时期或具体类型的亏空上，至少也可以看到，清王朝在对亏空原因进行分析的基础上所提的解决亏空的办法也是有效的。

从更深层次来说，清朝对地方亏空进行了多次治理，但亏空仍旧是屡禁不绝。财政体制与财政管理问题、吏治问题固然是造成亏空的直接原因，但还有必要将地方亏空治理置之于清朝国家治理能力和国家治理逻辑的宏大背景下进行思考。

第四节　拟解决问题与本书框架

一、拟解决问题

清代地方亏空问题绝非一地一时的弊政，而是清代整整一朝无法根除的痼疾。就江苏亏空而言，亏空的规模有多大？亏空的构成比例是怎么样的？亏空规模与构成比例长期中如何变化？这些关于亏空"量"上的估计都需要一一厘定；亏空是如何产生的，朝野人士是如何认识亏空，清王朝是如何治理亏空，历任政府治理亏空的效果是怎么样的，这些关于亏空"质"上的认识也需要一一解答。

进一步将江苏亏空治理置之于清代财政制度的整体框架下进行研究。清代前期，中央与江苏的"起运—存留"比例如何变化？江苏所获得的"存留银"的支出结构是什么样的？中央与江苏的"起运—存留"结构以及江苏"存留银"的支出结构与江苏亏空之间的关系是什么样的？这些问题仍需进一步探讨。

更进一步而言，财政作为"洪范八政"之首，[1] 是"国家治理

---

[1] 《汉书》，卷二十四，食货志，中华书局，1963年。

的基础和重要支柱"。更重要的是,"自秦以降,以郡县治民,守令之职,不与王者分重",① 地方财政的良莠直接关乎国家治理的得失,即所谓"天下者,州县之所积也,各州县理,而天下治矣"。② 地方亏空问题虽然困扰王朝二百余年,但这并未影响清朝在前期所取得的巨大发展。这不禁让人疑问,是清朝没有解决地方亏空问题的国家能力?还是国家治理逻辑使得清朝没有必要去解决地方亏空?即或是二者兼具?本书最希望能够尝试解答这一问题。

基于以上思考,本书将具体探讨以下问题:

(1)梳理清代顺、康、雍、乾、嘉、道六朝的江苏亏空治理过程;

(2)分析历次江苏亏空清查中出现的关于亏空原因和治理举措的讨论;

(3)对比历次亏空案中政府所采取的治理措施及其效果;

(4)探讨清代地方亏空治理中所反映的国家治理问题。

二、本书框架

基于上述分析,本书将在以下七章予以详述:

第二章,分析清代前期江苏赋税管理制度、"起运—存留"结构和"存留支出结构"的变化;第三章,通过量化研究,估计江苏实际的赋税收入情况;第四章至第七章将分别对发生在顺康时期、雍正时期、乾隆时期以及嘉道时期江苏亏空治理进行具体的案例分析。在分析具体的江苏亏空治理案时,将包括三个重要内容:梳理清代前期赋税管理制度在治理亏空过程中的优化过程,探讨历次亏空治

---

① 章太炎:《国故论衡原经》,"原经",中华书局,2007年,第95页。
② 胡泽潢:《请整饬保甲疏》,《皇清奏议》,卷五十,民国景印本。

理过程中清朝人关于造成亏空原因的认识,通过对前后亏空结构的对比来分析江苏亏空治理的实际成效。余论部分,将在前文的基础上,分析清代地方亏空治理与清代国家治理之间的关系,探讨清代的治国逻辑。

第二章 纸面规矩：职官、制度与收支

> 我皇上耆定功成，昈章式廓，设官置吏，中外相维。是以，万里之遥，若臂指之相使；兆民之众，若呼吸之可通。官习其事，民安其教。求之汉唐极盛之时，未闻整齐画一有如此者，而又何论于前五朝乎？
>
> ——《清文献通考》

清王朝财政制度高度完备，地方财政运行涉及的各方面制度经过不断地调整和完善，几乎都形成了"有章可遵"的"纸面规矩"。地方要在既有章程的规定下征收赋税，并区分为起运、存留两项。其中，起运或解缴户部、或协济他省。存留则成为地方财政支出的经费来源，并按照国家规定进行支出。清朝人自己评价他们的这套"纸面规矩"是"万里之遥，若臂指之相使；兆民之众，若呼吸之可通。官习其事，民安其教。求之汉唐极盛之时，未闻整齐画一有如此者"。

第一节 职官体系：地方上的"财政官"

一、地方上的"财政官"

地方财政①运行有赖于一套完整的职官体系，在江苏，涉及财政事务的地方官员及其职责如下：

(1) 总督。总督往往统辖若干省的军民政务，江苏隶属两江总督。同时，江苏还设有负责漕运的漕运总督，和负责河道疏浚及堤防修护的江南河道总督。

(2) 巡抚。江苏设巡抚一员，总揽地方财政、民政、人事、军事、刑狱等各项政务。下设学政、布政使、按察使、盐运使等。总督和巡抚之间无隶属关系，都直接听命中央。

(3) 布政使，又称藩台，总理一省政务，"帅府、州、县官，廉其录职能否，上下其考，报督、抚上达吏部。三年宾兴，提调考试事，升贤能，上达礼部。十年会户版，均税役，登民数、田数，上达户部"。②布政使的职能中尤以财政事务为要，负责督促州县按时足额上缴赋税，完成中央规定起运任务，考核各地官员政绩。下设有库大使掌库藏籍账、仓大使掌稽仓庾。乾隆二十五年（1760 年），清廷将江苏分为两布政使司，其中：江宁布政使辖江宁、淮安、扬州、徐州四府和海、通二州；苏州布政使辖苏州、松江、常州、镇江四府和太仓一州。

(4) 道员。道分两类：一类分守道，由布政使派出；一类分巡

---

① 这里的财政主要是地丁田赋收支管理事务，"至于部分特殊的财政，如关税、盐政、茶课、漕政、官产收入等，除悉由户部统理以外，各省并设有专官董理其事"。
② 《清史稿》，志九十八。

道,由按察使派出。前者主管钱谷,后者侧重刑名。除此之外,还有其他事务性专设道,如粮道、河道等。道员或负责统辖一府,或统辖若干府。就江苏财政而言,主要设有:都督江安十府粮储道,管理江苏江宁府、淮安府、扬州府、邳州、通州、海州以及徐州府漕粮储运事务;都督苏松常镇四府粮储道,后加管太仓州,负责四府一州的漕粮储运事务;其他还有如盐法道等事务性道。①

(5)知府、直隶厅同知、直隶州知州。这三种职官负责一府之内所有政务,在省、县之间上陈下达,在财政方面负有督催和考核州县官的责任。其下属设有同知、通判,分掌粮盐督捕等事。

(6)知县、属厅同知、属州知州。在清代,州和县是一省之内的最小行政单元,知县掌一县的治理,决断讼狱、劝课农桑、赈济灾贫、兴养立教,而其中最重要的事务还是管理田土户籍、征收赋税徭役,凡一县之政务无所不管,瞿同祖将州县官称之为"法官、税官和一般行政官"。② 其属员有县丞、主簿,分掌粮马、征税、户籍、缉捕诸职。

此外,江苏还设有两淮巡盐御史一员,负责监察盐政;设有若干名権关使,负责征收关税。③

二、地方上的财政运作体系

江苏财政事务包括地丁田赋、杂税、漕粮、盐课、关税等多个方面,每类不同的财政事务都有一套财政运作体系。

(1)地丁田赋、杂税与漕粮。由地方知县、散州知州、散厅同

---

① (乾隆)《江南通志》,卷一百六,清文渊阁四库全书本。
② 瞿同祖著,范忠信、晏锋译:《清代地方政府》,法律出版社,2003年,第31页。
③ 《清史稿》,志九十一。

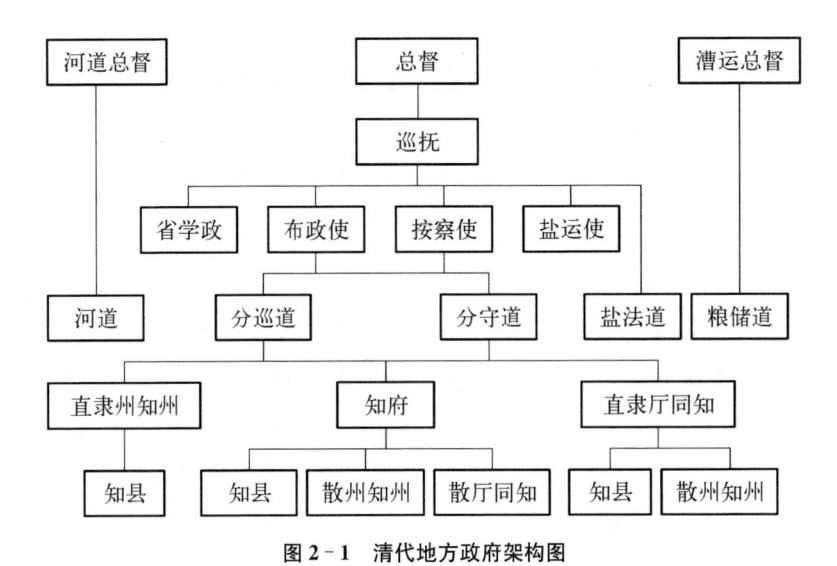

```
                                              河道总督              总督              漕运总督
                                                                │
                                                               巡抚
                          ┌──────────────┬──────────┴───────┬──────────────┐
                        省学政          布政使            按察使          盐运使
                                    ┌────┴────┐
                                  分巡道    分守道
                    河道                 │
                                         知府
                    ┌─────────┐     ┌────┼────┐     ┌─────────┐
                直隶州知州           知府              直隶厅同知
                    │          ┌────┼────┐          ┌────┴────┐
                   知县       知县 散州知州 散厅同知   知县   散州知州
                                                              盐法道   粮储道
```

图 2-1 清代地方政府架构图

资料来源：瞿同祖著，范忠信、晏锋译：《清代地方政府》，第16页。

知负责征收地丁田赋、杂税与漕粮，并按规定划分为"存留"和"起运"。前者作为州县行政经费；后者中银钱部分上缴布政使司，米粮部分上缴粮道。布政使再区分"存留"与"起运"，前者作为省内行政经费，后者则需要按照户部安排，或起解中央、或协济他地。米粮部分，苏、松、常、镇与太仓州的米粮上缴给苏松常镇四府粮储道，江、淮、扬、徐与邳、海、通的米粮上缴给都督江安十府粮储道。粮道在验明漕粮后，或亲自、或委派管粮通判将漕粮押送至漕运总督处盘验，最后押送至京仓或者通州仓。

(2) 盐课。在江苏，由两淮巡盐御史管理，又称盐政，咸丰时期裁撤，改由两江总督管理，其下有盐运使、盐法道负责具体事务。关税一项，各关大使多由地方官兼任。但是盐课、关税收入全部属于中央财政收入。

第二节 有章可循：地方财政管理制度

在清代，中央对地方财政收入、支出和管理都有着一套完整的制度安排，《大清会典》描述了这一流程：

> 凡直省田赋，由州县官征解，布政使司执其总而量度之。或听部拨解京，或充本省经费，或需邻省酌剂。岁陈其数，析为春、秋、冬三册，由巡抚咨部。春二月、秋八月、冬十月部受其计簿，符其盈绌，授以式法，列其留存、拨解之数，以时疏闻，以定财用出纳之经。①

上述流程主要包括四个环节：其一，确定征税标准与规模；其二，征收赋税；其三，赋税管理与解送；其四，奏销与考成。

一、确定征税标准与规模

《赋役全书》详细记载了各地的土地、人口、科则和田赋、漕粮、丁银等赋税情况，是州县官员征收赋税的基本凭据。清军入关后，宣布以万历时期《会计录》中的记载作为征收赋税的标准。②顺治三年（1646年），顺治责成各省总督、巡抚拟订赋役全书，全书要说明：明代赋税原额若干，明末加派的三饷若干，现在实在田土人丁若干，实征钱粮、征解、存留若干。③顺治十四年（1657

---

① （乾隆）《大清会典》，卷十。
② 《清世祖章皇帝实录》，卷十七。
③ 《清世祖章皇帝实录》，卷二十五。

年),《赋役全书》成书并颁布使用,每州县存两本,一本在县衙备官员查察,一本存学宫容许士民检阅。康熙二十四年(1685年),康熙以原书"头绪繁多,易于混淆",如计量单位就包括两、钱、分、厘、毫、丝、忽、微、纤、沙等等,下令删繁就简,编纂《简明赋役全书》。其中只记载起运、存留、漕项、河工等切要款目,删去丝、秒以下尾数,至康熙二十六年(1687年)成书刊刻,此后历朝大都对《赋役全书》有所修订。雍正十二年(1734年)规定《赋役全书》每十年一编,"至修辑之年,各厅州县卫,俟次年奏销办竣起限,至十二月底止,陆续造送该管道府直隶州汇齐,限六个月送司,布政司酌量抽换,刊刷送部"。①

由于《赋役全书》十年一编,难以将每年赋税的增减情况及时体现出来。因此,《赋役全书》更多的作用是标明原额多少。由此,地方也需要其他账簿作为征税依据,这些账册包括:丈量册,又称为鱼鳞册,记载一地田地数目、分布和归属情况。黄册,记载户口、人丁、应纳赋税等情况,又称为粮户册。鱼鳞册以田为主而附以人户,黄册以户为主而附以田地赋税之数,二者互为经纬。政府凭此确定纳税人应缴赋税;赤历,其由地方粮户自登纳数,然后汇总至布政使司,用于岁末磨对;会计册,记载各州县本、折钱粮以及解送户部的日期;② 实征册,分三个部分,分别记载全县、各都图里甲、各里甲花户每年的应征银、米情况,"各甲花户之银米与甲总合,各甲之银米与图总合,各图之银米与县总合,所谓一县之总、撒相符,然后照此册征收,庶无增多减少之弊"。③ 此外还有奏销

---

① (光绪)《大清会典事例》,卷一百七十七。
② 《清史稿》,志一〇三。
③ 黄六鸿:《福惠全书》,卷六,清康熙三十八年刊本。

册，为每年将一省的地丁钱粮完欠、解运存留之款报部核销所用。各州县需将该册上交总督、巡抚，经过总督、巡抚加印后上交户部，再由户部各清吏司进行审核。

二、征收赋税

州县在确定应征赋税后，需要以"易知由单"的方式将纳税人应纳赋税情况通知到户。顺治十六年（1659 年）户科给事中董笃行提请使用易知由单，单内列明纳税人的土地田赋情况，"每年开征一月前给散花户，使民通晓"。①

康熙十三年（1674 年），布政使慕天颜提出"截票法"。截票，又称"串票"。政府将纳税人应纳赋税分为若干限，制作截票。截票上刊列应纳赋税，在开征之日给予纳税人，要求纳税人按月完限。截票一式两联，完成赋税缴纳任务时，一联自留以做凭证，一联存官府作为存档。② 截票最初为一式两联，较为简单，官员与胥吏时常会以稽查为名扣留纳税人手中的凭证，然后又以纳税人并未纳赋税或少纳赋税来要挟纳税人，从中渔利。康熙二十八年（1789 年），清廷将两联串票改为三联串票，纳税人持一联作为缴税凭证，差役持一联查核赋税征纳情况，州县政府持一联稽查赋税完纳情况，"三联数额和内容相同，在纳税人、收税人与政府管理者之间形成了相互监督和牵制的关系"。③ 雍正三年（1725 年），清廷进一步又将三联串票改为四联。一联送府备存，一联存县，一联交付纳税人作为凭证，一联则放在纳税银柜旁边的柜子中，纳税人缴纳赋税后自行

---

① 《清文献通考》，卷一。
② 〔嘉庆〕《松江府志》，卷二十七。
③ 何平：《清代赋税政策研究（1644—1840 年）》，第 249 页。

投入柜中，每天由州县官取出与流水簿勾销。雍正八年（1730年），复改用三联串票。

在征收赋税时，州县官以一人之力督催全县之赋税实属困难，需要一批帮助自己处理公务的幕僚和督催赋税的胥吏。① 幕僚，又称为师爷、幕宾，协助州县官处理起草文稿、代拟奏疏、处理案卷、裁行批复、奉命出使等等事务。其中，最重要的事务是刑名和钱粮，钱粮师爷主要帮助州县官处理财政税收事务。胥吏包括在州县衙门中承办文书的书吏和当值的差役，州县设置吏、户、礼、兵、刑、工六房，其中户房专门负责管理州县的户籍、田粮等财税事务，户房的书吏往往掌握着地方赋税账册。同时，州县衙门还有粮差（负责督催赋税）、库夫（负责看管钱库）、银匠（负责把征收的散碎银按照规定重新铸造成银锭）、仓夫（负责看管粮库）等各种差役。实际上，凭借这些书吏和差役还是无法保障赋税的征收，因此州县会将每110户组成1里，选择其中10户家境殷实者轮流充当里长，又称为"排年"。其余100户组成10甲，各甲有一名"甲首"。州县官交给里长"实征册"和记载本里各户应纳赋税的"限单"，甲首照式编本甲各户应纳赋税的"长单"。纳税人完税后会获得缴税凭据"比照"，并将比照交给里长，里长将其登记在限单上，并在规定期限将限单和比照上交给州县官查验。如果本里、甲缴完赋税，则里长就会获得"归农免比票"，即可回家。如果本里、甲中有未完赋税的纳税人，则里长就会受到惩罚。由于里长"以一人而催全里之户，以一身而应众户之比"②，甚为苦累。于是将各甲"甲首"任命为经催，协助里长督催一甲的赋税。如果经催不催，即或税户不缴纳，

---

① 关于清代州县幕僚、书吏、衙役的研究，可详参瞿同祖所著《清代地方政府》一书。
② 黄六鸿：《福惠全书》，卷六。

则里长可向州县官汇报,将经催与抗户拘拿处分。为了督催纳税人按时缴纳赋税,政府又制订了"滚单法",对于那些始终抗税不纳的税户,则是五户或者多户编成一单,选其中欠数最多的担任"催头"负责督催各户赋税,如果各户不完赋税,则会被收押在县,完税后才能获得释放。如果催头缴纳了自己应缴赋税,则将催头的差使交给下一个欠粮大户,自己免受处分。①

这里还需关注幕僚、书吏和差役的收入。据瞿同祖估计,在1750年代,书禀和挂号两类幕僚的收入每年在四五十至一两百不等,刑名和钱粮两类幕僚的收入是前者的2—5倍不等,前者可有260两,后者也可有220两。在1760年代后,幕僚的收入获得大幅提高,每年可达到800两。幕僚的薪酬、食宿都由州县官提供。②清代七品县官的年俸包括俸银45两和禄米45斛,雍正时期开始给州县官发放养廉银,江苏的州县官养廉银在1 000两至1 800两之间,③养廉银既包括养廉使用,也包括地方公务使用。以当时州县官的这些法定收入,连最基本的幕僚团队都无法维持,因此州县官不得不谋求其他包括陋规在内的非法定收入。书吏和差役的收入在地方存留银中支出,属于国家法定的支出内容,但每年只有6两左右的工食银(另外还包括7.2两、10.8两等多个档次)。这些收入不仅仅是书吏和差役的生活费用,还包括了他们办公费用(如押送罪犯或递送公文产生的差旅费)。很显然,每年6两的工食银根本无

---

① (乾隆)《大清会典则例》,卷三十六,清文渊阁四库全书。
② 瞿同祖著,范忠信、晏锋译:《清代地方政府》,第186页。
③ 江宁、上元、长洲、元和、吴、清河各1 800两;句容、华亭、娄、无锡、丹徒、丹阳、江都、甘泉、武进各1 500两;山阳1 350两;崇明1 300两;吴江、昭文、金山、金坛、桃源、铜山、宿迁、阳湖、金匮、宝应、宝山、砀山各1 200两;其他各县1 000两。参加《钦定户部则例》,卷七十五。

法满足胥吏及其家庭的日常开支。亦因如此，书吏和差役在赋税征收中私征耗羡、弄虚作假、侵蚀钱粮也就成了常态。

在纳税过程中，税户纳税时需要亲自前往，政府严禁代缴的行为。顺治十二年（1655年），朝廷下令："江南财赋繁多，经收诸役包揽侵渔，保长歇家朋比剥民，令严行察访，勒石永禁。"[①] 中央要求纳税人缴纳赋税要采取"自封投柜"的方式，州县官会在县衙设立钱柜，并在胥吏中选取老成干练者四季轮充"柜吏"，一般采取掣签的方式决定看守钱柜的人，以防止出现行贿舞弊行为。收银时，税户先购买银袋，用法定砝码称明税银，并将税银放入袋中，送至柜吏处。柜吏银匠检验银色纹足，如果合格，由税户自封袋口，柜吏于银袋上写明"某图里某人完纳某项某限银若干、某年月日某字第几号收役某人"，税户亲自将银袋放入柜中，柜吏则在流水收簿上登记，然后付给税户串票。[②] 虽然政府严禁代缴行为，但也有例外，如果是里长代纳赋税，只要写明本户姓名即可。此外，小户纳税较少但离县衙太远，也容许将应纳赋税钱粮交给纳税大户代为缴纳。实际上，在地方上"包揽钱粮"的行为极其普遍，纳税人为了避免收到官府的刁难也乐意让士绅、歇家等群体代为缴税，其中普遍存在盘剥、克扣、诈骗等舞弊行为。

三、赋税管理与解送

在税户缴纳赋税后，柜吏将所征赋税登记在"流水收簿"上。每收100号总算一次，每收1000次则注明某年某月某日连前共收银多少。柜吏每天要在公堂上清点税银与账簿，并在州县官监督下将

---

① 〔乾隆〕《大清会典则例》，卷三十六。
② 黄六鸿：《福惠全书》，卷六。

各柜征收情况写入"流水日报簿",注明某年某月某日收过某里某人银钱若干、连接以前共收银钱若干,然后将"流水收簿""流水日报簿"以及用过的票根、没用的串票交给州县官查对。① 在这一过程中,州县官最重要的工作便是防止胥吏舞弊,黄六鸿生动地描述了这一过程:

> 临拆之时务须早堂事毕,诸务尽却,或川堂、或后堂,将闲人避开,止许一门子远立伺候。库吏管称,粮书管算,先验各柜原封锁门未动,然后挨次启拆。唱拆某里,即持某里收簿呈案,粮书按纬数号高唱若干号,即将柜封就线逐封取起,对封簿姓名银数无差,库吏放定等陀在星,方许放银在盘,轻重可以立见,或连称、或抽称,但须逐封对簿号,不少方拆开总兑。每封带看银色,置银筐,内如有低潮及短少者,将银封另放,开单记明,硃笔点过,以便拘问。库吏将天平置当案,法马送官验明,先兑天平,左右无欹,方入法马盘内,兑准一平,粮书逐平包封,换法马,兑准尾数,总点所兑与收簿数合,即将收簿呈案,于月日下硃判"拆讫"二字。拆完一柜,柜吏另具一拆单,上开某柜某吏某自某日至某日止经收某里银若干,某里银若干于八月日"拆讫",库吏查前次拆单,亲填连前共拆银若干,于后再写年月印官判日,画押,递粘成卷,或付库,或交宅,以便存查,逐柜照此拆写,庶无遗错。其低色短少各封,硃笔封好,仍于收簿本户名上点记,俟拘补后将簿点销,讫银封仍归本日所拆数内。②

---

① 黄六鸿:《福惠全书》,卷六。
② 黄六鸿:《福惠全书》,卷七。

雍正十一年（1733年）清廷规定：对于赋税征收情况，州县官需要每天向道、府提交报告；道、府每半月或一月委官前往查核，如有亏空则向督抚申报。督抚要在州县开征赋税时命令知府遴选官吏前往各县一同封银柜，每过10天或者20天，知府再选其他官吏当众拆封，然后起解所征赋税。

征收赋税有严格的时间限制，需在"上忙"与"下忙"两个节点各完一半。上忙为二月至五月，下忙为八月至十一月，①避开了六月和七月的农忙时间。由于江苏赋税繁重，上忙往往持续到7月底。雍正十三年（1735年），清廷对时限进行调整，议定：各省"不必拘定四月完半之数，其花户钱粮在一两以下者，皆系田亩无多生计不足之人，若完不足数，即缓至八月接征全完，其力能完半者，仍令照数完纳"。②嘉庆二十年（1815年），进一步调整为："其上忙应四月完半者，限五月底，六月完半者，限七月底。下忙限十二月底截清。"③

州县征得赋税后要区分"起运"与"存留"，前者解送布政使司、粮道、河道等部门，后者留在当地。乾隆五十二年（1787年）规定，州县所征赋税全部先运解布政使司，再由布政使司另行拨用。嘉庆五年（1800年）改为所征赋税经道、府核验后，将应支的官俸役食、驿站、祭祀、廪膳、孤贫等经费留足，再解送布政使司。在未能足额征收赋税的情况下，地方首要是保证起运。

起解赋税首先要立"立解支库簿"，簿上先注明本年应征赋税、

---

① （乾隆）《大清会典则例》，卷三十六。"征收地丁银仍照旧例二月开征，五月停忙，八月接征，十一月全完。"
② （光绪）《大清会典事例》，卷一百七十一。
③ （光绪）《大清会典事例》，卷一百七十一。广东在次年正月，云南贵州则在次年三月。

收入赋税、支出和解送赋税。顺治十年（1653年）规定，解送赋税时，布政使司先发给州县若干空白批文，又称为"批回"，批回上有连续字号但不写明解银数量，其式用纸一张，截为两联。州县起解赋税时，需要按照字号顺序使用，预先报备巡抚。巡抚亲自填写银数，并发回州县，由州县登记入簿。随后，州县官加印封好应解税银，委派胥吏押送税银，并依据州县到布政使司的路程长短在规定时间内完成押送。州县税银送至府后，知府只是挂号汇解，加盖府印，不得拆封。税银运至布政使司，"银、批同解银解司，库、批投巡抚衙门登记发司，限日收掣，布政使司即日当堂照数兑收，出具实收，同批呈缴巡抚验销，递发州县存案"。① 如途中发生遗失，发运州县和途径州县按责任划分情况分别予以惩处。②

州县赋税钱粮汇总到布政使司后，布政使区分"起运"和"存留"。前者按照中央规定运解至京或协济他省。雍正三年（1725年）规定，各省要在春、秋两季将实在存库的库银造册，并在春季二月、秋季八月报部，又称为"春、秋拨"。雍正十三年（1735年），清廷规定各省每年冬季估算次年所需官兵俸饷，造册报部，称为"冬估"。"春秋拨制与冬估制有一定的联系，所谓联系，就是户部在各省冬估册的基础上，对各省征收、库存钱粮分春、秋进行二次拨解。"③

户部根据各省存银制订起运、协济方案，江苏需要协济他省。康熙二年（1663年）规定：解部十万两以上，委府佐贰官；五万两以上，委州县佐贰官；五万两以下，委杂职官。雍正十三年（1735

---

① （乾隆）《大清会典则例》，卷三十六。
② （光绪）《大清会典事例》，卷一百六十九。
③ 陈锋：《清代前期奏效制度与政策演变》，《历史研究》2000年第2期。

年）改为：各省起解饷银，选同知、通判押解。如同知、通判别有委用，则选州县佐贰押解；州县要将银箱、运夫、护兵编成相同号码，并登录个人和家庭信息。① 如遇盗贼致使银箱丢失，则惩罚事故发生地的官员，并令当地官员、解官按责任划分进行赔补；起解京饷需要在限定时间内完成，江苏限定七十日内到部。② 协济一项，起解布政使与解官将饷银与部用砝码封固，加盖印信，由解官带给收饷布政使司处，验明封印，共同取出，先校对砝码，再验查饷银，二者无误，则收兑。如果解官中途失银或者私动封印、抵换砝码，则收饷布政使予以题参。在解费安排上，乾隆二年（1737年）规定，江苏起解京饷、协饷时，给予勘合、夫马，倾镕元宝每千两给银三钱，制备鞘籨每千两给银三钱，水脚费五万两以下每站每万给银五钱，十万两以下每站每万给银四钱，十万两以上每站每万给银三钱，冬春加增五分。

四、奏销与考成

奏销是中央约束地方财政行为的核心制度安排。"奏销制度在性质上是一种财政决算制度"。③ 户部作为国家财政中枢机构，统筹全国财政事宜，设14个清吏司分别执掌事权。其中"江南清吏司"负责江苏民赋奏销事务。地方上，布政使掌一省奏销，每年总汇本省赋税收入支出，造奏销册报送户部。册中以四柱式记载赋税收支，包括旧管、新收、开除、实在四项，分明起运、存留、支给、拨协、采办等钱粮支出项目。户部查核奏销册并对各个款项逐一审核，如

---

① （光绪）《大清会典事例》，卷一百六十九。
② （光绪）《大清会典事例》，卷一百六十九。
③ 周育民：《晚清财政与社会变迁》，上海人民出版社，2000年，第27页。

果发现错讹，则发回各省复查。①雍正十年（1732年）规定，奏销时需要注明每年未完项若干、续完项若干、仍未完项若干，并动用存贮情况一并造册随本年奏销一并提报。奏销要按规定时间进行，雍正七年（1729年）规定，江苏奏销需在次年五月到部，如造成延误则会受到处罚。②道光二十七年（1847年）规定，苏州藩司在次年五月底前奏销，江宁藩司在次年六月底前奏销。

　　清代对奏销册管理极其严格。康熙二十二年（1683年）规定，如果各省奏销册编纂不明以至提报款项不符合，则府、州、县、卫所官降职一级调用，司、道等官罚俸一年，督抚罚俸六月；若督、抚察参者，免议。经管钱粮各官要将征收起存原额及支销总散数目核算清楚，督、抚等复加磨算，如造册内数目舛错遗漏，则府、州、县、卫所官罚俸一年，督、抚及转报之司、道等官各罚俸六月；如督、抚、司、道等官造册舛错遗漏，只将督、抚等议处。奏销钱粮册结须随案送部，若司、道、府、州县卫所官将册结迟延不送违限一月，罚俸半年；二月，罚俸九月；三月，罚俸一年；四、五月，降职一级留任；六月以上，降二级调用；一年以上，革职。如司、道等官已申送而督、抚不即送部，违限五月以下，照司道等官例处分；六月以上，降二级留任；一年以上，降三级调用。

　　为加强对地方征收赋税的管理，清廷制定了考成制度，按照赋税完成多寡、欠税是否追缴、是否造成亏空、上级官员的监督是否到位等情况予以相应的奖惩安排。这部分将在第二章至第五章分析历朝治理江苏亏空举措中详加论述。

---

① （乾隆）《大清会典则例》，卷十。
② （乾隆）《大清会典则例》，卷三十七。

第三节　州县的名义账本：江苏财政收支面貌

一、清初江苏财政的规复

明清易代之际，江苏饱受战火摧残。如清军攻克扬州，大肆屠杀，时人王秀楚记录了当时场景："杀声逼至，刀环向处，抢呼乱起，齐声乞命者或数十人或百余人。遇一卒至，南人不论多寡，皆垂首匍伏，引颈受刃，无一敢逃者。至于纷纷子女，百口交啼，哀鸣动地，更无论矣。至午，积尸如山，杀掠更甚。"① 再如嘉定，"是役也，城内外死者，约凡二万余人"。② 洪承畴在给中央的奏疏中如此描写江苏情况："惟有伤残最苦之州县，人民逃亡，田地荒芜。又兼近来土贼抢掠，民无宁居。乃目前催征漕粮，勒限起运，濒死残黎，供输不前，人情惊惶。"③

每逢新朝初立之时，统治者往往会总结前朝之所以败亡的经验教训。清朝统治者就认为："前朝弊政，厉民最甚者莫如加派辽饷，以致民穷盗起，而复加剿饷，再为各边抽练而复加练饷。惟此三饷，数倍正供，苦累小民，剔脂刮髓，远者二十余年，近者十余年，天下嗷嗷，朝不及夕"。④ 于是下令：自顺治元年（1644年）开始，所加辽饷、剿饷与练饷等一些正额外加派之数全部蠲免。顺治二年（1645年），清廷攻克江宁，顺治皇帝下令：

---

① 王秀楚：《扬州十日记》，清钞本。
② 朱子素：《嘉定县乙酉纪事》，周关东主编：《嘉定抗清史料集》，上海古籍出版社，2010年，第12页。
③ 张伟仁主编：《明清档案》，第四册，（台北）联经出版事业股份有限公司，1986年，第1659页。
④ 王先谦：《东华录》，"顺治三"，清光绪十年刻本。

一、河南、江北、江南等处，人丁地亩钱粮，及关津税银、各运司盐课，自顺治二年六月初一日起，俱照前朝会计录原额征解。官吏加耗重收，或分外科敛者，治以重罪。凡各派辽饷、剿饷、练饷、召买等项永行蠲免。即正项钱粮以前拖欠在民者，亦尽行蠲免。

一、东南虽号沃壤，但年来加派叠征，诛求无艺，民力殚竭，深可悯念。凡近日一切额外加派，准照三饷等例，悉与豁免。

一、河南、江北、江南直省地方，应解工部营缮司折色料银……自顺治二年六月初一日以前逋欠在民者，尽与蠲免。本月初一日以后，仍照现行事例，分别蠲免。

一、新附地方，以恤民为第一义。有司有滥准词状，纵容衙蠹，苦害穷民，抚按官参提究处。其从前各直省巡按委理刑官察盘、委府州县访捕，皆是科索纸赎、搜取赃罚，名为除害，实以害民，今一切禁绝。州县仓库钱粮，只许道府时时亲核，衙蠹豪恶，止许于告发时重治罪。巡按官必不容循习陋规，察盘访捕，假公济私，朘民肥己，有负朝廷惠养元元至意。

一、抚按旧习，交际馈遗，实长贪赎。以后除文移会稿外，不许交相馈送。其各院承差人役止许用二十名，以备赍奏。除紧要重大文移外，不得擅差，扰累驿递，违者重处。①

这条诏令奠定了清初江苏财政的基本面貌，即延续明代的财政制度安排，财政收入也悉照前明万历时期标准征收，即所谓："本朝平定江南，其土田规则，悉用前明之旧以万历中赋额起征。"② 同时，诏令进一步明确禁止地方官吏私征耗羡以及严厉打击地方存在

---

① 《清世祖章皇帝实录》，卷十七。
② (乾隆)《江南通志》，卷六十八。

的收受陋规现象。至顺治四年（1647年），中央因军需浩繁，复征"九厘银"。关于清初国家基本财政制度的建立，学界提出了"万历原额"的观点，即认为清代赋税征收以万历年间规定的赋额为征收准则，"当时，清朝政府还规定，编造《赋役全书》以明万历年间为准，所以田土和人丁的数额也都以万历时作原额"。① 陈支平、何平等学者也赞同这种"万历原额"的观点。② 陈锋认为：顺治初期朝廷下令遵循的"万历则例"是一个较模糊的概念，并没有指具体的年份，而在顺治四年（1647年）之后的"万历则例"则明确是万历四十八年（1620年）的标准。③ 我们可以对比顺治十四年（1657年）《江南赋役全书》中的记载与地方志中关于万历四十八年（1620年）中的记载，且以松江府及其所属华亭、娄、上海、青浦四县为例：④

1. 顺治十四年（1657年）《江南赋役全书》中记载的松江府及其属县财政收入

原额新升共田地山荡溇42 521顷，其中：华亭10 903顷、娄县8 651顷、上海14 850顷、青浦8 116顷。公占义冢等189顷，其中：华亭103顷、娄县56顷、上海22顷、青浦14顷。实在征田山荡溇42 332顷，其中：华亭实在征田山荡溇10 799顷、娄县8 601顷、上海14 828顷、青浦8 102顷。

各县共征秋粮本色米435 694石，其中：华亭107 020石、娄县106 672石、上海140 822石、青浦81 178石。各县共征夏税秋粮地亩条编并徭里等项银627 970两，内除乡宦举贡生员优免861两改解

---

① 郭松义：《论摊丁入亩》，《清史论丛》第3辑。
② 陈支平：《清代赋役制度演变新探》，第3页；何平：《清代赋税政策研究（1644—1840）》，第17页。
③ 陈锋：《清代财政政策与货币政策研究》，第166页。
④ 顺治十三年析华亭县部分地区另置娄县。

户部充饷,实在起存条编银627 109两。①

2. 地方志记载的万历四十八年(1620年)松江府及其属县财政收入

万历四十八年(1620年),定垦田地、山地、塗荡42 521顷,其中:华亭县19 539顷、上海县14 877顷、青浦县8 105顷。免科田地178顷,其中:华亭141顷、上海23顷、青浦14顷。

万历四十八年(1620年)松江府有各类田地42 343顷,可征收本色米457 273石,折色银388 134两。此外还有另编练兵银23 938两,贴役银17 841两,田上加编兵银8 525两,辽饷银14 866两,修河银两项1 770两,九厘银38 229两。合计折色银与另编银493 303两。②

从松江府的记载中可以看出,顺治十四年(1657年)江南赋役全书和万历四十八年(1620年)关于松江府及其所属华亭、娄、上海、青浦四县的田土基本一致。二者记载的本色米、折色银有所不同,这主要是因为顺治年间中央推行了本色折征以及加征方面的制度改革。再如地方志中记载万历四十八年(1620年),苏州府元和县实征田地山荡溇13 262顷,③长洲县实征田地山荡溇共13 262顷,④顺治十四年(1657年)《江南赋役全书》中记载的数据与地方志中记载的数据一致。

二、清代前期江苏财政收入

在明晰了清代地方财政收入数目的原始出处以后,再来看清代

---

① 顺治十四年《江南赋役全书》,国家图书馆馆藏。
② (崇祯)《松江府志》,卷九。
③ (乾隆)《元和县志》,卷十一。
④ (乾隆)《长洲县志》,卷十二。

江苏财政收支结构。清代地方财政收支主要指地丁田赋收支，包括丁银和田赋两部分，丁银是按人口征收，田赋按照土地征收。① 自明代以后，将丁银和田赋合并，全部按照土地征收成为趋势。康熙五十一年（1712年），中央宣布"盛世滋生人丁，永不加赋"，地方丁银实现定额化。雍正六年（1728年），两江总督范时绎奏请在江苏推行丁随田办。② 各地将应征丁银一律摊入土地，按地征收地丁田赋。摊丁入亩包括多种方式：其一按亩摊丁，即按照田土的大小，以每亩计算丁银多少；其二，是摊丁入粮，以每粮食一石摊入多少丁银；其三，摊丁入银，即以每纳税银一两来计算丁银。③ 摊丁入亩后，有田者有税，无田者无税，实现了纳税人税负的均平，"丁随田办，而贫民得以安枕，为自古未有百世不易之良法也"。④

表2-1 清前期各时期江苏地丁田赋总额表　　单位：两⑤

时　期	地丁银	资　料　来　源
康熙二十二年（1683年）	3 778 261	（康熙）《江南通志》，卷十七
康熙二十四年（1685年）	3 978 415	（康熙）《大清会典》，卷二十四

---

① 本节内容参见龚浩、王文素：《清代前期地方财政支出规模与结构研究——以江苏为例》，《人文论丛》2020年第1期。
② （乾隆）《江南通志》，卷六十八。
③ 按亩摊丁：上海县均徭银每丁编银一分四厘、每田编银一分四厘，里甲银每丁编银四厘二毫、每亩编银二厘一毫，由是形成了以丁征收的丁银与按田征收的均徭里甲银。自摊丁入亩之后，上海县将丁银按照每亩一厘一毫摊入田地；摊丁入粮：苏州府常熟县，每丁科均徭银一分二厘，里甲银六分四里，每亩科均徭银六厘四毫，每亩科里甲银三厘二毫。摊丁入亩以后，规定每征税米一石摊人丁银四厘三毫；摊丁入银：淮安府宿迁县，其丁银科极为繁琐，其最初丁银的征收：每中下三则丁科银一两四钱、中下二则丁银一两二钱、中下一则丁银一两、上上三则丁科银九钱、下上二则丁银八钱、下上一则丁银七钱、下中三则丁科银六钱、下中二则丁银五钱、下中一则丁银四钱、下下三则丁银三钱、下下二则丁银二钱、下下一则丁银一钱。摊丁入亩后，规定每税银一两摊人人丁银一钱七分，较之以前丁银征收的核算的烦琐程度则大为减轻。
④ （乾隆）《江南通志》，卷六十八。
⑤ 四舍五入，数量保持整数，百分比数在小数点后保留一位。下文同。

续表

时期	地丁银	资料来源
雍正二年（1724年）	4 010 779	（雍正）《大清会典》，卷三十二
雍正十三年（1735年）	3 556 775	（乾隆）《江南通志》，卷六十九至卷七十一
乾隆十八年（1753年）	3 371 334	（乾隆）《大清会典》，卷十
乾隆	3 144 529	（乾隆）《大清会典则例》，卷三十六
嘉庆	2 760 492	（嘉庆）《大清会典事例》，卷一百四十二、一百四十三

从上表中看出，江苏在雍正二年（1724年）之前的赋税总额明显高于之后的赋税总额，康熙二十四年（1685年）赋税总额和雍正二年（1724年）赋税总额基本维持在400万两左右。雍正三年（1725年）和乾隆二年（1737年），中央先后减苏州府和松江府赋税合计65万两，因此乾隆十八年（1753年）的赋税总额只有337万两。（乾隆）《大清会典》记载江苏赋税额为337万两，（乾隆）《大清会典则例》中记载江苏赋税额为314万两，二者相差了23万两。（乾隆）《大清会典》所载的数据，可在"黄册（户部地丁类—江苏）"中得到证实。"黄册（户部地丁类—江苏）"记载乾隆元年（1736年）江苏赋税338万两，[①] 二者相差无几。（乾隆）《大清会典则例》所载数额较少，这可能是因为当年江苏发生自然灾害后中央政府对江苏赋税进行了减免。（嘉庆）《大清会典事例》中记载的江苏赋税额明显低于（乾隆）《大清会典则例》中的数额，这是因为二者在统计上口径不一。（嘉庆）《大清会典事例》中所记载的江苏赋税额或并未包含漕项银。漕项银是用于办理漕运的经费，江

[①] 黄册（户部地丁类—江苏），现藏于中国社会科学院经济研究所，700428-700444。

苏每年的漕项银在70万两左右。① 如果给（嘉庆）《大清会典事例》记载的地丁银加上漕项银，则与雍正、乾隆时期的赋税总额大致相当。

此外还要考虑江苏的本色负担，即漕粮负担。清代漕粮主要来自江苏、安徽、江西、浙江、湖南、湖北、河南以及山东八省。② 顺治二年（1645年），户部依袭明制，规定"额征漕粮四百万石"。江苏的漕项赋税负担重于其他省，根据《漕运则例纂》记载，乾隆三十一年（1766年）江苏漕粮总计183万余石，占全国漕粮总量的41.9%（437万石）。对比全国情况，当时各省漕粮如下：山东（249 322石）、河南（121 664石）、安徽（264 810石）、江苏（1 836 770石）、浙江（861 724石）、江西（770 309石）、湖北（132 396石）、湖南（133 853石）；亩均漕粮如下：山东（0.002 5石）、河南（0.001 7石）、安徽（0.015 6石）、江苏（0.023石）、浙江（0.018 7石）、江西（0.016 1石）、湖北（0.002 3石）、湖南（0.004 2石）。③ 可以看到，江苏的漕粮总量与亩均漕粮都远高其他省份。

在分析江苏赋税规模时，一个躲不开的问题是"江南重赋"。④ 关于"江南重赋"的原因，或谓明太祖朱元璋重赋惩罚，⑤ 或谓江

---

① （乾隆）《江南通志》记载：嘉庆五年，江苏所属苏州、松江、常州、镇江以及太仓五府州的漕项银为619 616两，江安道所属实征漕项银为263 063两。江安道包括江苏江宁府、徐州府、淮安府、扬州府、海州、通州四府二州以及安徽全省。如果减去安徽所辖州府漕项银151 107两〔此处安徽漕项银数据为光绪年间数据，参见（光绪）《重修安徽通志》卷七十七〕，则江苏所属江宁、淮安、扬州、徐州以及海州、通州等六府州漕项银为111 956两。如此估算，江苏总额实征漕项银在70万两左右。
② 关于漕粮的研究参见附录"清代前期江苏漕粮收入"。
③ 此处田土数据来源于（乾隆）《大清会典》，漕粮数据来源于《漕运则例纂》，二者修纂时间都在乾隆年间。
④ 关于"江南的概念"，参见周振鹤《释"江南"》，《中华文史论丛》第49辑，上海古籍出版社，1992年，第141页。
⑤ 郑克晟：《明代重赋出于政治原因说》，《南开学报》2001年第6期。

南经济高水平发展的自然成果,①或谓官田重赋,②范金民对以上诸观点作了剖析,深入探讨了"江南重赋"出现的原因。③明清时期,江南地区围绕重赋提出了一系列均平赋税的改革和减免赋税的举措。④清雍正三年(1725年),中央认为"苏松浮粮多于他省",下令削减苏州赋税额30万两、松江赋税额15两。⑤乾隆二年(1737年),中央还是认为"江省粮额尚有浮多之处",再次下令削减苏松两地赋税额20万两。⑥两次合计削减税额65万两,使得两地赋税规模大幅度下降。

根据《江南通志》中的记载:雍正十三年(1735年),江苏各类田地共计689 962顷,征收地丁田赋3 556 775两,征收本色米2 602 128石。亩均地丁田赋0.051 6两,亩均本色0.037 7石。⑦亩均地丁田赋与亩均本色的多寡体现了地区赋税的轻重程度。从雍正十三年(1735年)数据来看,即便雍正和乾隆两朝削减了苏州府和松江府的税额,但二地依旧是省内赋税最重的州府,其亩均地丁田赋、本色分别为0.106 7两、0.145 6石与0.128 5两、0.108 7石,亩均地丁田赋约为省均数据的两倍到三倍,亩均本色是省均数据的三倍到四倍;江苏南部的五府一州(宁、苏、松、常、镇以及太仓)拥有田土合计304 276顷(占江苏总额的44.1%)、地丁田赋2 697 521两(占江苏总额的75.84%)、本色2 272 779石(占江苏

---

① 樊树志:《明代江南官田与重赋之面面观》,《明史研究论丛》1991年第4期。
② 唐文基:《明代江南重赋问题和国有官田的私有化》,《明史研究论丛》1991年第4期。
③ 范金民:《明清江南重赋问题述论》,《中国经济史研究》1996年第3期。
④ 关于明清江苏减负改革,参见龚浩:《清代江苏财政研究》,中央财经大学博士学位论文,2018年。
⑤ 《清史稿》,志一〇三。
⑥ (同治)《苏州府志》,卷十二。时减赋方案:苏松二府及从苏州分出之太仓州属隶通州沙地将二十万两之数按额验算均匀摊派计团,地项下每正银一两应蠲减银一钱三分三釐六毫零。
⑦ (乾隆)《江南通志》,卷六十九。

总额的 87.34%），其亩均地丁田赋与亩均本色分别为 0.088 7 两、0.074 7 石，分别约为省均数据的两倍。

表 2-2 雍正十三年江苏地丁田赋表①

府	面积（顷）	人丁银（两）	地丁田赋（两）	本色（石）	亩均人丁银（两）	亩均地丁田赋（两）	亩均本色（石）
江宁	52 611	31 888	281 533	165 362	0.006 1	0.053 5	0.031 4
苏州	62 660	15 172	668 379	912 486	0.002 4	0.106 7	0.145 6
松江	40 871	4 482	525 242	444 292	0.001 1	0.128 5	0.108 7
常州	62 347	12 991	580 068	363 999	0.002 1	0.093 0	0.058 4
镇江	50 772	14 462	313 136	224 809	0.002 8	0.061 7	0.044 3
淮安	91 149	62 463	187 504	75 297	0.006 9	0.020 6	0.008 3
扬州	83 003	47 810	272 929	118 524	0.005 8	0.032 9	0.014 3
徐州	126 113	37 507	235 334	85 230	0.002 9	0.018 7	0.006 8
太仓直隶	35 015	4 535	329 163	161 831	0.001 3	0.094 0	0.046 2
海州直隶	28 968	9 175	63 366	33 062	0.003 2	0.021 9	0.011 4
通州直隶	54 940	9 373	100 121	17 236	0.001 7	0.018 2	0.003 1
江苏省总额	689 962	249 858	3 556 775	2 602 128	0.003 6	0.051 7	0.037 8

---

① 在地丁田赋中，可以看到江苏北部地区的丁银普遍高于南部地区，同时，也可以看到就丁银在地丁田赋中的负担而言，南部地区的比重小于北部。薛理禹对江苏南部丁银负担轻于北部、江苏南部丁银在赋税中的比重高于南部这一历史现象进行了解释，他认为：长江以南的地区田赋相对较重而徭役相对较轻、江淮以北则田赋较轻而徭役繁重，明代中期徭役折银后案人丁、田亩分配，"江北贫薄，惟论丁起差；间有以田粮协带者，而丁长居三分之二"。江北地区土地贫瘠，田赋较长江之南为轻，难以承受更多的加派，因此大部分徭役折银按丁征收而非按亩征收，由是造成了丁银负担沉重，而长江以南府州，田地肥沃，徭役折银后按亩征收比按丁征收更为方便，因此大部分徭役折银都按里甲均等银进行征收，只留下了小部分丁银。笔者亦赞成薛氏的观点，认为清初丁银之所以呈现出北多南少、北占比大而南占比小的局面为明代财政改革的遗留问题，北方丁银多而南方丁银少并不意味着北方徭役重要而南方徭役轻，在明代财政改革的过程中，南方大部分的徭役折银后大部分作为均徭里甲银以按地征收，而小部分则按丁征收，而北地区则大部分为按丁征收，因此南部丁银小于北部，北部地区丁银占比大而南部地区丁银占比小的原因则主要是南部的赋税总量大，而北部的赋税总量小。薛理禹：《清代人丁研究》，社会科学文献出版社，2014 年，第 83—85 页。

表 2-3 雍正十三年江苏南部地区地丁田赋表

府	面积（顷）	人丁银（两）	地丁田赋（两）	本色（石）	亩均人丁银（两）	亩均地丁田赋（两）	亩均本色（石）
江宁	52 611	31 888	281 533	165 362	0.006 1	0.053 5	0.031 4
苏州	62 660	15 172	668 379	912 486	0.002 4	0.106 7	0.145 6
松江	40 871	4 482	525 242	444 292	0.001 1	0.128 5	0.108 7
常州	62 347	12 991	580 068	363 999	0.002 1	0.093 0	0.058 4
镇江	50 772	14 462	313 136	224 809	0.002 8	0.061 7	0.044 3
太仓	35 015	4 535	329 163	161 831	0.001 3	0.094 0	0.046 2
平均	304 276	83 530	2 697 521	2 272 779	0.002 7	0.088 7	0.074 7
占江苏比重（%）	44.10	33.43	75.84	87.34			

进一步将江苏与全国的田赋情况进行对比。康熙年间，全国土地合计 6 478 213 顷，赋税总额 2 948 万两；其中，江苏布政使司土地约 578 880 顷，赋税总额 399 万两。江苏土地约占全国的 8.9%，赋税约占全国的 13.4%。全国的亩均赋银为 0.045 5 两，江苏的亩均赋银为 0.068 2 两，江苏的亩均赋银约高于全国平均水平的 50%。具体到江苏南部的江宁、苏州、松江、常州、镇江等地，其亩均赋银分别为 0.051 8 两、0.134 2 两、0.165 5 两、0.094 2 两、0.071 9 两，苏州和松江明显远高于全国水平和江苏平均水平。

表 2-4 康熙年间江苏土地赋税情况

府	土地（顷）	地丁田赋（两）	税粮（石）	亩均赋税（两）	亩均本色（石）
江宁	69 076.45	357 877	171 048	0.051 8	0.024 8
苏州	96 783.58	1 298 484	899 317	0.134 2	0.092 9
松江	40 872.01	676 533	381 793	0.165 5	0.093 4

续　表

府	土地（顷）	地丁田赋（两）	税粮（石）	亩均赋税（两）	亩均本色（石）
常州	62 234.52	586 141	306 169	0.094 2	0.049 2
镇江	34 399.33	247 391	141 016	0.071 9	0.041 0
淮安	144 756.88	325 054	78 568	0.022 5	0.005 4
扬州	134 485.69	364 229	96 590	0.027 1	0.007 2
徐州	94 372.57	144 185	43 081	0.015 3	0.004 6
合计	676 981.03	3 999 894	2 117 582	0.059 1	0.031 3

资料来源：吴暻：《左司笔记》，卷五、卷六，清钞本。

根据乾隆十八年（1753 年）奏销册记载，全国共计田地 7 081 142 顷，地丁田赋银 29 611 201 两。其中：江苏布政使司民田 689 884 顷，地丁田赋银 3 371 334 两；江苏布政使司土地约占全国的 9.74%，税银占全国总量的 11.38%；全国的亩均赋银为 0.041 8 两。江苏亩均赋银为 0.048 两。① 此时，江苏亩均赋银和全国亩均赋银基本相当。具体到江苏南部的江宁、苏州、松江、常州、镇江等地，雍正十三年（1735 年）各地亩均赋银分比为 0.053 5 两、0.106 7 两、0.128 5 两、0.093 两、0.061 7 两。其中苏州府和松江府因减税 45 万两，使得亩均赋税分别从康熙年间的 0.134 2 两、0.165 5 两下降到 0.106 7 两、0.128 5 两，但还是远高于全国水平和江苏平均水平。

三、清代前期江苏"起运—存留"结构

地方完成赋税征收后，需要区别"起运"和"存留"，前者在中

---

① （乾隆）《大清会典则例》，卷三十六。

央的统筹下由布政使司或解送中央、或协济他处、或留贮地方，后者则存留地方形成地方政府收入并用于地方政府的财政支出。

其中，地方每年征收的漕粮（本色米麦豆）几乎都属于起运项下，各地亦存留几十到几百石不等的漕粮作为地方抚恤孤贫的支出，但比重是非常低的。如宝应县、高邮县、萧县都是尽数起运中央，也有州县会存留部分作为地方恤孤贫需要，如江宁府所属州县：

上元：存留恤孤贫米286石，占全部收入的1%。

江宁：存留恤孤贫米177石，占全部收入的0.59%。

句容：存留恤孤贫米111石，占全部收入的0.27%。

溧水：存留恤孤贫米34石，占全部收入的0.21%。

江浦：存留恤孤贫米34石，占全部收入的0.51%。

六合：存留恤孤贫米91石，占全部收入的0.22%。

高淳：存留恤孤贫米80石，占全部收入的4.07%。

再如松江府所属州县：

华亭：存留恤孤贫米194石，占全部收入的0.35%。

奉贤：存留恤孤贫米191石，占全部收入的0.39%。

娄：存留恤孤贫米194石，占全部收入的0.33%。

金山：存留恤孤贫米191石，占全部收入的0.39%。

上海：存留恤孤贫米91石，占全部收入的0.14%。

南汇：存留恤孤贫米91石，占全部收入的0.14%。

青浦：存留恤孤贫米128石，占全部收入的0.17%。

川沙：存留恤孤贫米45石，占全部收入的0.44%。

江宁府和松江府存留地方的漕粮所占比重基本都在1%以下。对比而言高淳漕粮存留占比高达4.07%，显得比较特殊。从存留地方漕粮的绝对量来看，高淳仅存留80石，在江宁府各县存留量中属于较低水平，但是高淳一地征收的漕粮的总量较其他地区少，高淳县每年征收漕粮1 965石，而其他县最少者如溧水也有16 330石，约为高淳的8倍。由于高淳征收的漕粮总量较小，才显得其存留的漕粮比重大。

也有部分州县存留比重较大，如：

铜山：存留本色米2 869石，占全部收入的13.96%。其中尽数用于兵粮。

宝山：存留本色米9 190石，占全部收入的22.53%。其中大部分用于地方兵粮，恤孤口粮米166石，占全部收入的0.41%。

海州：其中存留本色米麦1 639石，存留本色占全部收入的34.86%。存留的本色米麦中主要用作漕粮运军的口粮，其中包括：淮安本周等仓运军一半月粮米156石、淮安仓本折均平运军一半本色麦46石、常盈仓本折均平运军一半本色麦42石、漕粮改抵各标营兵粮米1 395石。

沭阳：其中存留米麦2 750石，存留本色占全部收入的22.95%。存留米用于运军运粮。

赣榆：其中存留本色米579石、本色麦1 303石，合计1 882石，存留本色占全部收入的30.04%。存留本色米、麦分别作为淮安各仓本折均平米一半运军月粮、常盈仓本折均平运军一半本色麦。

虽然从字面上来看，这几个州县的漕粮存留比重较大，但是就实际情况而言，这几个州县的漕粮存留比重与江苏其他州县的漕粮存留比重基本一致。上文的资料来源主要是各地的地方志，由于各地地方志编纂的人员、时间、背景各有不同，以至于各地方统计地方财政支出的口径不同，上述5个州县存留的漕粮中大部分都用于地方兵饷，或给付运军（运输漕粮或白粮的军队）。但是这部分开支在其他州县都记入了起运或者支给项下,并不在存留项内,所以这5个州县存留比重就显得的特别大。就这5个州县来看,铜山、海州、沭阳、赣榆存留的本色米全部是兵饷,而宝山除了兵饷外尚存留恤孤贫口粮166石,宝山存留恤孤贫口粮仅占全部赋税的0.41%。

与本色漕粮起运存留情况相比,折色白银的起运存留情况较为复杂,且看江苏不同时期的"起运—存留"结构:

表2-5 清前期各时期江苏"起运—存留"表

单位:两①

| 时 期 | 总 额 | 起 运 | | 存 留 | | 资料来源 |
		数额	占比(%)	数额	占比(%)	
雍正二年	4 010 779	2 564 728	64.0	1 446 051	36.0	(雍正)《大清会典》,卷三十二
乾隆十八年	3 371 334					(乾隆)《大清会典》,卷十
乾隆	3 144 529	1 898 991	60.4	1 245 538	39.6	(乾隆)《大清会典则例》,卷三十六
嘉庆	2 760 492	2 551 597	92.4	208 895	7.6	(嘉庆)《大清会典事例》,卷一百四十二、一百四十三

雍正和乾隆时期,江苏起运分别是256万两和190万两,分别约占总额的64%和60.4%;嘉庆时期,江苏起运为255万两,约占总额的92.4%。前两者基本一致,而与嘉庆时期的相差较大。其中

① 四舍五入,数量保持整数,百分比数在小数点后保留一位。下文同。

最主要的原因是统计口径存在较大差异，根据"黄册（户部地丁类—江苏）"中江苏地丁田赋支出的记载，支出项目共计 20 项左右，每年因为有特殊情况也有差别。主要包括：漕银、协济、白粮运费、河道、驿站、各衙门官役俸工存留支给、实该起运、存留额编饷马役（用于地方兵饷）等。

表 2-6　清前期江苏地丁田赋支出表　　　　　单位：两

		康熙二十六年	康熙六十年	雍正三年	乾隆九年
	应征银	3 794 617	3 830 066	3 514 719	3 276 756
	支出银				
1	漕银	385 729	396 474	392 220	419 594
2	协济	198 422	203 247	203 137	195 284
3	白粮运银	104 277	104 557	232 160	186 129
4	河道	58 636	94 148	95 823	95 229
5	存留支给闸溜夫工食解费	3 621	4 008	4 066	4 068
6	扬属兴化县随漕给军装粮水脚银		285	285	261
7	驿站银	175 062	174 720	182 644	149 744
8	支应五府库斗馆支修船等银	14 891	3 617	3 948	3 320
9	镇属闰月银		262		
10	起运拨抵闰月银		521		
11	额外船桅钞	264	264	297	297
12	额外课程商税	7 348	7 348	7 348	7 348
13	两浙运司盐课	16 575	16 597	16 597	15 930

续 表

		康熙二十六年	康熙六十年	雍正三年	乾隆九年
14	扛银除松属坍海荒蠲却外实征银	129	130	130	129
15	随批车脚银	15	15	15	8
16	解费除余银两归入存留地丁项下充饷等	264	265	265	264
17	各衙门官役俸工存留支给	182 455	171 296	136 323	152 401
18	起运项下支出扛脚	30 250	29 536	30 860	30 748
19（1）	实该起运	1 801 775	1 782 683	1 871 837	1 416 124
19（2）	存留额编饷马役	829 627	712 453	786 755	799 699
19	起存二项合并	2 613 440	2 495 137	2 208 593	1 996 986

资料来源："黄册（户部地丁类—江苏）"，中国社会科学院经济研究所，700428-700444。应征银为当年额定赋税减去各类减免之后应该征收的赋税；支出银为各项具体的支出细目。第19（1）和第19（2）合并之后，在经过减免得到第19项。正常情况下，第1项至第19项〔不含第19（1）和第19（2）两项〕合计值为应征银，但在笔者的统计中只有"雍正三年"符合，其他时期合计数值不等于应征银，此处研究尚需加深。

由于《大清会典》《大清会典则例》以及《大清会典事例》中并没有写明"起运"和"存留"的细目，我们无法得知其所谓"总额""起运""存留"都包括了哪些具体内容，因此还需要从江苏府县志梳理各地的"起运—存留结构"。

根据现有的资料，笔者对江苏41个州县（无锡县与金匮县合并一起计算，故表中为40个州县）进行了统计与研究，所选区县涵盖了江苏的大部分地区；[①] 其次，选取的时间为乾隆朝、嘉庆朝、道

---

① 江苏下辖府八、直隶州三、直隶厅一合计十二个府级行政单位，府级行政单位以下下辖散州三、散厅四、县六十合计六十七个县级行政单位。《清文献通考》，卷二百七十五，清文渊阁四库全书本。

光前期，经过康熙"滋生人丁永不加赋"以及雍正"摊丁入地"两次改革，清代赋税开始形成定额；① 再次，对于江苏而言，在雍正、乾隆先后降低江苏 65 万两赋税后，江苏赋税总量与"起运—存留"比例长期保持稳定；最后，此时的江苏尚未受到大规模战争的影响，地方财政支出结构未发生结构性变化。从地方志中可以看出当时江苏各州县的起运—存留比情况：

表 2-7　清前期江苏分县起运、存留分配表　　单位：两

府	州县	总额	存留 数量	存留 比重（%）	起运 数量	起运 比重（%）	时间
江宁	上元	59 971	13 105	21.9	46 866	78.1	乾隆四十年
	江宁	41 031	5 830	14.2	35 201	85.8	
	句容	67 819	8 053	11.9	59 766	88.1	
	溧水	59 183	2 262	3.8	56 922	96.2	
	江浦	25 836	8 786	34.0	17 051	66.0	
江宁	六合	32 971	3 245	9.8	29 726	90.2	乾隆四十年
	高淳	45 690	1 730	3.8	43 960	96.2	
苏州	昆山	58 075	2 264	3.9	55 811	96.1	乾隆三年
	新阳	57 872	2 116	3.7	55 756	96.3	
	吴江	65 162	9 135	14.0	56 027	86.0	
	震泽	71 051	2 302	3.2	68 749	96.8	
松江	华亭	57 955	2 725	4.7	55 230	95.3	嘉庆十五年
	奉贤	57 132	2 162	3.8	54 970	96.2	
	娄县	60 474	2 033	3.4	58 441	96.6	
	金山	41 711	1 615	3.9	40 096	96.1	

---

① 何平：《论清代赋役制度的定额化特点》，《北京社会科学》1997 年第 2 期。

续　表

府	州县	总额	存留 数量	存留 比重(%)	起运 数量	起运 比重(%)	时　间
松江	上海	77 772	2 024	2.6	75 748	97.4	嘉庆十五年
	南汇	59 155	1 771	3.0	57 384	97.0	
	青浦	79 923	1 664	2.1	78 259	97.9	
	川沙	9 312	582	6.3	8 730	93.7	
常州	武进	80 045	10 129	12.7	69 917	87.3	乾隆年间
	无锡金匮	66 419	9 585	14.4	56 834	85.6	嘉庆年间
	江阴	100 137	2 994	3.0	97 143	97.0	乾隆年间
	靖江	37 762	1 854	4.9	35 908	95.1	道光十年
镇江	丹徒	81 289	4 877	6.0	76 412	94.0	乾隆四十四年
扬州	江都	29 126	9 344	32.1	19 782	67.9	乾隆年间
	宝应	20 502	1 730	8.4	18 772	91.6	嘉庆十四年
	高邮	35 334	12 742	36.1	22 592	63.9	乾隆二十六年
	泰州	35 202	3 221	9.2	31 981	90.8	乾隆四十年
淮安	山阳	41 853	10 719	25.6	31 134	74.4	乾隆十年
	清河	16 315	9 624	59.0	6 691	41.0	道光九年
	桃源	24 198	8 911	36.8	15 287	63.2	雍正、乾隆时期
徐州	铜山	53 429	17 434	32.6	35 995	67.4	道光年间
	萧县	31 945	1 270	4.0	30 675	96.0	乾隆四十年
	邳州	33 411	6 839	20.5	26 572	79.5	乾隆年间
太仓	嘉定	95 125	1 993	2.1	93 132	97.9	乾隆二年
	宝山	86 954	1 907	2.2	85 047	97.8	乾隆年间
通州	如皋	23 521	2 083	8.9	21 438	91.1	乾隆三年

续　表

| 府 | 州县 | 总额 | 存留 | | 起运 | | 时　间 |
			数量	比重(%)	数量	比重(%)	
海州	海州	40 576	1 560	3.8	39 017	96.2	乾隆四十年
	沭阳	42 005	1 085	2.6	40 920	97.4	
	赣榆	29 123	1 143	3.9	27 980	96.1	
平均		50 809	4 864	12.1	45 945	87.9	

资料来源：(嘉庆)《重刊江宁府志》，卷十四；(乾隆)《昆山新阳合志》，卷七；(乾隆)《吴江县志》，卷十五；(嘉庆)《松江府志》，卷二十五；(乾隆)《武进县志》，卷三；(光绪)《江阴县志》，卷四；(嘉庆)《无锡金匮县志》，卷八；(光绪)《靖江县志》，卷十六；(嘉庆)《丹徒县志》，卷十；(乾隆)《江都县志》，卷六；(道光)《重修宝应县志》，卷八；(嘉庆)《高邮州志》，卷三；(道光)《泰州志》，卷九；(乾隆)《山阳县志》，卷八；(咸丰)《清河县志》，卷七、八；(乾隆)《重修桃源县志》，卷三；(道光)《铜山县志》，卷四；(嘉庆)《萧县志》，卷五；(乾隆)《邳州志》，卷四；(乾隆)《嘉定县志》，卷三；(乾隆)《宝山县志》，卷五；(嘉庆)《如皋县志》，卷四；(嘉庆)《海州直隶州志》，卷十五。以下诸表资料来源与此同。

上表中江苏各州县存留所占比重各有不同。最高者如清河县，存留占了全部收入的59%；最少者如青浦县，存留仅占全部收入的2.1%。整体来看：26个州县的存留比重在10%以下，5个州县的存留比重在10%至20%之间，3个州县的存留比重在20%至30%之间，6个州县的存留比重在30%以上。

从存留的绝对量而言：多者如铜山县存留银17 434两，少者如川沙厅存留银582两。二者相比，铜山县存留银约为川沙厅存留银的30倍。一般而言，存留量较多的州县，其政务也比较繁重、支出项目较多，存留量较少的州县的政务较少、支出项目也少。整体而言，赋税收入平均为50 809两。其中，存留平均为4 864两，占全部收入比重的12%。

可以说，无论是从"起运—存留"比，还是从存留起运量来看，江苏各地区情况差别很大。之所以造成了各地情况不同的现象：一方面是由于各地政务与支出项目不同、赋税总额大小不同；另外一个重要因素是该地是否设有驿站。

清朝在全国各地设立驿站、急递铺，形成了以驿、站、塘、台、所、铺等多种形式组成的驿站体系。驿站雇有驿夫、设有驿马，以供异舆抬扛、递送文书、饲养马匹等事。驿站支出浩繁，"每岁驿站费用约银三百万两，出款亦可谓巨也"。① 清代邮驿经费支出体系较为复杂，大致分为两个来源：其一，在地方存留银中支出；其二在驿站经费内支出。驿丞的支出一般在地方存留银中安排，水手和急递铺铺兵的工食也多在地方存留银中安排。但驿夫"每名日给银二三分，以至七八分不等，于驿站钱粮内开销"，驿站每年的维修费用亦在驿站经费内开销。在各地地方志记载中，部分地方将驿站经费作为地方存留银的一部分，也有部分州县将驿站经费单独列出以示区别。

由于驿站经费支出巨大，放在存留项下会影响到对地方财政支出结构的分析。对此，笔者以为：虽然在邮驿经费中一部分属于地方存留银下的支出，但绝大多数还是属于驿站经费项下的开支，分析地方财政支出结构时有必要将这部分驿站经费剔除出去，仅将原本属于地方存留银部分的邮驿经费保留，这样更有利于分析地方财政支出结构。以江宁府上元县为例：上元县存留折色银13 105两，其中：薪俸经费2 512两，办公经费银62两、驿站经费9 702两、文教经费690两、社会保障经费129两、工程经费10两。②

邮驿经费10 098两中，包括驿站经费9 702两、铺兵工食银396

---

① 郑观应：《盛世危言三编》，卷十四，清光绪二十三年刻本。
② （嘉庆）《江宁府志》，卷十四。

两。在地方志记载中，驿站经费单独开列，但铺兵工食银则属于薪俸经费项。可以看出，单独列出的驿站经费9 702两，所占全部存留银的比重高达74%。巨额的驿站经费严重影响了对地方财政支出结构的分析，因此有必要剔除这些影响因素。对此，本书的做法是将凡是单独列出的驿站经费划归在地方财政之外，而将原本属于地方存留银下的驿站人员的工食银开支继续保持在地方财政之内。因为单列的驿站经费由中央政府严格规定，故此种划分也符合当时的财政关系。据此，列表如下：

表2-8 消除驿站经费影响后的清前期江苏分县起运、存留分配表

单位：两

府	州县	总额	存留		起运	
			数量	比重（%）	数量	比重（%）
江宁	上元	59 971	3 403	5.7	56 568	94.3
	江宁	41 031	2 485	6.1	38 546	93.9
	句容	67 819	3 285	4.8	64 534	95.2
	溧水	59 183	2 262	3.8	56 922	96.2
	江浦	25 836	1 966	7.6	23 871	92.4
	六合	32 971	1 501	4.6	31 470	95.4
	高淳	45 690	1 730	3.8	43 960	96.2
苏州	昆山	58 075	2 264	3.9	55 811	96.1
	新阳	57 872	2 116	3.7	55 756	96.3
	吴江	65 162	2 649	4.1	62 513	95.9
	震泽	71 051	2 302	3.2	68 749	96.8
松江	华亭	57 955	2 662	4.6	55 293	95.4
	奉贤	57 132	2 162	3.8	54 970	96.2
	娄县	60 474	1 970	3.3	58 504	96.7

续 表

府	州县	总额	存留		起运	
			数量	比重（%）	数量	比重（%）
松江	金山	41 711	1 615	3.9	40 096	96.1
	上海	77 772	2 024	2.6	75 748	97.4
	南江	59 155	1 771	3.0	57 384	97.0
	青浦	79 923	1 664	2.1	78 259	97.9
	川沙	9 312	582	6.3	8 730	93.7
常州	武进	80 045	3 643	4.6	76 402	95.4
	无锡金匮	66 419	3 099	4.7	63 320	95.3
	江阴	100 137	2 994	3.0	97 143	97.0
	靖江	37 762	1 854	4.9	35 908	95.1
镇江	丹徒	81 289	4 877	6.0	76 412	94.0
扬州	江都	29 126	2 584	8.9	26 542	91.1
	宝应	20 502	1 730	8.4	18 772	91.6
	高邮	35 334	2 840	8.0	32 494	92.0
	泰州	35 202	3 221	9.2	31 981	90.8
淮安	山阳	41 853	2 927	7.0	38 926	93.0
	清河	16 315	1 434	8.8	14 881	91.2
	桃源	24 198	900	3.7	23 298	96.3
徐州	铜山	53 429	3 097	5.8	50 333	94.2
	萧县	31 945	1 270	4.0	30 675	96.0
	邳州	33 411	1 742	5.2	31 669	94.8
太仓	嘉定	95 125	1 993	2.1	93 132	97.9
	宝山	86 954	1 907	2.2	85 047	97.8
通州	如皋	23 521	2 019	8.6	21 502	91.4

续　表

府	州县	总额	存留		起运	
			数量	比重（%）	数量	比重（%）
海州	海州	40 576	1 560	3.8	39 017	96.2
	沭阳	42 005	1 085	2.6	40 920	97.4
	赣榆	29 123	1 143	3.9	27 980	96.1
平均		50 809	2 211	4.9	48 598	95.1

说明：本表在统计中因省略了小数点后几位，因此会造成"存留"数加上"起运"数的总数与"总额"有差异的情况。

在剔除掉驿站经费的影响之后，江苏地方财政起运与存留比例的变化如下：

第一，在所统计的40个州县中，存留占全部收入的比重都在10%以下，存留占全部收入5%以下的州县多达30个。就平均数值来看，州县赋税总收入平均为50 809两，其中存留额平均为2 210.9两（未剔除驿站费用之前为4 861两），占全部收入的5%（未剔除驿站费用之前为9.7%），起运额平均为47 805两，占全部收入的95%（未剔除驿站费用之前为90.1%）。从这一点可以看出，中央政府占有了绝大多数比重的财政收入，地方政府仅能获得很少部分的财政收入。

第二，从江宁府、松江府、海州直隶州的存留数量来看，一府之中，以首县（府衙门所在地）的存留数量最高，如江宁府的上元、江宁二县，松江府的华亭、娄县，以及海州直隶州的海州。

第三，从赋税最多的10个州县和最少的10个州县的对比中可以看到，赋税总量较大的州县可以存留更多的赋税收入，但其存留比重却多处于平均值以下，反而赋税总量较少的州县虽然存留量不高，但存留比重却在平均值以上，且显著高于前者。出现这种现象的主要原因是赋税总量较大的州县往往据有农业经济发达、人口密度较大、经济发展较高且行政事务繁忙的特征,地方政府支出较大,因此其存留以较多。而赋税总量较小的州县则支出较小,因此存留银也较少。由于前者虽然存留银多但赋税总额基数大,而后者即便存留银少但赋税总额基础更小,因此才会出现这种现象。

第四,将江苏分为两部分,一部分是南部的苏州府、松江府、常州府、镇江府以及太仓州,另外一部分为北部的江宁府、扬州府、淮安府、徐州府以及海州、通州二州。可以看到南部地区的赋税平均为 65 438 两,存留平均为 2 329 两,存留占全部收入的 3.6%,起运占了全部收入的 96.4%;北部地区的赋税平均为 37 573 两,存留平均为 2 070 两,存留占全部收入的 5.5%,起运占全部收入的 94.5%。可以说南部地区赋税量比北部地区高,但存留比例却低于北部地区,这恰恰印证了第二点中的论断。

第五,由此反观(嘉庆)《大清会典事例》中记载的江苏"起运—存留"情况,按《大清会典事例》记载:江苏赋税收入 276 万两,其中起运 255 万两,占全部收入的 92.4%,存留 21 万两,占全部收入的 7.6%。诚如上文所估计,此处并未包含漕项银 73 万两。漕项银都是属于起运部分,如果给赋税总额和起运各加上 73 万漕项银,那么起运银变为 328 万两,占了全部收入 95% 左右(赋税总收入为 346 万两),而存留银为 21 万两,占了全部收入的 5%。这一数据与"剔除掉驿站经费"影响后的江苏"起运—存留"比重(95∶5)相一致。这既可以解释(嘉庆)《大清会典事例》所记载"起运—存留"结构的合理性,也说明本书的估计是一个较为可靠的数据分析。这一分析也与当时的实际情况相符,黄册(户部地丁类—江苏)中记载有江苏若干时期的"起运—存留"情况,康熙二十六年（1687年）、康熙六十年（1721年）、雍正三年（1725年）和乾隆九年（1744年）的"各衙门官役俸工存留支给"占应征银的比例都约为5%。

四、清代前期地方财政支出结构

在清代，地方存留银构成了地方财政收入并作为地方财政支出的来源。地方财政支出主要包括薪俸经费、办公经费、邮驿经费、文教经费、社会保障经费以及工程经费6项：薪俸经费主要包括给付地方官吏的薪俸开支；办公经费主要用于地方公务开支，其中包括官员置办公务用品、地方官员朝觐盘缠、接待上司视察等各项开支；邮驿经费主要包括支付地方驿站驿员、驿马、驿船及其相关的维护费用；文教经费主要包括文教类人员的薪俸、地方举办祭祀活动、府县两学教育开支等；社会保障经费主要为抚恤地方孤贫老幼的支出；工程经费主要包括修理河道以及负责疏浚河道的导河夫薪俸、修理衙门与监狱等支出。

上表如"起运—存留"结构一样，剔出驿站经费后。可以看出，江苏各州县存留银平均仅2 211两。薪俸、办公、文教、社保、邮驿以及工程等各项支出平均为1 306两、73两、388两、127两、307两以及9两，分别占比60.1%、3.2%、18.1%、5.1%、13.1%以及0.4%。

薪俸经费包括官员的薪俸银和胥吏的工食银，前者按照官员品级大小给予。后者按照职务给予一定的工食银，大抵而言每年或是6两、或是7.2两、或是10.8两不等。江苏40个州县的薪俸支出银平均为1 306两，占了全部财政支出的60.1%。其中：薪俸支出占比在川沙县最高（94%），在溧水县最低（39.6%）。35个州县的薪

表 2-9 消除驿站经费影响后的清前期江苏分县存留银支出结构表

单位：两

府	州县	存留总额	薪俸经费 数额	薪俸经费 比重(%)	办公经费 数额	办公经费 比重(%)	文教经费 数额	文教经费 比重(%)	社保经费 数额	社保经费 比重(%)	邮驿经费 数额	邮驿经费 比重(%)	工程经费 数额	工程经费 比重(%)
江宁	上元	3403	2116	62.2	62	1.8	690	20.3	129	3.8	396	11.6	10	0.3
江宁	江宁	2485	1259	50.7	55	2.2	668	26.9	103	4.2	395	15.9	5	0.2
江宁	句容	3285	2179	66.3	34	1.0	463	14.1	81	2.5	524	16.0	5	0.2
江宁	溧水	2262	895	39.6	232	10.3	423	18.7	111	4.9	596	26.4	5	0.2
江宁	江浦	1966	1166	59.3	8	0.4	343	17.5	16	0.8	429	21.8	5	0.3
江宁	六合	1501	882	58.8	7	0.5	392	26.1	41	2.8	174	11.6	5	0.3
江宁	高淳	1730	1034	59.8	11	0.6	382	22.1	32	1.9	266	15.4	5	0.3
苏州	昆山	2264	1331	58.8	236	10.4	339	15.0	95	4.2	263	11.6	0	0.0
苏州	新阳	2116	1147	54.2	240	11.3	361	17.1	100	4.7	268	12.7	0	0.0
苏州	吴江	2649	1804	68.1	348	13.1	351	13.3	75	2.8	65	2.5	5	0.2
苏州	震泽	2302	1211	52.6	285	12.4	364	15.8	75	3.2	364	15.8	5	0.2
松江	华亭	2662	1862	70.0	41	1.6	321	12.1	87	3.3	346	13.0	5	0.2
松江	奉贤	2162	1397	64.6	19	0.9	505	23.4	86	4.0	150	7.0	5	0.2
松江	娄县	1970	1393	70.7	34	1.7	213	10.8	87	4.4	238	12.1	5	0.3

续 表

府	州县	存留总额	薪俸经费 数额	薪俸经费 比重(%)	办公经费 数额	办公经费 比重(%)	文教经费 数额	文教经费 比重(%)	社保经费 数额	社保经费 比重(%)	邮驿经费 数额	邮驿经费 比重(%)	工程经费 数额	工程经费 比重(%)
松江	金山	1615	1053	65.2	21	1.3	244	15.1	86	5.3	206	12.8	5	0.3
松江	上海	2024	1494	73.8	41	2.0	272	13.4	41	2.0	172	8.5	5	0.2
松江	南汇	1771	1356	76.6	40	2.3	264	14.9	41	2.3	65	3.7	5	0.3
松江	青浦	1664	895	53.8	58	3.5	413	24.8	56	3.4	237	14.2	5	0.3
松江	川沙	582	547	94.0	0	0.0	0	0.0	21	3.5	14	2.5	0	0.0
常州	武进	3643	1683	46.2	77	2.1	523	14.3	449	12.3	903	24.8	10	0.3
常州	无锡	3099	1436	46.3	42	1.4	337	10.9	304	9.8	975	31.5	5	0.2
常州	江阴	2994	1522	50.8	77	2.6	619	20.7	415	13.9	313	10.4	48	1.6
常州	靖江	1854	1058	57.1	20	1.1	604	32.6	103	5.6	65	3.5	4	0.2
镇江	丹徒	4877	3312	67.9	167	3.4	726	14.9	129	2.7	443	9.1	101	2.1
扬州	江都	2584	1418	54.9	55	2.1	588	22.8	80	3.1	439	17.0	5	0.2
扬州	宝应	1730	1029	59.5	4	0.3	296	17.1	132	7.6	261	15.1	8	0.5
扬州	高邮	2840	1434	50.5	0	0.0	441	15.5	357	12.6	604	21.3	5	0.2
扬州	泰州	3221	1674	52.0	6	0.2	277	8.6	524	16.3	731	22.7	10	0.3

续　表

府	州县	存留总额	薪俸经费 数额	薪俸经费 比重(%)	办公经费 数额	办公经费 比重(%)	文教经费 数额	文教经费 比重(%)	社保经费 数额	社保经费 比重(%)	邮驿经费 数额	邮驿经费 比重(%)	工程经费 数额	工程经费 比重(%)
淮安	山阳	2927	1399	47.8	44	1.5	587	20.1	462	15.8	422	14.4	13	0.5
淮安	清河	1434	786	54.8	0	0.0	308	21.4	8	0.5	303	21.2	29	2.0
淮安	桃源	900	570	63.3	3	0.4	144	16.0	5	0.5	176	19.6	3	0.3
徐州	铜山	3097	2179	70.4	3	0.1	415	13.4	64	2.1	432	13.9	4	0.1
徐州	萧县	1270	745	58.7	0	0.0	249	19.6	137	10.8	131	10.4	8	0.6
徐州	邳州	1742	1300	74.6	11	0.6	320	18.4	8	0.5	100	5.7	3	0.2
太仓	嘉定	1993	1221	61.3	249	12.5	286	14.4	40	2.0	194	9.8	2	0.1
太仓	宝山	1907	1154	60.5	246	12.9	343	18.0	60	3.1	104	5.5	0	0.0
通州	如皋	2019	863	42.7	15	0.7	408	20.2	407	20.2	322	15.9	5	0.3
海州	海州	1560	1099	70.4	19	1.2	354	22.7	25	1.6	58	3.7	5	0.3
海州	沭阳	1085	699	64.4	3	0.3	302	27.9	8	0.8	68	6.3	5	0.5
海州	赣榆	1143	639	55.9	10	0.9	404	35.3	0	0.0	85	7.5	5	0.4
平均		2211	1306	60.1	73	3.2	388	18.1	127	5.1	307	13.1	9	0.4

俸经费占了财政支出一半以上，可以说绝大部分州县地方财政支出以薪俸经费为主。

办公经费包括征收赋税时的纸张银、地方官员的心红纸张银、科场的席舍银以及颁布时宪历等行政支出，各类支出各县不一，所占比重较少。江苏40个州县的办公经费支出平均为73两，占了全部财政支出的3.2%，但最高占比也仅为13.1%。南部的办公经费平均为123两，而北部仅仅27两。这是因为南部部分州县设有水陆各营船械银一项。

文教经费包括文教类人员的薪俸、地方祭祀活动经费以及教学事务支出，地方设有府学、县学、卫学等官办学宫，学宫中教授、教谕有俸银，斋夫、膳夫、门子则有役银，廪膳生员亦有工食银。政府要为每年的坛祠祭祀、文庙祭祀、乡饮酒礼等提供经费，并给参加科举考试的生员提供盘缠，为朔望讲书、习仪拜牌等文化活动提供必要的经费。各州县文化教育方面的支出基本相同。文教经费规模仅次于薪俸经费规模，余额平均为399两，占全部财政支出的18.1%。南部与北部的文教经费平均支出分别为372两、402两，大致相等。

社保经费为地方存留的恤孤贫银，各州县根据设定的孤贫人数，大抵而言，凡是一府的首县之地，人口较多，额数较多。人口较少的地方，额数也较少。每名给予一定额度的救济银，各县补助的标准不一，有多至4—5两的，也有1两不到。如江都县每名给银1两。吴江县，每名给银0.67两。赣榆、海州、沭阳三县，每名给银4.15两，这主要是因为这几个州县没有恤孤贫粮。就全省来看，社保经费平均支出为127两，占地方财政支出的5.1%，同时南部（124两）与北部（130两）差异不大。

邮驿经费：在将固定驿站经费剔除之后，现存的邮驿经费只包括驿丞、铺兵、水手等邮驿工作人员的工食银与办公经费，其平均值从 2 960 两下降到了 307 两，占地方财政支出比重从 35.8%下降到了 13.1%，虽然比重有所下降，但其在地方财政支出中依旧占了较大的比重。其中南部平均支出为 283 两，北部平均支出为 329 两，二者相差不大。

工程经费：地方额定工程经费主要是修理监仓银，一般而言，每个州县额定为 5 两。此外部分设有管理河道的闸夫，如丹徒设有移设、横越二闸闸官俸银 31.5 两，皂吏 2 名工食银 12 两。闸夫 12 名工食银 52 两。工程经费在所有地方财政支出中占比最小。

考察江苏财政支出的结构：地方财政主要承担地方官员与吏役的薪俸经费；其次承担地方文教经费与邮驿经费。以上三者占了地方财政支出的九成以上。在文教经费与邮驿经费支出中，负责文教与邮驿事务的官员与吏役的支出又占了绝大部分比重，直接用于文教事务的财政支出少之又少。在 6 项开支中，除社会保障经费与文教中部分礼仪开支经费外，直接用于地方公共事务的经费比重微乎其微。此外，南部地区与北部地区的经费开支规模基本相等。可以说：在整个江苏，财政支出旨在维持国家统治，在地方财政支出结构中看不到大规模的直接促进地方公共建设的经费开支。

五、"起运—存留"与地方支出结构的调整

在清代前期地方财政支出并非一成不变，中央会对"起运—存留"比例以及存留银的支出结构进行调整，这种调整背后主要是基于中央财力不足或者中央财力充沛引起的中央对地方存留银的削减

与增加。在清朝建国之初,军需浩繁而国用不足。因此,中央先后于顺治九年(1652年)与顺治十三年(1656年)在全国范围内大规模削减地方的存留银。所裁减折主要包括:"各州县修宅家伙银两应裁;州县备各上司朔望行香纸烛银两应裁;在外各衙门书吏人役,每月给工食银五钱余,应裁;各州县民壮五十名,应裁二十名;知府并各州县灯夫各四名同知、通判推官、灯夫各二名、各州县轿夫四名岁支工食银两应裁。"且以松江府为例,来看顺治年间的江苏存留银裁减情况。

松江府:自织造府至督粮道快手工食银共2 147.3两。内裁各役工食银607.2两,又裁蔬菜油烛案衣家伙柴薪银242.7两,实给银1 297.4两;自知府至金山儒学各类俸银、工食银共5 115.4两,内裁扣工食银536.4两,裁薪廪修宅家伙桌围伞扇并裁汰管粮同知俸银薪工食等项共银1 161.7两,实给银3 417.2两;自知县至儒学俸银、工食银,共银7 867.9两,除娄县义米抵给银1 396.3两,实编俸银、工食银6 471.5两。顺治九年(1652年)裁扣修宅家伙并工食银1 011.2两,顺治十二年(1655年)裁新银油烛桌围伞扇等666.7两。除娄县顾氏义米抵解银285两,实编解银1 392.8两,实给银6 189.9两,内除义米1 111.2两,实存银5 078.7两;自抚院到协济各项共银19 058两,内除娄县外铺铺夫工食4两自义米支给,实给19 054两,内裁除5 228两,实际给银13 826两。

在《松江府顺治十四年赋役全书》中原编存留地方折色银为41 044.6两(另外加白粮运银8 256.4两),在经过顺治年间的历次裁减后,合计裁减存留银9 453.9两,仅存23 334.3两,裁减额度为原额的23%。在《镇江府顺治十四年赋役全书》中原编存留折色银为52 816.8两,在经过顺治年间的历次裁减后,合计裁减存留银

9 211.5 两，仅存 43 605.3 两，裁减额度为原额的 17.4%。①

裁减的内容主要包括：其一，将各衙门所属大部分胥吏的工食银降低至 6 两。其二，缩减原有编列给地方官员用以办公与生活的支出银。如松江府裁减了知府的修宅家伙银 50 两、伞扇银 20 两、各县秋粮总书纸张银 100 两。其三，降低府县各儒学考卷银、学院考试生童供给银、学院考试武生供给银、学院岁科考行赏各学生员花红笔墨等银。其四，缩减地方修理衙门等工程经费，如松江府将修理本府正佐首领并教官衙门银、修理各县衙门、修理察院分司公馆各衙门银分别裁减了 36 两、32 两、56.7 两。其五，降低上级官员按临州县时的经费，如松江府对裁减了各县供应往来人员银 85 两、置办上司卷箱扛架等银 17 两。

中央不断裁减地方存留银，使得地方财政日趋困难，地方政府的日常政务也因财政的困难而难以正常运作。这引发了地方政府私派赋税，增加了百姓的负担，还给地方吏治腐败提供了借口。于是，中央政府决定将"康熙七年（1668 年）裁减的存留银"规复，并于康熙九年（1670 年）照旧数存留。自康熙十二年（1673 年）三藩叛乱，军费开支激增，中央政府不得不又一次裁减驿站官俸工食及存留各项钱粮，② 时任江苏布政使的慕天颜就曾上书言道："康熙十四年（1675 年）以来，存留钱粮尽裁充饷。"③

随着三藩之乱的平定，国家政权日趋稳定，军费支出锐减，中央财政逐渐富裕，中央政府陆续对先前或裁或减的地方存留银进行了规复。如康熙二十年（1681 年），中央下令将先前于顺治十三年

---

① 《松江府顺治十四年赋役全书》《镇江府顺治十四年赋役全书》，藏于国家图书馆。
② 勒德洪：《平定三逆方略》，卷三十六，清文渊阁四库全书本。
③ 慕天颜：《题为苏松浮粮难完疏》，《苏松历代财赋考》，清康熙刻本。

(1656年）裁减的存留银进行了规复，以元和县为例，其中包括：每五年奉工部题准派征钱行会试举人每名酒席盘缠银30两，新中式举人每名坊仪银155.2两，花红旗區牌坊酒席及各上司行贺通在此内。新中进士每名行贺酒席牌坊等银共124两，新中武进士每名坊仪银51两。旧科武举人会试每名路费24两，新科武举人同。府州县宴待应试生员每名盘缠银3两、舟金0.2两、卷资3钱、宴待花红酒席0.28两，共4两。① 康熙二十四年（1685年）六月，中央下令：原编地方廪膳银190 227两，顺治十三年（1656年）因中央财政困难，下令裁减三分之二，今准其规复三分之一。②

除了因为中央财力多寡引起的中央对地方存留银支出的调整以外，地方在遭受自然灾害之后，中央政府在进行赋税蠲免时也会对地方财政支出进行调整，凡被灾之地或全免、或免半、或免十分之三，以被灾之轻重定蠲数之多寡。中央蠲免政策会削减地方整体地赋税量，但对于"起运—存留"的比例以及支出结构并不会产生太大的影响，如乾隆四十年（1775年）海州：原额折色银40 576两，本年除荒蠲免后合计征银11 274两。原额存留折色银1 559.5两，占全部收入的3.8%。其中薪俸经费1 098.5两、办公经费19两、文教经费354.2两、社会保障经费、邮驿经费57.9两、工程经费5两。除荒蠲免后，存留折色银444.5两，占全部收入的3.9%。其中薪俸经费271.4两、办公经费4.7两、文教经费144.2两、社会保障经费6.2两、邮驿经费13.7两、工程经费1.2两。

清初中央与地方关于起运与存留划分比例的变动与当时的国家政治经济形势密切相关，在中央财政支出远远超过了财政收入时，

---

① 〔乾隆〕《元和县志》，卷十二。
② 蒋良骐：《东华录》，卷十三，清乾隆刻本。

中央政府不得不通过裁减地方存留银两来筹措资金。在国家稳定、兵祸消弭后，中央势必要对起运与存留划分比例进行调整，在一定程度上增加地方存留银来保障地方财力，维持地方政府的正常运作以及保障地方政府职能的履行。随着清王朝统治的逐渐稳定，中央与地方关于"起运"与"存留"的调整也逐渐趋于稳定，同时地方财政支出结构也不再发生较大幅度的变化。

六、地方公共物品的提供

支撑地方公共物品的经费主要包括 3 个来源：其一，对大型的工程建设或者赈济活动，中央政府会拨付专款；其二，在存留银中有很少的一部分用于文化教育、社会保障、工程建设等公共物品的提供。通过对 10% 不到的地方存留银支出结构的分析，可以发现在地方财政支出结构中，各州县支出结构基本相似，都是以薪俸经费占了绝大比重，约占所有支出的 60.11%，其余包括文教经费、邮驿经费、社保经费、办公经费以及工程经费；其三，由于地方日常的公共物品提供经费太少，因此地方政府不得不通过自筹或者与地方士绅合作的方式提供其他的公共物品，以此弥补地方存留银的不足。这也就意味着，地方通过其他手段获得非正项收入具有一定的合理性，这部分非正项经费收支则由地方管理。

1. 地方存留银中公共物品的提供

学界关于财政的起源持论不一，但是无可辩驳的是，无论何种社会形态，国家总是要也必须要提供公共物品，负责组建军队抵御外国入侵，组织修建大型水利工程，提供必要的社会保障服务，提供诸如教育、卫生等多种公共物品。通过对江苏各个州县存留财政中支出结构的分析，在整个江苏存留银的支出中薪俸经费占了绝对比重，其他支出占40%左右，而其中涉及公共物品提供的文教经费、社保经费、工程经费所占比重不足存留银的四分之一。这些经费支出是用在了什么地方？地方政府又如何组织地方公共物品的提供的？本节分别就地方上文化教育、社会保障以及水利工程所涉及的公共物品提供做一探究。

江苏文化教育主要包括3个方面：文教类人员的薪俸、地方祭祀活动经费以及教学事务支出。整个江苏各州县文化教育方面支出经费平均为388两，约占地方存留支出银的18.12%，各州县文化教育方面的支出结构也基本相同。

如松江府华亭县文教经费320.8两，这其中包括：本府儒学教授员下俸银44.4两，门子3名工食银21.3两。本县儒学员下教谕俸银39.7两，廪生6名工食银23.8两，斋夫2名工食银23.8两，膳夫1名工食银11.9两，门子1名工食银7.1两。原金山卫儒学斋夫1名工食银11.9两，廪生6名廪膳银23.8两。府县文庙祭祀银36两。各坛祠祭祀银28.4两，文庙香烛银1.9两，乡饮酒银3.7两，看守儒学门子银2.5两，岁底新书银14.9两，岁贡生银11.6两，会试举人盘缠银8.7两，上司按临行香并朔望讲书等银4.9两，习仪拜牌等银0.5两。

松江府奉贤县文教经费505.3两：本府儒学教授员下斋夫3名工食银35.8两，膳夫4名工食银79.5两，廪生40名廪粮银158.5两。本县儒学员下教谕俸银39.7两，廪生5名工食银19.8两，斋夫1名工食银11.9两，膳夫1名工食银9.9两，门子2名工食银14.3两。府县文庙祭祀银60.1两。各坛祠即是银28.4两。文庙香烛银3.2两。乡饮酒银3.7两。岁底新书银14.9两。岁贡匾牌银11.5两。会试举人盘缠银8.7两。上司按临行香并朔望讲书等银

4.9两。习仪拜牌等银0.5两。

松江府娄县文教经费213.3两：本县儒学员下教谕俸银39.7两，廪生6名工食银23.8两，斋夫1名工食银11.8两，膳夫1名工食银11.8两，门子2名工食银14.2两。府县文庙祭祀银36两。各坛祠即是银28.4两。文庙香烛银1.9两。乡饮酒银3.7两。看守儒学门子银1.7两。岁底新书银14.8两。岁贡匾牌银11.5两。会试举人盘缠银8.6两。上司按临行香并朔望讲书等银4.9两。习仪拜牌等银0.5两。

松江府金山文教经费244.2两：本县儒学员下教谕俸银39.7两，廪生5名工食银19.7两，斋夫2名工食银23.8两，膳夫1名工食银9.8两，门子1名工食银7.1两。府县文庙祭祀银60.1两。各坛祠即是银35两。文庙香烛银3.2两。乡饮酒银3.7两。看守儒学门子银1.7两。岁底新书银14.8两。岁贡匾牌银11.5两。会试举人盘缠银8.7两。上司按临行香并朔望讲书等银4.9两。习仪拜牌等银0.5两。

从松江府这几个州县的文教经费支出来看，支出的范围基本一致。地方文化教育方面，有府学、县学、卫学等不同的官办学宫，学宫中的教师，如教授、教谕都有俸银，其他如斋夫、膳夫、门子则有役银，在学宫中有学籍的廪膳生员也有工食银。地方政府要为每年的坛祠祭祀、文庙祭祀、乡饮酒礼等提供经费。同时也要给参加科举考试的生员提供盘缠，在地方举行朔望讲书、习仪拜牌等文化活动时提供必要的经费。

江苏的社会保障经费主要为地方存留的恤孤贫银，各州县根据设定的孤贫人数，每名给予一定额度的救济银。各县补助的标准不一，有多至四五两的，也有1两不到的。如江都县，额设孤贫80

名,每名给银1两,共恤孤贫银80两。吴江县,额设孤贫112名,每名给银0.67两,共恤孤贫银75.3两。武进县,额设孤贫347名,每名给银1.2两,共银448.8两。海州直隶州,额设孤贫86名,每名给银4.15两,共恤孤贫银356.9两。赣榆县,额设孤贫6名,每名给银4.15两,共银24.9两。大抵而言,凡是一府的首县之地,额数较多,人口较少的地方,额数也较少。各县补助标准虽然不一,但是基本都在1两左右,至于赣榆、海州、沭阳这3个县,每名给银4.15两,这主要是因为这几个州县没有恤孤贫粮。在江苏财政收支中,本色粮也分起运、存留两部,本色粮的存留基本都是用于地方恤孤贫,如华亭存留恤孤贫米194石,奉贤存留恤孤贫米191石,娄存留恤孤贫米194石,占全部收入的0.33%,金山存留恤孤贫米191石,因此这些州县的恤孤贫银都是每名1两左右,如华亭额设额设68名,奉贤额设67名,金山额设32名,每名均是给银1.28两。

地方支出的工程经费主要包括两个方面,其一是修理衙门、监狱等办公场所的维修经费,其二是修理河道以及负责河道疏浚事宜导河夫的经费。也有州县没有工程经费,如川沙、宝山等州县。就大部分州县的工程经费支出来看,工程经费只有5两或者4.9两的修理监仓银。上元县工程经费10两,其中包括修理府监与县监各5两。也有部分州县要负责修理贡院,如山阳工程经费13.3两,其中本府修仓银4.3两。本县修仓银4.3两。江宁贡院修理银4.7两;萧县修理监仓银5两,内除荒废银0.06两,实征4.9两;修理贡院银3.2两。也有州县不设修理监仓银,如清河县工程经费29两,包括天妃闸闸官俸银28两。江宁修理科场银1两。也有部分州县除了修理银以外,还有河道维护方面的支出,如江阴工程经费47.5两,其中包括修理监仓银5两，其他42.5两皆为闸夫工食银；丹徒工程经费100.5两，其中包括修理监仓银5两，其他经费包括移设横越二闸闸官银31.5两，皂吏2名工食银12两，闸夫12名工食银52两。宝应工程经费8.2两，其中报修理监仓银4.8两，石塔口牐夫工食银3.4两。

2. 地方公共物品提供的其他方式

从地方存留银中公共物品的提供来看，教育文化上面主要是负责地方上府学、县学中负责教学事务以及提供管理服务的人员薪俸，同时要负责地方祠、坛的祭祀活动。社会保障方面主要是提供恤孤贫口粮与恤孤贫银，工程方面则主要负责地方监仓的修复。但是这些公共物品的提供只是地方上所需要公共物品的一小部分，地方上的书院的开支、修河修路的经费以及育婴、养济等慈善活动的支出都需要经费来源，因此地方官员不得不另谋收入来源。实际上，清代在地方上，除了上述存留银财政支出中的公共物品提供以外，地方官员与地方士绅会通过向中央申请补助款、自己捐献、向社会募资等其他方式提供包括文化教育、工程建设以及社会保障方面的公共物品。

其一，文化教育方面。属于官府捐资修建的，如华亭县云间书院，乾隆年间由松江府七县捐资公建；云间义学，康熙二十一年（1682年）由知府鲁超主持修建。[①] 也有官府与地方士绅合力修建的，如上海县敬业书院，乾隆十三年（1748年）按察使翁藻、知县王侹改建。乾隆三十年（1765年）巡道李永书移建大门、修讲堂，题为诚正堂，后有春风楼，奉朱子栗主焉，其前有观星台。乾隆三

---

① （乾隆）《华亭县志》，卷七。

十五年（1770年），巡道杨魁、川沙同知于方柱、署知县褚邦礼、知县清泰重修，改今名。乾隆四十七年（1782年），署巡道袁鉴、知县范廷杰重修，增建后轩。乾隆五十九年（1784年），巡道通恩、知县许堃同绅士改春风楼建为敬业堂，增建穿堂、后斋、左右书室。嘉庆三年（1798年）巡道李廷敬知县汤焘同绅士捐资以足经费。敬业书院的经费来源包括：绅士公捐土地共551亩，每年收租330千文；房屋十四间，每年收租42千文；其他地基收租12千文。嘉庆三年（1798年），巡道李廷敬、知县汤焘整理规条，并号召士绅捐钱6680千文，用于放典生息，每年收息钱802千文。①

其二，工程建设方面。对于治理黄河、长江、淮河、运河等河流或者疏浚三江、治理太湖等大型的水利工程，主要由中央直接拨付经费，如康熙二十四年（1685年），按察使于成龙疏浚黄河入海口，共需银2 782 370两，其经费"敕部先拨一半，以便乘时攒工，余容臣陆请拨，限三年告竣"。②再如雍正八年（1730年），吴江县与震泽县修建南北塘，共费帑银25 302两。③也有部分工程的经费来源是由地方官府向藩库借款，并按照规定时间带征还款，如乾隆十九年（1754年）开浚白茆塘，经过两江总督上奏朝廷，获准修建海塘，其中"银二万一千三百八十二两一钱三分八厘八毫，是年十二月初三日兴工开，挑次年三月初一日竣工。所需工费借帑动用分年带征归款"。④也有水利工程是由地方官府与士绅合力修建，如乾隆四十三年（1778年），塘民自浚白茆河，"绅耆等请于邑令林培选照业食佃力例，听民力自浚，自湖漕口至转河计七里，面宽六丈，

---

① （同治）《上海县志》，卷九。
② （嘉庆）《扬州府志》，卷十。
③ （同治）《苏州府志》，卷十一。
④ （同治）《苏州府志》，卷十一。

底宽三丈，随浚南盐铁塘自周神庙口起至贺舍凡四里枝河，如大小姚泾同时开浚，凡二十日讫工，费缗钱二千有奇，而何市士民亦浚湖漕以通白茆，由是支塘带水得通，舟楫行旅称便"。① 除了水利工程以外，地方道路、桥梁的建设也多有地方州县自行建造或者地方士绅募资修建，以荆溪县桥梁修建为例，其中如长桥、西水关桥都是由县令主持修建，而十里桥、五洞桥、和桥等都是由士绅捐资修建。②

其三，社会保障方面。地方社会保障除了正项经费支出中的恤孤贫粮与恤孤贫银以外，还有诸多养济院、普济堂、育婴堂等负责养老恤孤等地方社会保障事务的支出。其经费来源或是中央经费，或是地方政府募资，或是士绅自己筹措，如果地方同时出现了灾情、疫情，中央政府、地方政府、地方士绅都会投入到社会救济之中。以上海县为例：上海县养济院，每岁的经费来源即为国家正项经费支出中的恤孤贫粮与恤孤贫银。上海育婴堂，康熙四十九年（1710年），邑人张永铨捐宅，曹炯曾、李士达、曹炳曾、曹培廉、曹培年捐资，李宗袁、曹锡栋、曹锡黼负责育婴堂事务。乾隆三十九年（1774年）邑人朱之灏、朱朝栋增建屋宇，李宗袁、凌存滔、李焕、瞿秉忠等捐资，郭其相捐田70亩，绅士又从而和之共得187亩有奇，取租以供育婴之用。乾隆四十八年（1783年），乔钟沂议以育婴余资赡给贫老，朱之泣首捐银3 000两，共集得钱8 000缗，田172亩有奇，以租息散给每月人600文，可给数十人。上海同善堂，乾隆十年（1745年），知县王侹与地方士绅商议筹建，邑人捐田154亩、房屋1间，每年租息作为施棺、施药、掩埋等费用，同时设立

---

① （同治）《苏州府志》，卷十一。
② （嘉庆）《重修宜兴县志》，卷一。

义学，延师讲课。后因经费不足，善举难以为继。至咸丰年间，医士周棠劝沉维桢即于同善堂旧址创立惠育之举，凡贫户初生婴孩月给汤药之费，俾资抚育，后又于同治五年（1866年）将维桢所捐银350两并婴儿27人交济善堂接办，堂房交同仁堂兼管，又在同善堂旧址设两义塾教学。上海同仁堂，嘉庆五年（1800年），由知县汤焘捐置北郭田，偕邑人朱文煜、徐思德等创设义冢，榜曰同仁，欲建堂推广其事，后绅士捐购乔氏屋建为堂，其经费来源有总捐、岁捐，豆业按月提捐，需要负责：恤嫠，凡旧族孀居贫苦无依者月给钱七百；赡老，凡年过六十贫苦无依或残疾不能谋生者月给钱六百；施棺，凡贫无以敛者予之棺并灰砂百斤一掩埋，凡无主棺木及贫不能葬者。又建义学，施棉衣，收买字纸，以及代葬、济急、水龙、放生、收瘗路毙浮尸等事，他如栖流救生，给过路流民口粮，悉预焉，故同仁堂为诸善堂之冠。除此之外，还有同人辅元堂（即同仁堂）、全节堂、果育堂、仁济堂、济善堂、复善堂、普育堂、保息局，或是由官主持、士绅参办，或是士绅主办，经费来源都以捐助为主，营业地方社会保障事务。①

本节补录：江苏州县财政收支实态②

一、清代前期江苏州县财政收入实态

雍正十三年（1735年），江苏总额各类田地689 962顷，征收丁银249 858两，地丁田赋合计3 556 775两，征收本色2 602 128石。

---

① （同治）《上海县志》，卷二。
② 本书中，图表中数据与文字中数据存在差异。图表中数据由各县数据加总而得，计算时忽略了小数点后位数。文字数据是原文各府记载数据。因此二者略有差异。

亩均人丁 0.003 6 两，亩均地丁田赋 0.051 6 两，亩均本色 0.037 7 石。①

表 2-10 雍正十三年江苏地丁田赋表

府	面积（顷）	丁银（两）	地丁田赋（两）	本色（石）	亩均人丁银（两）	亩均地丁田赋（两）	亩均本色（石）
江宁	52 611	31 888	281 533	165 362	0.006 1	0.053 5	0.031 4
苏州	62 660	15 172	668 379	912 486	0.002 4	0.106 7	0.145 6
松江	40 871	4 482	525 242	444 292	0.001 1	0.128 5	0.108 7
常州	62 347	12 991	580 068	363 999	0.002 1	0.093 0	0.058 4
镇江	50 772	14 462	313 136	224 809	0.002 8	0.061 7	0.044 3
淮安	91 149	62 463	187 504	75 297	0.006 9	0.020 6	0.008 3
扬州	83 003	47 810	272 929	118 524	0.005 8	0.032 9	0.014 3
徐州	126 113	37 507	235 334	85 230	0.002 9	0.018 7	0.006 8
太仓直隶	35 015	4 535	329 163	161 831	0.001 3	0.094 0	0.046 2
海州直隶	28 968	9 175	63 366	33 062	0.003 2	0.021 9	0.011 4
通州直隶	54 949	9 373	100 121	17 236	0.001 7	0.018 2	0.003 1
江苏省总额	688 458	249 858	3 556 775	2 602 128	0.003 6	0.051 7	0.037 8

（1）江宁府。原额各类田地 68 547 顷，至雍正十三年（1735年）实在各类田地 52 611 顷，实征折色银 232 526 两。摊征人丁银 22 290 两，匠班银 326 两。合计地丁田赋银 255 144 两、本色米 105 890 石、本色豆 2 947 石、杂办银 3 807 两，此外带征船桅钞课商税朝银合计 7 633 两。后归并省卫田 11 849 顷、征银 16 798 两、摊征屯丁银 9 611 两，合计归并省卫银 26 410 两、本色米 56 530 石、

---

① （乾隆）《江南通志》，卷六十九至卷七十一。

本色豆 56、杂办银 2 102 两。

以上江宁府各类田地项下共征折色银 287 437 两、带征船椇钞课商税朝银合计 7 633 两、本色米 162 420 石。

表 2-11 中诸县在地丁田赋科则上，各依县情，而各有不同，概而言之，基本都按照土地类型分别科目计算赋税钱粮。如句容按七则起科：一则按田起科，每亩科本色米六升七合、折色银六分一厘、摊征人丁银七厘五毫、摊征匠班银二毫九丝、摊征药材银二丝三忽，其他六则分别按荒田、地、荒地、山、塘、芦荡草场就本色米、折色银、人丁银等项起科。① 而江宁县在起科时分别按照熟田、欺隐田、荒田、荒滩、熟地、欺隐地、荒地、荒滩、山塘等不同的田地类型起科。再如上元县，其科则较诸县为复杂，其辖内各类田地均分上乡、下乡两类，上乡税重，而下乡税轻，如上乡田每亩科米四升一合，而下乡田则只科三升七合。②

（2）苏州府。原额各类田地 95 471 顷，至雍正十三年（1735年）实在各类田地 62 665 顷〔雍正三年（1725年）减免浮粮 199 908 两，实征折色银 650 253 两〕。摊征人丁银 15 176 两、匠班银 2 962 两。合计征地丁田赋银 668 392 两、本色米 910 070 石、本色麦 1 765 石、本色豆 662 石、杂办银 2 254 两。

苏州府的各县地丁田赋核算用平米法，即合县土地分田、地、荡的多种类型田地，其中长洲与元和二县田又分官田与民田，计算全县本色与折色时先按照田地类型区别官、民核算平米总数，再按照每平米一石分派折色、本色。如长洲县田地分官田与民田，官田二则分别为三斗七升与三斗，民田则分十七则，自二斗八升至一斗

---

① （乾隆）《句容县志》，卷五，清光绪重刊本。
② （道光）《上元县志》，卷八，清道光四年刻本。

表 2-11 雍正十三年江宁府财政收入一览表

属县	田地					归并省卫田				地丁田赋(两)	本色合计(石)	杂办合计(两)
	面积(顷)	折色(两)	丁银(两)	匠班银(两)	本色(石)	面积(顷)	折色(两)	屯丁银(两)	本色(石)			
上元	8 811	33 840	3 110	9	27 606	1 256	3 746	1 995	2 122	42 700	29 728	1 484
江宁	7 563	26 714	2 048	1	25 699	938	1 796	1 847	5 095	32 406	30 794	869
句容	14 500	55 401	6 796	269	40 603	47	70		229	62 536	40 832	815
溧水	10 974	52 871	4 296	12	3 856					57 179	3 856	302
高淳	7 344	42 945	1 552	30	1 926					44 527	1 926	671
江浦	2 382	11 454	1 708	3	7 040	2 019	2 080	1 334	9 299	16 579	16 339	414
六合	1 037	9 299	2 777	1	2 104	7 587	9 104	4 434	39 839	25 615	41 943	1 349
合计	52 611	232 524	22 287	325	108 834	111 847	16 796	9 601	56 528	281 533	165 362	5 904

资料来源：(乾隆)《江南通志》，卷六十九，清文渊阁四库全书本。

表 2-12 雍正十三年苏州府财政收入一览表

属县	实在田地（顷）	折色（两）	丁银（两）	匠班银（两）	地丁田赋（两）	本色合计（石）	杂办（两）
长洲	7 178	81 585	1 937	312	83 834	118 657	
元和	6 166	71 912	1 955	368	74 235	112 857	2
吴县	7 175	61 696	4 007	751	66 454	78 454	2 204
吴江	6 405	73 479	1 816	354	75 649	104 871	47
震泽	6 825	80 037	2 103	390	82 530	114 306	
常熟	9 392	81 512	964	250	82 726	112 900	
昭文	7 803	67 034	740	199	67 973	92 094	
昆山	5 995	66 599	837	169	67 605	88 883	
新阳	5 721	66 395	813	165	67 373	89 462	
合计	62 660	650 249	15 172	2 958	668 379	912 486	2 253

资料来源：(乾隆)《江南通志》，卷六十九。

三合，通算官民田平米数，然后每平米一石派折色银二钱三分、本色米五斗六合、摊征人丁银八厘七毫。每亩派地亩银六厘六毫、徭里银一分三厘。①

（3）松江府。原额各类田地 42 521 顷，至雍正十三年（1735年）实在各类田地 40 875 顷〔雍正三年（1725年）减免浮粮 15 万两，实征折色银 520 081 两〕。摊征人丁银 4 484 两、匠班银 681 两。合计征地丁田赋银 525 246 两、本色米 443 296 石、杂办银 1 417 两。

松江府各县地丁田赋核算方式基本一致，以华亭县为例，其田分上中下三等，上乡熟田科平米三斗六合、中乡熟田科平米三斗二升、下乡熟田科平米二斗七升，其他低薄田、新荒田、旧荒田、得

---

① (乾隆)《长洲县志》，卷十三。

业荡田、草荡水溇等各类田地按照一定比例折为熟田起科。每科平米一石实征银三钱一分、本色米四斗三升、摊征人丁银一厘。折实田每亩派银七厘一毫。①

表2-13 雍正十三年松江府财政收入一览表

属县	实在田地（顷）	折色（两）	丁银（两）	匠班银（两）	地丁田赋（两）	本色合计（石）	杂办（两）
华亭	5 286	68 372	551	99	69 022	56 497	330
奉贤	5 248	66 371	547	112	67 030	49 066	72
娄县	4 582	66 676	557	62	67 296	62 020	511
金山	3 720	48 661	452	67	49 181	49 893	86
上海	7 629	98 536	837	113	99 487	73 273	132
南汇	7 034	73 791	790	122	74 704	70 617	68
青浦	3 215	44 000	326	63	44 391	49 894	162
福泉	4 157	53 670	422	38	54 131	33 032	52
合计	40 871	520 077	4 482	676	525 242	444 292	1 413

资料来源：（乾隆）《江南通志》，卷六十九。

（4）常州府。原额各类田地61 986顷，至雍正十三年（1735年）实在各类田地62 350顷，实征折色银566 487两。摊征人丁银12 995两、匠班银589两。合计征地丁田赋银580 072两、本色米356 032石、本色麦7 975石、杂办银6 759两。

常州府科则方法一致，以武进县为例，其平田每亩科平米二斗四合、沙田科一斗八合、高低田科平米一斗三合、极高低田科平米八升三合、山滩荡峰科平米三升八合。平田并各则折实验田派税，每实田一亩派银七分五厘、本色米六升七合、地亩银一分七毫、徭

① （乾隆）《华亭县志》，卷五。

里银一分二厘、摊征人丁银二厘七毫。

表 2-14 雍正十三年常州府财政收入一览表

属县	实在田地（顷）	折色（两）	丁银（两）	匠班银（两）	地丁田赋（两）	本色合计（石）	杂办（两）
武进	8 396	77 595	1 967	73	79 637	53 362	2 174
阳湖	8 778	81 922	2 076	73	84 072	56 338	1 761
无锡	6 902	64 533	1 907	94	66 535	41 840	327
金匮	7 333	67 995	1 773	100	69 868	44 084	349
江阴	11 362	98 974	1 904	117	100 997	63 638	453
宜兴	7 950	77 403	1 566	61	79 030	52 991	188
荆溪	6 074	55 236	1 080	45	56 363	37 817	1 483
靖江	5 552	42 825	718	21	43 566	13 929	21
合计	62 347	566 483	12 991	584	580 068	363 999	6 756

资料来源：(乾隆)《江南通志》，卷七十。

（5）镇江府。原额各类田地 34 440 顷，至雍正十三年（1735 年）实在各类田地 50 750 顷（自江宁府溧阳县拨归 16 470 顷），实征折色银 298 414 两。摊征人丁银 14 463 两、匠班银 242 两。合计征地丁田赋银 313 120 两、本色米 217 005 石、本色麦 6 277 石、本色豆 1 347 石、杂办银 837 两。另由归并省卫田 24 顷，征银 18 两、本色米 182 石，均属丹徒县。

表 2-15 雍正十三年镇江府财政收入一览表

属县	实在田地（顷）	折色（两）	丁银（两）	匠班银（两）	地丁田赋（两）	本色合计（石）	杂办（两）
丹徒	11 096	82 613	5 260	129	88 002	73 016	101
丹阳	12 870	83 540	1 957	52	85 550	43 387	358
金坛	10 312	70 391	1 788	29	72 209	50 006	172

续　表

属县	实在田地（顷）	折色（两）	丁银（两）	匠班银（两）	地丁田赋（两）	本色合计（石）	杂办（两）
溧阳	16 470	61 886	5 457	31	67 375	58 400	204
合计	50 748	298 430	14 462	241	313 136	224 809	835

资料来源：(乾隆)《江南通志》，卷七十。

镇江府原有三县，雍正八年（1730年）将溧阳县划归镇江府，由是形成一府四县的格局。其科则方式，丹徒县、金坛县、溧阳县均按照不同的土地类型征收，丹阳县将田地分为六则起科。如丹徒县，田地分沙潮田地、山田园市地芦岸地、山地、荒白地、山塘地，各科平米一斗六升、八升三合、四升一合、二升七合、八合三勺。每平米一石征收兵饷银六钱五分、本色米八斗五升，每折实田一亩派地亩银一分四厘、徭里银一分九厘。其人丁银征收方式也与上述诸多府不同，其规定每正银一两，摊征人丁银六分三厘。丹阳县，田分每亩科平米四升七合、四升三合、四升一合、三升六合、三升一合、二升三合六则起征，其他又有千墩、白地等各按则起科。平米每石派折色税粮银八钱六分、本色米七斗三升。每折实田一亩派地亩银一分七毫、徭里银一分九厘。每正银一两，摊征人丁银二分三厘。

（6）淮安府。原额各类田地168 418顷，至雍正十三年（1735年）实在各类田地90 753顷〔雍正二年（1724年），分置海州直隶州，其辖52 282顷〕，实征折色银124 142两。摊征人丁银62 466两、屯丁银3两。合计征地丁田赋银186 723两、本色米69 291石、本色麦6 009石、杂办银258两。另由归并省卫田400顷，征折色银725两、摊征屯丁银61两，均属盐城县。

表 2-16 雍正十三年淮安府财政收入一览表

属县	实在田地（顷）	折色（两）	丁银（两）	屯丁银或匠班银（两）	地丁田赋（两）	本色合计（石）	杂办（两）
山阳	8 063	16 757	27 126	1	43 886	19 894	62
阜宁	9 729	12 045	13 186	1	25 246	12 544	21
清河	4 866	14 051	4 792	38	18 881	4 597	7
桃源	15 841	28 115	2 516		30 631	9 747	9
安东	24 694	24 708	2 853		27 561	1 225	59
盐城	27 956	29 189	11 990	120	41 299	27 290	97
合计	91 149	124 865	62 463	160	187 504	75 297	255

资料来源：(乾隆)《江南通志》，卷七十。

淮安府各县科则算法基本一致，如山阳县：每亩科地亩银一分五厘、本色米二升一合，其他类型土地各照则起科，每两摊征丁银一两六钱。亦有州县按照地亩摊征人丁数，如盐城即每亩摊征丁银三厘八毫。

（7）扬州府。原额各类田地 134 025 顷，至雍正十三年（1735 年）实在各类田地 81 951 顷〔雍正二年（1724 年）分通州直隶州，其辖 52 780 顷〕，实征折色银 220 052 两。摊征人丁银 47 389 两、屯丁银 73 两、匠班银 661 两。合计征地丁田赋银 268 176 两、本色米 111 896 石、本色麦 6 628 石、杂办银 13 996 两。另有归并省卫田 1 057 顷，征折色银 4 341 两、摊征屯丁银 426 两，共征银 4 768 两。

扬州府赋税科则方法较为复杂，形式多样。如江都县，其按亩分则，其首先折算最富饶的土地每两亩准一亩，其他中、下土地则渐增折算，最贫瘠者 20 亩折算 1 亩，其后又分上派折实田和下派折实田两类，分别每亩科银二钱四分、本色米六升二合以及科银二钱九分、本色米一斗二升，每正银一两征人丁银一钱九分。甘泉县课法与江都县一致。仪征县将全县田地分为上、中、下三则，各科折色银、本色米不等，每两摊人丁银二钱一分。高邮州课法与仪征县一致。兴化县课法较为简单，每亩田地科银一分一厘、加漕银二厘、本色米六合七勺、摊征丁银四厘四毫，兴化县课法与宝应县一致。泰州课法将田土分为田、灶、地三类，分别科则，每两摊征人丁银二钱六厘。

（8）徐州府。原额各类田地 109 376 顷，至雍正十三年（1735年）实在各类田地 126 118 顷，实征折色银 194 643 两。摊征人丁银 40 288 两、匠班银 406 两。合计征地丁田赋银 235 338 两、本色米 66 715 石、本色麦 19 921 石、杂办银 767 两。另由归并省卫田 1 277 顷，征折色银 2 416 两、摊征屯丁银 99 两，共征银 2 515 两、本色米 27 石、本色麦 342 石，全属邳州。

徐州府赋税课法一致，除了邳州按照土地的类型的不同分别起科以外，其他都按亩征课，如铜山县，每亩科银一分二厘、改折岁夫银三毫五丝，本色米六合九勺、本色麦一合二勺，每亩摊征人丁银四厘六丝。

（9）太仓州。雍正十三年（1735年）实在各类田地 35 016 顷〔雍正三年（1725年）恩免浮粮 100 091 两〕，实征银 324 625 两、摊征人丁银 3 530 两、匠班银 1 009 两，共征银 329 165 两、本色米 160 997 石、本色麦 611 石、本色豆 229 两，其他杂办银 82 两。

太仓州赋税课法采用平米法，以嘉定县为例，其田分三斗、二斗七升、二斗五升、二斗、一斗五升、一斗六则起科，每平米一石征折色银四钱九分、本色米九升一合、本色豆三勺。每亩派地亩银

表 2-17 雍正十三年扬州府财政收入一览表

属县	田地							归并省卫田			地丁田赋(两)	本色合计(石)	杂办(两)
	面积(顷)	折色(两)	丁银(两)	匠银(两)	屯(两)	本色(石)	杂办(两)	面积(顷)	折色(两)	屯丁银(两)			
江都	9 162	34 713	6 405	98		12 631	2 359				41 216	12 631	2 359
甘泉	8 652	25 996	4 834	46		8 563	2 031	139	538	18	31 432	8 563	2 031
仪征	2 542	14 450	3 123	7		2 315	5 662				17 580	2 315	5 662
高邮	25 809	42 051	7 514	96		11 495	1 703	445	1 929	138	51 728	11 495	1 703
兴化	24 272	34 432	10 093	130		17 523	303	105	899	189	45 743	17 523	303
宝应	2 221	22 078	6 250	16		10 754	1 092	152	582	9	28 934	10 754	1 092
泰州	9 290	46 328	9 167	339		55 243	843	214	391	70	56 295	55 243	843
合计	81 948	220 048	47 386	732		118 524	13 993	1 055	4 339	424	272 929	118 524	13 993

资料来源:(乾隆)《江南通志》,卷七十。

表 2-18　雍正十三年徐州府财政收入一览表

属县	实在田地（顷）	折色（两）	丁银（两）	屯丁银或匠班银（两）	地丁田赋（两）	本色合计（石）	杂办（两）
铜山	30 421	39 310	12 337	148	51 795	24 695	11
萧县	21 978	28 942	2 009	67	31 020	15 534	129
砀山	13 044	13 390	3 494	62	16 947	7 475	227
丰	15 181	15 966	2 844	61	18 868	4 831	216
沛	14 534	21 905	3 930	67	25 903	9 706	133
邳州	9 899	27 931	5 529	99	31 044	7 003	36
宿迁	9 466	28 462	3 724		32 187	11 489	5
睢宁	11 590	24 434	3 136		27 570	4 497	6
合计	126 113	200 340	37 003	504	235 334	85 230	763

资料来源：（乾隆）《江南通志》，卷七一。

表 2-19　雍正十三年太仓州财政收入一览表

属县	实在田地（顷）	折色（两）	丁银（两）	屯丁银或匠班银（两）	地丁田赋（两）	本色合计（石）	杂办（两）
太仓	4 391	47 831	584	154	48 570	63 623	
镇洋	4 315	47 472	582	152	48 206	63 298	
嘉定	6 454	103 565	714	319	104 599	17 776	
宝山	6 292	99 829	585	307	100 722	17 134	
崇明	13 563	25 926	1 063	75	27 066		82
合计	35 015	324 623	3 528	1 007	329 163	161 831	82

资料来源：（乾隆）《江南通志》，卷七十一。

七厘。每平米一石派徭里银二分六厘、人丁银三厘。

（10）海州。雍正十三年（1735年）实在各类田地28 969顷，实征折色银54 184两，摊征人丁银8 986两、屯丁银12两、匠班银183两，共征折色银63 367两、本色米23 146石、本色麦9 927石、杂办银352两，归并东西二海所实征军需银60两。

表2-20 雍正十三年海州财政收入一览表

属县	实在田地（顷）	折色（两）	丁银（两）	屯丁银或匠班银（两）	地丁田赋（两）	本色合计（石）	杂办（两）
海州	8 670	12 759	1 189	59	14 009	6 750	391
沭阳	13 495	27 630	4 700	72	32 408	18 872	11
赣榆	6 803	13 793	3 092	63	16 949	7 440	9
合计	28 968	54 182	8 981	194	63 366	33 062	411

资料来源：(乾隆)《江南通志》，卷七十一。

海州各州县田赋课法基本一致，如沭阳县，按亩起科，每亩科银二分六厘、本色米一升二合、本色麦六合。但是人丁征发各县不一，沭阳县按两征收，每两人丁银一钱七分，而海州则是按亩征收，每亩征人丁银一厘。

(11) 通州。雍正十三年（1735年）实在各类田地54 950顷，实征折色银90 454两，摊征人丁银8 851两、匠班银431两，共征99 737两、本色米15 875石、麦4 849石、杂办银3 535两。外归外卫实在屯田107顷，实征折色银294两，摊征屯丁银92两，通共征银387两，全属通州。

表2-21 雍正十三年通州财政收入一览表

属县	实在田地（顷）	折色（两）	丁银（两）	屯丁银或匠班银（两）	地丁田赋（两）	本色合计（石）	杂办（两）
通州	12 422	38 945	4 084	355	43 384	6 990	838
如皋	30 083	19 486	2 537	70	22 094	5 438	1 185
泰兴	12 444	32 316	2 229	98	34 643	4 808	1 486
合计	54 949	90 747	8 850	523	100 121	17 236	3 509

资料来源：(乾隆)《江南通志》，卷七十一。

通州所属各州县海州各州县田赋课法基本一致，如通州，其田分上、中、下三则，各科不等折色、本色，泰兴则将田分为一等、次一等、三等、四等田等等，各科不等折色、本色，人丁摊征方式皆是按两征收，如通州每两摊征人丁银一钱一分。

二、清前期江苏州县财政支出实态

清代地方财政收入将分为两个部分支出，第一个部分为起运部分，即将地方征收所得的赋税中的一部分按照规定要求上交中央，属于中央财政收入的范围；第二部分为存留部分，即将其余的部分存留在地方作为地方财政收入，也可以说，地方存留构成了地方财政收入并作为地方财政支出。地方财政支出可以分为6个支出方向：薪俸经费、办公经费、邮驿经费、文教经费、社会保障经费以及工程经费。薪俸经费主要包括给付地方官吏的薪俸开支。办公经费主要用于地方公务开支，其中包括官员置办公务用品、地方官员朝觐盘缠、接待上司视察等各项开支。邮驿经费主要包括支付地方驿站驿员、驿马、驿船及其相关的维护费用。文教经费主要包括文教类人员的薪俸、地方举办祭祀活动、府县两学教育开支等。社会保障经费主要为抚恤地方孤贫老幼的支出。工程经费主要包括修理河道以及负责疏浚河道的导河夫薪俸、修理衙门与监狱等支出。[①]

（1）上元县。乾隆四十年（1776年），上元县有田地山塘8 672顷、归并省卫田地1 207顷、芦州田地1 866顷，共科本色米28 481石、折色银59 971两。

---

① 本小结内容资料来源皆为地方府县志，地方府县志书名可在本书"参考文献"的"地方志"书目中查询。

其中存留米286石，尽数用于抚恤孤贫，占全部收入的1%。

存留折色银13 105.4两，占全部收入的21.85%。① 其中薪俸经费2 116.3两、办公经费银62.2两、文教经费689.5两、社会保障经费129.3两、邮驿经费10 098.1两、工程经费10两。

（2）江宁县。乾隆四十年（1776年），江宁县有田地山塘7 563顷、归并省卫田地913顷、芦州田地289顷。共科本色米29 891石、折色银41 031.3两。②

其中存留本色米177石，尽数用于抚恤孤贫，占全部收入的0.59%。

存留折色银5 830.1两，占全部收入的14.21%。其中薪俸经费1 259.1两、办公经费银55.3两、文教经费667.9两、社会保障经费103.4两、邮驿经费3 739.4两、工程经费5两。

（3）句容县。田地山塘14 453顷，各则不等科熟米60 030石、荒平米4 455石，共科本色米40 031石，折色银67 819两。

其中存留本色米111石，尽数用于抚恤孤贫。

存留折色银8 053.1两，占全部收入的11.87%。其中薪俸经费2 178.5两、办公经费银33.6两、文教经费462.7两、社会保障经费81.1两、邮驿经费5 292.2两、工程经费5两。

（4）溧水县。田地山塘10 930顷，各则不等科熟米40 690石、荒平米1 286石，共科本色米16 330石，折色银59 183.4两。

其中存留本色米34石，尽数用于抚恤孤贫，占全部收入的

---

① 其中起运银，驿站银9 702.1两，其他各衙门官役俸工并祭祀银3 403.3两。按（道光）《江宁府志》记载各衙门官役俸工并祭祀银应为3 575.5两，经过核算应为3 403.3两。
② 其中起运银35 201.2两、驿站银3 344.7两，其他各衙门官役俸工并祭祀银2 485.4两。按（道光）《江宁府志》记载各衙门官役俸工并祭祀银应为2 646.2两，经过核算应为2 485.4两。

0.21%。

存留折色银2 261.5两,占全部收入的3.83%。其中薪俸经费894.7两、办公经费银232两、文教经费422.6两、社会保障经费111.2两、邮驿经费596.2两、工程经费5两。

(5)江浦县。田地山塘2 383顷,各则不等科熟米10 923石、荒平米975两,共科本色米6 689石、折色银25 836.2两。

其中存留本色米34石,尽数用于抚恤孤贫,占全部收入的0.51%。

存留折色银8 785.6两,占全部收入的34%。其中薪俸经费1 165.7两、办公经费7.9两、文教经费343两、社会保障经费15.5两、驿站经费7 248.5两、工程经费5两。

(6)六合县。田地山塘1 017顷,各则不等科熟米3 929石,共科本色米42 283石,共科折色银32 971.3两。

其中存留本色米91石,尽数用于抚恤孤贫,占全部收入的0.22%。

存留折色银3 245.3两,占全部收入的9.84%。其中薪俸经费882.1两、办公经费银7.3两、文教经费391.6两、社会保障经费41.3两、驿站经费1 918两、工程经费5两。

(7)高淳县。田地山塘7 390顷,各则不等科熟米41 591石,共科本色米1 965、折色银45 690.2两。

其中存留本色米80石,占全部收入的4.07%。尽数用于抚恤孤贫。

存留折色银1 729.8两,占全部收入的3.79%。其中薪俸经费1 033.6两、办公经费银10.5两、文教经费382.1两、社会保障经费32.2两、邮驿经费266.4两、工程经费5两。

(8) 昆山县。乾隆三年（1738年）昆山实在田地荡5 744顷，科平米175 462石，共征本色米麦豆88 379石、折色银56 466两。复征荒芦草田地荡折色银603两，征人丁银837两，匠班银169两。以上合计共征银58 075两。

存留本色341石，占全部收入的0.39%。尽数用于恤孤贫。

存留折色银2 263.9两，占全部收入的2.11%。其中薪俸经费1 331.4两、办公经费236.2两、文教经费338.7两、社会保障经费94.8两、邮驿经费262.8两。

(9) 新阳县。乾隆三年（1738年）新阳实在田地荡5 577顷，科平米176 606石，共征本色米麦豆88 955石、折色银56 548两。复征荒芦草田地荡折色银346两。征人丁银813两、匠班银165两。以上合计共征银57 872两。

存留本色360石，占全部收入的0.4%。尽数用于恤孤贫。

存留折色银2 115.9两，[①] 占全部收入的2.11%。其中薪俸经费1 147.4两、办公经费239.5两、文教经费360.8两、社会保障经费100两、邮驿经费268.2两。

(10) 吴江县。乾隆三年（1738年），吴江县科各类平米203 171石，每平米一石派本色米并麦改米四斗九升共计99 983石、派本色豆三勺七抄共76石、派征漕赠五米二升七毫共4 219石、派征税粮银二钱一分共44 137两、派漕赠十银四分一厘共8 439两、摊人丁银八厘九毫共1 816两、摊匠班银一厘七毫共354两、派徭里银一分二厘共7 082两、派地亩银五厘六毫共3 285两，以上通计本色米豆104 279石、折色银65 115两。另征沐庄田米54石、47两。合计丁

---

① 记载存留官役俸工2 176两，杂支536.1两，合计2 712.1两。

田杂办米 104 333 石、银 65 162 两。①

其中存留米 403 石，尽数用于抚恤孤贫。存留本色占全部收入的 0.04%。

存留折色银共计 9 134.9 两，占全部收入的 14.42%。其中薪俸经费 1 804.4 两、办公经费 348 两、邮驿经费 6 551.1 两、文教经费 351.1 两、社会保障经费 75.3 两、工程经费 5 两。

(11) 震泽县。乾隆三年（1738 年），震泽县实在各类田地 6 825 顷，科征平米 221 451 石，每平米一石派本色米并麦改米四斗九升、漕赠五米二升七勺、税粮银二钱一分、漕赠十银四分一厘、摊征人丁银九厘五毫、摊征匠班银一厘七毫。额征本色米麦豆 113 664 石、折色及人丁匠班银 71 051 两。

其存留本色米麦豆 399 石，尽数用于抚恤孤贫。存留本色占全部收入的 0.35%。

存留折色银共计 2 302.1 两，占全部收入的 3.22%。其中薪俸经费 1 210.5 两、办公经费 284.8 两、邮驿经费 363.6 两、文教经费 346.3 两、社会保障经费 74.6 两、工程经费 5 两。

(12) 华亭县。嘉庆十五年（1810 年）华亭县实在熟田 5 206 顷，科平米 156 939 石，共征本色米 55 183 石、折色银 57 404 两、人丁银 551 两，合计征银 57 955 两。

存留本色米 194 石，占全部收入的 0.35%。存留尽数用于恤孤贫。

存留折色银 2 725.4 两，占全部收入的 4.3%。其中薪俸经费 1 861.9 两、办公经费 41.4 两、文教经费 320.8 两、社会保障经费

---

① 其田又分上上、上中、上下、中上、中中、中下、下上、下中、下下等九则分别起科。

87.4两、邮驿经费409两、工程经费4.9两。

(13) 奉贤县。嘉庆十五年（1810年）奉贤县实在熟田5 237顷，科平米149 484石，共征本色米48 358石、折色银56 585两、人丁银547两，合计征银57 132两。

存留本色米191石，占全部收入的0.39%。存留尽数用于恤孤贫。

存留折色银2 161.9两，占全部收入的3.79%。其中薪俸经费1 396.6两、办公经费18.6两、文教经费505.3两、社会保障经费86.2两、邮驿经费150.3两、工程经费4.9两。

(14) 娄县。嘉庆十五年（1810年）娄县实在熟田4 501顷，科平米157 671石，共征本色米59 393石、折色银59 917两、人丁银557两，合计征银60 474两。

存留本色米194石，占全部收入的0.33%。存留尽数用于恤孤贫。

存留折色银2 033.3两，占全部收入的3.36%。其中薪俸经费1 392.9两、办公经费34.2两、文教经费213.3两、社会保障经费86.8两、邮驿经费301.2两、工程经费4.9两。

(15) 金山县。嘉庆十五年（1810年）金山县实在熟田3 707顷，科平米119 547石，共征本色米49 114石、折色银41 259两、人丁银452两，合计征银41 711两。

存留本色米191石，占全部收入的0.39%。存留尽数用于恤孤贫。

存留折色银1 615.3两，占全部收入的3.87%。其中薪俸经费1 053.2两、办公经费21.3两、文教经费244.2两、社会保障经费85.7两、邮驿经费206两、工程经费4.9两。

(16) 上海县。嘉庆十五年（1810年）上海县实在熟田6 849顷，科平米199 179石，共征本色米64 438石、折色银77 000两、人丁银772两，合计征银77 772两。

存留本色米91石，占全部收入的0.14%。存留尽数用于恤孤贫。

存留折色银2 024.4两，占全部收入的2.6%。其中薪俸经费1 493.5两、办公经费41.3两、文教经费271.8两、社会保障经费41.1两、邮驿经费171.8两、工程经费4.9两。

(17) 南汇县。嘉庆十五年（1810年）南汇县实在熟田6 533顷，科平米156 687石，共征本色米64 765石、折色银58 418两、人丁银737两，合计征银59 155两。

存留本色米91石，占全部收入的0.14%。存留尽数用于恤孤贫。

存留折色银1 874.8两，占全部收入的3.17%。其中薪俸经费1 355.9两、办公经费143.9两、文教经费264.1两、社会保障经费41.3两、邮驿经费64.7两、工程经费4.9两。

(18) 青浦县。嘉庆十五年（1810年）青浦实在熟田7 019顷，科平米212 291石，共征本色米76 242石、折色银79 174两、人丁银749两，合计征银79 923两。

存留本色米128石，占全部收入的0.17%。存留尽数用于恤孤贫。

存留折色银1 663.7两，占全部收入的2.08%。其中薪俸经费895.2两、办公经费57.7两、文教经费413.2两、社会保障经费56.1两、邮驿经费236.6两、工程经费4.9两。

(19) 川沙厅。嘉庆十五年（1810年）川沙实在熟田1 048顷，科平米24 456石，共征本色米10 221石、折色银9 195两、人丁银117两，合计征银9 312两。

存留本色米45石，占全部收入的0.44%。存留尽数用于恤孤贫。

存留折色银582.3两，占全部收入的6.25%。其中薪俸经费547.4两、社会保障经费20.6两、邮驿经费14.3两。

(20) 武进县。乾隆年间，武进各类田地共征平田7 454顷，每平田一亩派本色米七升一勺、折色银一钱三厘、摊征人丁银二厘六毫、摊征匠班银九丝九忽。杂办项下门摊课钞正银163两、渔课银22两、城租银96两。以上人丁田地杂办共征本色米52 308石、共征折色银80 045两。

其中存留米993石，尽数用于抚恤孤贫。存留本色占全部收入的1.9%。

存留折色银共计10 128.5两，占全部收入的12.65%。其中：薪俸经费1 682.6两、办公经费76.7两、邮驿经费7 388.1两、文教经费522.5两、社会保障经费448.8两、工程经费9.8两。

(21) 无锡县和金匮县。嘉庆年间，实在不等田地6 941顷，共科平米120 389石。丁田杂办共征本色米41 160石、折色银66 419两。

存留本色米672石，占全部收入的1.63%。尽数用于恤孤贫。

存留折色银9 585两，占全部收入的14.43%。其中薪俸经费1 436两、办公经费42两、文教经费337.1两、社会保障经费303.9两、驿站经费7 461两、工程经费5两。

(22) 江阴县。乾隆年间，江阴实在通县共额征本色米62 438石、额征折色银100 137两。

存留本色米918石，占全部收入的1.47%。尽数用于恤孤贫。

存留折色银2 994.2两，占全部收入的2.98%。其中薪俸经费1 522.3两、办公经费77.4两、文教经费619.4两、社会保障经费415两、邮驿经费312.6两、工程经费47.5两。

(23)靖江县。道光十年（1830年），通过折实田4 759顷，科平米48 278石，①除各项减免，实征本色米12 237石、折色银37 762两。

其中存留本色米228石，尽数用于恤孤贫，占全部收入的1.86%。

存留折色银1 854.3两，占全部收入的4.91%。其中薪俸经费1 058.3两、办公经费银20.2两、文教经费603.8两、社会保障经费103.3两、邮驿经费64.7两、工程经费4两。

(24)丹徒县。乾隆四十四年（1779年）赋役全书记载，丹徒县共有田地山塘荡滩等10 555顷，共科不等平米70 060石，丁田杂办共征本色米65 378石、折色银81 289两。

存留米麦合计286石，占全部收入的0.04%。存留米麦用于恤孤贫。

存留折色银4 879两，占全部收入的6%。其中薪俸经费3 311.7两、办公经费167.1两、文教经费725.9两、社会保障经费129两、驿站经费442.8两、工程经费100.5两。

(25)江都县。乾隆年间，实在田地山塘杂产等各类田地7 563顷、共科不等平米40 799石。每平米一石派本色米六斗一合、本色豆一升三合，折色银六钱五分。摊征人丁银五分一毫、摊征匠班银

---

① 每折实田一亩科本色米麦二升五合、科折色银七分七厘、科摊征人丁银一厘三毫、杂办银四丝四微。

三丝三忽，实折本色米 25 147 石、本色豆 552 石、折色银 26 714 两。① 加上各类杂办银之后，合计本色米豆 25 699 石、折色银 29 126 两。

其中存留米 288 石，尽数用于抚恤孤贫。存留本色占全部收入的 1.12%。

存留折色银支出中，额编驿站经费 6 760.5 两、各衙门官役俸工并祭祀杂志等项银 2 587 两，合计存留折色银 9 344.4 两，存留折色银占全部收入的 32.09%。其中：薪俸经费 1 417.6 两、办公经费 55.3 两、邮驿经费 7 198.6 两、文教经费 587.9 两、社会保障经费 80 两、工程经费 5 两。

（26）宝应县。根据嘉庆十四年（1809 年）赋役全书记载：时田土共 1 621 顷，征收本色米 6 467 石、折色摊征杂办银 20 502 两。②

其中本色米 6 467 石，尽数起运。

存留折色银 1 730 两，占全部收入的 8.46%。其中薪俸经费 1 029.2 两、办公经费银 4.3 两、邮驿经费 260.7 两、文教经费 297.8 两、社会保障经费 131.8 两、工程经费 8.2 两。

（27）高邮州。乾隆二十六年（1761 年），高邮州实在各类田地 20 123 顷，实征折色银 34 185 两、本色米 6 725 石。③ 不在丁田内征

---

① 其中各类田又分民熟田、民熟地、欺隐田、欺隐地、山塘杂产、欺隐山塘、荒田、荒地、荒滩，分别科银、人丁银、匠班银以及本色米。如民熟田 4 853 顷，每亩科折银四分五厘、摊征人丁银三厘四毫、摊征匠班银二忽二微、本色米四升二合、本色豆九勺三抄。
② 宝应县田恩二则，一则为原则，一则为减则。原则田每亩一亩科起运本色米四升七合、科折色起运银八分三厘、科常盈仓麦折银七丝八忽、摊征匠户出办银一毫二丝、摊丁人丁四分五厘。减则田较之原则田科则减半。
③ 高邮州课法：将所有土地分为西南北三河上田、西南北三河中田、西南二河下田、北河下田、陞科田、租灶田、三河涸田、低注减则田八类田地，分别可以折色起存银、漕赠五银、减存银、摊征人丁银、摊征匠班银、摊征省卫黄快丁银以及淮仓麦折银。

收各类杂办包括牙行饷银101两、鱼户银36两、碾户银370两、牧马草场租银190两、商税19两、湖荡地图228两、埠头银200、折色麻胶印2两。合计征银35 334两。

其中本色米6 725石，尽数起运。

存留折色银12 742两，占全部收入的36.06%。其中薪俸经费1 433.6两、邮驿经费10 505.5两、文教经费441两、社会保障经费357.3两、工程经费4.6两。

(28) 泰州。乾隆四十年（1776年），实在官民田4 180顷，民灶田363顷，官民地759顷，官民灶地、陵地45顷，低洼减则田76顷，各科折色、人丁、杂办不等，共征共征本色米31 935石、折色银35 202两。

其中存留本色米522石，尽数用于兵粮，占全部收入的1.63%。

存留折色银3 221.3两，占全部收入的9.2%。其中薪俸经费1 673.9两、办公经费银5.8两、文教经费276.7两、社会保障经费523.5两、驿站经费731.4两、工程经费10两。

(29) 山阳县。乾隆十年（1745年），实在田地7 590顷，共征本色米16 208石，本色麦2 516石、折色银41 853两。

其中本色米麦尽数起运。

存留折色银10 719.1两，占全部收入的25.61%。其中薪俸经费1 399.4两、办公经费43.6两、文教经费586.9两、社会保障经费462两、驿站经费8 213.9两、工程经费13.3两。

(30) 清河县。道光九年（1829年），实在熟地、荒地、水地、屯地等各类田，各科不等本色、折色、人丁银，共征本色米麦3 712石、折色银16 314.7两。

其中本色米存留125石，占全部收入的3.37%。其中尽数用于兵粮。

存留折色银9 623.6两，占全部收入的59%。其中薪俸经费786.3两、办公经费0.2两、文教经费307.5两、社会保障经费7.8两、驿站经费8 492.8两、工程经费29两。

(31)桃源县。雍正、乾隆年间，实在田地、岗地、沙地、荒地等各类田，各科不等本色、折色、人丁银，共征本色米6 563石、折色银24 198两。

其中本色尽数起运。

存留折色银8 910.8两，占全部收入的36.82%。其中薪俸经费569.5两、办公经费3.4两、文教经费143.6两、社会保障经费4.6两、驿站经费8 186.9两、工程经费2.8两。

(32)铜山县。道光年间，实在田地29 745顷，共征地丁本色米20 559石、折色银52 741两，此外杂办杂税湖租等688两，合计折色银53 429两。

其中本色米存留2 869石，占全部收入的13.96%。其中尽数用于兵粮。

存留折色银17 434.1两，占全部收入的33.25%。其中薪俸经费2 178.7两、办公经费3两、文教经费415两、社会保障经费64.2两、驿站经费14 769.4两、工程经费3.8两。

(33)萧县。乾隆四十年（1776年），实在田地21 977顷，共征银31 945两（其中包括杂办银197两），本色米15 431石。

其中本色米尽数起运。

存留折色银内除荒后为1 270两，占全部收入的3.98%。[1] 其中

---

[1] 经过核算存留内除荒银后为1 270两。原文记载存留1 254.7两，内除荒废银14.3两，实存1 244.4两。

薪俸经费744.9、办公经费银0.3两、文教经费248.8两、社会保障经费136.5两、邮驿经费131.4两、工程经费8.1两。

(34)邳州。乾隆年间，实在田地9 899顷，共征地丁杂办本色米1 590石、本色麦5 044石、折色银33 411石。

其中本色米尽数起运。

存留折色银6 839.4两，占全部收入的19.63%。其中薪俸经费1 300.1两、办公经费银11.2两、文教经费320.1两、社会保障经费8.2两、驿站经费5 197.1两、工程经费2.7两。

(35)嘉定县。乾隆二年(1737年)，存在田地荡涂6 454顷〔雍正十三年(1735年)数据〕，科平米190 796石，共征本色米麦豆17 238石、折色银95 125两。

存留本色137石，占全部收入的0.79%，尽数用于恤孤贫。

存留折色银1 992.6两，占全部收入的2.11%。其中薪俸经费1 221.3两、办公经费248.9两、文教经费286.1两、社会保障经费40两、邮驿经费194.3两、工程经费2两。

(36)宝山县。乾隆年间，宝山县实在科粮不等田荡涂6 382顷，折实地亩6 299顷，科征平米184 299石。共征本色米40 782石、折色银86 954两。

存留本色米9 190石，占全部收入的22.53%。其中大部分用于地方兵粮，恤孤口粮米166石，占全部收入的0.41%。

存留折色银1 907.4两，占全部收入的2.98%。其中薪俸经费1 154两、办公经费246.1两、文教经费343.4两、社会保障经费59.9两、邮驿经费104两。

(37)如皋县。乾隆三年(1738年)赋役全书记载，实在民灶田地30 083顷，共征本色米5 438石、本色麦745石、折色银19 706

两,外加人丁银、匠班银、各类出版银,合计征银23 521两。

存留米麦合计1 285石,占全部收入的20.78%。存留米麦用于运军米月粮。

存留折色银2 082.9两,占全部收入的8.86%。其中薪俸经费862.6两、办公经费14.6两、文教经费407.9两、社会保障经费407.2两、驿站经费385.6两、工程经费5两。

(38)海州。乾隆四十年(1776年)赋役全书记载:海州实在田地9 366顷,实征本色米4 612石、本色麦89石、折色银9 964两。[①]征收牧马草场地地租、商税军饷银、税契军饷银等杂办银331两。合计征银11 274两。按以上数据为本年除荒蠲免后的收入,原额本色米21 152石、折色银40 576两。

其中存留本色米麦1 639石,存留本色占全部收入的34.86%。存留的本色米麦中主要用作漕粮运军的口粮,其中包括:淮安本周等仓运军一半月粮米156石、淮安仓本折均平运军一半本色麦46石、常盈仓本折均平运军一半本色麦42石、漕粮改抵各标营兵粮米1 395石。

存留折色银441.4两,占全部收入的3.9%。其中薪俸经费271.4两、办公经费4.7、文教经费144.2两、社会保障经费6.2两、邮驿经费13.7两、工程经费1.2两。

原额存留折色银1 559.5两,占全部收入的3.84%。其中薪俸经费1 098.5两、办公经费19两、文教经费354.2两、社会保障经费24.9两、邮驿经费57.9两、工程经费5两。

(39)沭阳县。乾隆四十年(1776年)赋役全书记载:实在田地

---

① 海州田地课法,每亩科起存地漕银一分六厘、摊征人丁银一厘五毫、摊征匠班银六丝四微、摊征军丁银九丝一忽、科本色米八合六勺、科本色麦一勺六抄。

13 506 顷，共征折色银 21 099 两、淮仓麦折银 1 212 两，共征折色银 22 312 两，本色米 9 233 石、本色麦 2 750 石，共征本色米麦 11 983。① 征收牧马场地地租等杂办银 11 两。按以上数据为本年除荒蠲免后的收入，原额本色米 24 413 石、折色银 42 005 两。

其中存留米麦 2 750 石，存留本色占全部收入的 22.95%。存留米用于运军运粮。

存留折色银 809.6 两，占全部收入的 1.93%。其中薪俸经费 516.1 两、办公经费 2 两、文教经费 233.8 两、社会保障经费 5.9 两、邮驿经费 49.2 两、工程经费 2.6 两。

原额存留折色银 1 084.8 两，占全部收入的 2.57%。其中薪俸经费 698.5 两、办公经费 2.8 两、文教经费 298.5 两、社会保障经费 8.3 两、邮驿经费 68 两、工程经费 5 两。

(40) 赣榆县。乾隆四十年（1776 年）赋役全书记载：海州实在田地 6 802 顷，实征本色米 4 962 石、实征本色麦 1 303 石、折色地漕银 16 972 两、淮仓麦折银 587 两，共计征本色米麦 6 265 石、折色银 17 560 两。② 征收牧马草场地地租等杂办银 17 两。按以上数据为本年除荒蠲免后的收入，原额本色米 9 386 石、本色麦 4 687 石、折色银 29 123 两。

其中存留本色米 579 石、本色麦 1 303 石，合计 1 882 石，存留本色占全部收入的 30.04%。存留本色米、麦分别作为淮安各仓本折均平米一半运军月粮、常盈仓本折均平运军一半本色麦。

---

① 沭阳田地课法，每亩科折色起存正银二分五厘、摊征人丁银六厘七丝、摊征杂办银七丝八忽、零每亩科本色米一升二合、月粮米二勺、本色麦三合六勺、淮仓麦折银一厘六毫。
② 赣榆田地课法，每亩科起存地漕银一分九厘、漕赠五银三毫六忽、摊征人丁银四厘五毫、匠班银九丝三忽、淮仓麦征银八耗六丝，每亩科漕赠正耗米六合九勺、漕赠五米三勺六撮、运军月粮麦一合九勺。

存留折色银 696.8 两，占全部收入的 3.98%。其中薪俸经费 356.9 两、办公经费 5.2 两、文教经费 282 两、邮驿经费 43.6 两、工程经费 2.5 两。

原额存留折色银 1 143 两，占全部收入的 3.92%。其中薪俸经费 639 两、办公经费 10.3 两、文教经费 403.5 两、邮驿经费 85.2 两、工程经费 5 两。

三、清代前期江苏漕粮收入

漕运指的是将地方征收的税粮收入转运到中央，这种方式早在汉代就已经存在。明清时期主要指的是将地方征收的本色赋税（米麦豆等）转运至京师的过程。清代建都北京，而赋税仰仗东南，故如何自东南将税粮输送到北京便成了关系到国计民生的重大制度建设——漕运制度，故谓"漕运之制，为中国大政，所以充太仓而供玉食，实京师而备不虞"。[①] 明清时期漕粮主要自江苏、安徽、江西、浙江、湖南、湖北、河南以及山东八省（明代江苏、安徽为南直隶，湖南、湖北为湖广）。顺治二年（1645 年），户部依袭明制，规定"额征漕粮四百万石"，其中江南地区（包括江苏与安徽两省）"原额漕粮正兑、改兑、正、耗米二百二十三万二千九百五十三石三斗四升七合有奇，白粮正、耗、春办等米二十七万一千六百一十二石六合有奇，随漕项下本色米三十四万二千二百八十石九斗六升有奇，麦三万七千八百一十七石八斗五升一合有奇，豆五百六十石八斗七升八合有奇，折色银九十三万千五百七十一两五钱九分九厘有奇，本色三分席七万七千百二十六顶八分有奇"。[②]

[①] 康有为：《戊戌奏稿》，宣统三年本。
[②] 《江南通志》，卷七十八。

表 2-22 清前期江苏漕粮统计表

府别	正兑（石）			改兑（石）			永折银（两）	灰石折银（两）	漕粮总计（石）	折银总计（两）
	原额	耗米	实正	实耗	原额	耗米	实正	实耗				

府别	原额	耗米	实正	实耗	原额	耗米	实正	实耗	永折银（两）	灰石折银（两）	漕粮总计（石）	折银总计（两）
江宁	100 000	40 000	36 822	14 728	28 000	8 400	9 996	2 999	22 161		64 545	22 161
淮安	25 000	7 500	6 856	2 057	79 150	19 787	22 875	5 718	7 350		37 506	7 350
扬州	60 000	18 000	49 400	14 820	37 000	9 250	15 225	3 806	10 000		83 251	10 000
徐州	30 000	7 500	29 090	7 427	18 000	3 960	18 462	4 147			59 126	
海州			1 399	419			13 144	3 286			18 248	
通州			5 373	1 611			369	92			7 445	
苏州	655 000	262 000	493 041	196 816	42 000	12 600	37 150	11 145		18 277	738 152	18 277
松江	203 000	81 200	211 448	84 579	29 950	8 985	27 706	8 312		8 200	332 045	8 200
常州	175 000	70 000	194 287	77 715						6 217	272 002	6 217
镇江	80 000	32 000	72 706	19 082	22 000	6 600	20 625	6 187		2 609	118 600	
太仓			71 660	28 664			4 251	1 275	73 903	35 303	105 850	76 512
合计	1 328 000	518 200	1 172 082	447 918	256 100	69 582	169 805	46 967	113 414	35 303	1 836 770	148 717

资料来源：《漕运则例纂》，卷一，漕粮原额。清乾隆刻本。漕粮总计为第四、五、八、九列之和。这其中又分正兑、改兑以及改折四类。正兑即是将漕粮输送到京仓。改兑是指改变征收的种类或者数额。折征主要指将税粮折为银钱进行征收。折征又分四类。折银又钱不等。有的地方被长久改折，被称为"永折"。主要包括山东、河南各七万石，湖北二万二千五百二十石，湖南五千二百二十有二石，浙江八万六千五百三十三石，分别每石折银一两六钱，所得税银归地丁报部。此外，安徽七万九千五百六十有十一石，折银五钱到七钱不等。折征三万二千四百二十四、浙江六百五十二石为"民折官办"，前者是对一地的漕粮进行减额征收。后者指地方司库用库银购粮完纳漕项。再令百姓输还款。江苏二万九千四百二十四、浙江六百五十二石为"民折官办"，前者是对一地的漕粮进行减额征收。后者指地方司库用库银购粮完纳漕项。再令百姓输还款。

在永折银漕粮中，各府折法不一：有的府分则折银，如江宁府漕粮分 25 471 石与 7 220 石，分别按每石七钱与六钱折银，合计折银 22 161 两；有的府按统一折则折银，如淮安府漕粮 14 700 石、扬州府漕粮 20 000 石，都按每石五钱折银，分别折银 7 350 两、10 000 两，太仓州漕粮 106 492 石，按每石七钱折银，计折银为 73 903 两，以上江苏合计永折银 113 414 两。灰石折银一项，主要在苏、松、常三府与太仓州，正改正耗合计 29 419 石，灰石折银在各地都按每石一两二钱折算，合计折银 35 303 两。

表 2-23　清前期江苏漕银统计表　　　　单位：两

府别	永折银			改折灰石				
	额数	又额	折银	正兑	正耗	改兑	改耗	折银
江宁	25 471	7 220	22 161					
淮安	3 600	11 100	7 350					
扬州	20 000		10 000					
苏州				10 269	4 107	658	197	18 277
松江				4 293	1 717	633	190	8 200
常州				3 701	1 480			6 217
太仓	100 075	6 417	73 903	1 466	586	94	28	2 609
合计	149 146	24 737	113 414	19 729	7 890	1 385	415	35 303

资料来源：《漕运则例纂》，卷一，清乾隆刻本。

江苏的漕项赋税负担独重于其他省，根据《漕运则例纂》记载，江苏原额正兑漕粮 132 万石，改兑漕粮 25.6 万石，分别占全国总数的 40%（330 万石）、36.6%（70 万石）。乾隆三十一年（1766 年）实征正兑漕粮 117 万石，改兑漕粮 16.9 万石，分别占全国总量的 44%（266 万石）、35.7%（47 万石）。江苏漕粮总计 183 万余石，占全国总量的41.9%(437万石)。就亩均情况而言,江苏漕粮总额约180万石,亩均漕粮0.027石,亩均漕银0.022两;就各个州府而言,苏州、松江、太仓的亩均漕粮明显高于平均值,其中苏州几乎是平均值的4—5倍,苏、松、常、太地区亩均漕粮值在平均线之上,占了江苏全部漕粮78.8%。亩均漕银又以太仓州为重,亩均漕银0.022两,是江苏均值的11倍。对比全国情况,当时各省漕粮如下:山东(249 322石)、河南(121 664石)、安徽(264 810石)、江苏(1 836 780石)、浙江(861 724石)、江西(770 309石)、湖北(132 396石)、湖南(133 853石),亩均漕粮如下:山东(0.002 5石)、河南(0.001 7石)、安徽(0.015 6石)、江苏(0.023石)、浙江(0.018 7石)、江西(0.016 1石)、湖北(0.002 3石)、湖南(0.004 2石),① 可以看到江苏的漕粮总量与亩均漕粮都远远高出其他省份。

表2-24 清前期江苏苏州府亩均漕粮表

府 别	田亩(顷)	漕粮总计(石)	亩均漕粮(石)	折银总计(两)	亩均漕银(两)
江宁	52 611	64 545	0.012	22 161	0.004
淮安	91 149	37 506	0.004	7 350	0.001
扬州	83 003	83 251	0.010	10 000	0.001
徐州	126 113	59 126	0.005		
海州	28 968	18 248	0.006		
通州	54 949	7 445	0.001		
苏州	62 660	738 152	0.118	18 277	0.003

---

① 此处田土数据来源于(乾隆)《大清会典》,漕粮数据来源于《漕运则例纂》,二者修纂时间都在乾隆年间。

续　表

府　别	田亩（顷）	漕粮总计（石）	亩均漕粮（石）	折银总计（两）	亩均漕银（两）
松江	40 871	332 045	0.081	8 200	0.002
常州	62 347	272 002	0.044	6 217	0.001
镇江	50 772	118 600	0.023		
太仓	35 015	105 850	0.030	76 512	0.022
合计	688 458	1 836 770	0.027	148 717	0.002

资料来源：(乾隆)《大清会典》，漕粮数据来源于《漕运则例纂》，田亩资料来源于(乾隆)《江南通志》，卷六十九至七十一。

实际上除了漕粮自身造成的地方负担以外，在漕粮的征收与运解过程中，漕耗与漕费也是地方的重要负担。漕耗的出现本是为了补贴改民运为官运后的官运开支，但是此法推行以来，各种名义的耗粮便层出不穷，漕粮运送中的"一应俸银、工食、修仓、铺垫、串纸、油硃等皆于漕粮耗费支给"。①

以镇江府为例：初定额正兑漕米 80 000 石，改兑徐州广运仓漕米 12 000 石，改兑淮安常盈仓正米 10 000 石。后加征耗米，正兑每石加征耗米四斗，改兑每石加征耗米三斗，分别加征耗米 32 000 石、3 600 石、3 000 石。耗米之外又有轻赍银，时"兑运米，俱一平一尖收受，故有尖米、耗尖米，除随船给运外，余折银，谓之轻赍银"。② 轻赍银外又有过江水脚米，兑运法实施后，粮户需要将税粮交至瓜洲、淮安等仓交兑，"将江南应天府并苏州等府起运瓜洲、淮安两处水次常盈仓粮，俱拨官军过江，就各处仓场交兑，每石除

---

① (乾隆)《镇江府志》，卷十三，清乾隆十五年刻本。
② (乾隆)《江南通志》卷六十八，清文渊阁四库全书本。

原订加耗外,另加过江水脚米一斗"。① 镇江府正兑、改兑粮每石征过江水脚六升,折银三分征收。额外征收芦席、楞木板、松木板银作为铺垫包装费用,镇江府每正米两石征收芦席一领,折银一分,内本色三分,随粮给军折色七分征银解部。改兑米每正米两石征收芦席一领,价银一分,内本色三分,随粮给军折色七分征银解部。此外还有河工米,正改漕粮每正米一石征收河工米二升,折银一分。乾隆年间,镇江府当时正改兑米不过 102 000 石,而征收耗米 38 600 石,约为原额的 37.8%,正兑项下加征芦席银 120 两、楞木松板银 184 两、过江水脚米折银 2 400 两,而各项征银又加征水脚费每两加征二分,合计分别征收芦席水脚费 2 两、楞木松板水脚费 3.8 两、过江水脚米水脚费 48 两。改兑徐州广运仓下本色芦席银 18 两、过江水脚米折银 360 两,分别加征水脚费 7.2 两、0.3 两。改兑淮安常盈仓下本色芦席银 15 两、过江水脚米折银 300 两,分别加征水脚费 0.3 两、6 两。以上所有轻赉、折色芦席银、过江脚米折银并各类水脚银合计 11 300 两。此外,还需要征河工米、修河米折银并水脚银 1 738 两。可以看出,石米成运,百耗丛生,顾炎武就指出:"为此每石正粮外加耗米四斗。以上二项,此正耗也。每临兑时,又于每百石正耗粮米外,加几担,名曰湿润,以补沿途蒸折之数。此又耗外之耗也。正耗若干,准抚派之外,加湿润若干,府县主之"。②

江苏漕粮负担本身就重,加之漕耗、浮费之泛滥又使得漕粮负担更为沉重。同时,还存在大小户、包漕等漕弊行为。这些漕运上的弊政造成了多个问题:其一,漕粮本身存在巨额亏空:周健对道

---

① 王恕:《王端毅公奏议》卷五,清文渊阁四库全书本。
② 顾炎武:《天下郡国利病书》,上海古籍出版社,2012 年,第 664 页。

光年间的漕项奏销做了统计，就漕粮而言，苏属漕粮定额约 160 万石，道光初期十年平均完纳 137 万余石，中期十年完纳 124 万余石，而道光最后九年完纳不过 87 万余石；就漕银而言，苏属漕银约 61 万两，道光二年（1822 年）至十年（1830 年）平均完纳 46 万余两，中期十年平均完纳 33 万余两，而最后九年仅仅 25 万余两。① 其二，对于参与征收过程中的旗丁、州县官府、胥吏、士绅而言，则各有利弊：一方面他们要应付上级的无端索取，另一方面还要通过各种手段来从下级获得超额的收入，漕政上下，弊病丛生，而这一切最终都会落在普通百姓头上，增加普通百姓的负担，由此也产生了"抗漕"等激烈事件。其三，地方官员会为了完纳漕粮去挪移其他地丁钱粮和地方仓储，如上文中巡抚韩文琦就说，在江苏地方亏空中，垫完漕米的数额巨大。

面对漕粮问题，中央与地方政府采取了一些减赋措施。其中如规定漕耗比例，并严禁耗外浮收。雍正时期，尹继善出任江苏巡抚修订漕务章程，议定漕粮每石加征银六分，用于帮贴旗丁，每船计银 20 两，其余用于州县漕仓维修与水脚运费，同时全面禁止耗外私征。再如漕粮改折，在地方遇到自然灾害时，中央多以改折作为减免赋税的重要手段，如康熙十年（1671 年），江南大旱，中央下令被灾州县的漕粮改折征收。道光二十九年（1849 年），两江总督李星沅奏请南漕改折，户部以"定价太轻，开不肖州县浮勒之端"予以拒绝。② 再如改变漕运方式，以海运代替河运。但是最主要的方式还是赋税蠲免与减免，作为"天庾正供"的漕粮，中央政府对其减免总是慎之又慎。"各省漕粮，岁有定额，凡荒地无征者，督抚勘

---

① 周健：《嘉道年间江南的漕弊》，《中华文史论丛》2011 年第 1 期。
② 《清史稿》，志一〇四。

实报免,随漕银米,一例蠲免。灾伤之区,应征漕粮,及折改漕价,酌量各被灾轻重,分别缓征、带征。"① 康熙年间,中央对江苏省地丁钱粮蠲免了四次,而对漕粮仅仅蠲免了一次,乾隆时期普免了地丁钱粮五次,而对漕粮仅蠲免三次,又于乾隆四十六年(1781年)对江苏漕粮加恩蠲免了一次。在地方遇到灾害时,中央也会依例进行蠲免,如康熙十二年(1673年)扬州府遭遇大水,是年全府漕粮概行蠲免。虽然中央对江苏漕粮多有蠲免,还是并未向对地丁一样从总量上予以降低,雍正、乾隆年间,中央先后减去了苏州、松江地丁银65万两,但是始终未削减漕粮。

---

① 《清史稿》,志一〇〇。

第三章　名与实：关于江苏应征、实征及实得赋税规模的估计

> 此虽有额征之名，而无征收之实也。
>
> ——《江南通志》

清代田赋（地丁田赋）收入包括名义田赋、应征田赋（名义田赋减减免田赋）、实征田赋（应征田赋减积欠田赋）和实得田赋（实征田赋减被侵蚀挪移的田赋）等类型。通过对黄册（户部地丁类—江苏）、奏折、地方志、《清实录》、《大清会典》以及文集笔记等不同史料的对比分析，可估计出：江苏在康熙五十一年（1712年）至雍正四年（1726年）间名义田赋平均为402万两，其应征田赋362万两，是名义田赋的90%；其实征田赋326万两，是名义田赋的81.1%和应征田赋的90.1%；其实得田赋294万两，是名义田赋的73.1%、应征田赋的81.2%和实征田赋的90.2%；应征田赋从康熙时期的372万两下降到乾隆时期的333万两，至嘉庆时期约为322万两；实征田赋在康熙、雍正、乾隆以及嘉庆时期分别约为312万两、302万两、312万两

以及301万两，长期维持在307万两上下。应征田赋的降低、赋税征管制度的完善和以仓补税，使田赋完纳率（实征田赋占应征田赋比）取得显著提高，从康熙时期的83.9%左右增加到乾隆时期的93.5%左右，这一水平维持到嘉庆时期。如不考虑币值变化且从长期来看，实征田赋规模保持稳定，即政府可获得田赋收入规模稳定，这也意味着：长期中蠲免政策对田赋负担的减轻作用有限；国家赋税汲取能力与田赋负担长期稳定；减赋的目的是调整中央与地方政府间关系而非降低百姓的赋税负担，其主要受益者是地方官员而非百姓。

第一节 几组概念的界定和问题的提出

在清代田赋研究中（本章所指的田赋主要是地丁田赋，范围有异处于文中注明），有几个概念首先要明确：名义田赋、应征田赋、实征田赋以及实得田赋。名义田赋指当年规定的田赋；应征田赋为名义田赋减去减免田赋后应征收的田赋（应征田赋＝名义田赋－减免田赋），减免田赋包括灾免和普免；实征田赋为政府每年可从纳税人那里征收到的田赋（实征田赋＝应征田赋－民欠田赋），实征田赋规模反映政府赋税汲取能力高低和税负轻重；实得田赋为实征田赋减去被官吏侵蚀的田赋（实得田赋＝实征田赋－侵蚀田赋），实得田赋规模能反映中央政府能够控制的收入。与名义田赋相比较，应征、实征以及实得田赋更能反映清代实际的田赋收入与田赋负担的情况。因此，在研究清代田赋问题时，首要是对名义、应征、实征以及实得田赋进行估计。

学界在清代实际田赋规模与税负水平研究方面已有诸多成果，

李光伟全面梳理了清代田赋蠲缓研究成果。① 郑州大学历史系中国经济史小组、陈锋、谷文峰、李向军、倪玉平、付庆芬对清代赋税蠲免政策进行了分析。② 彭泽益、王业键、李向军、张祥稳分别估计了清代田赋规模和田赋蠲免量。③ 徐建青、李光伟、罗仑与范金民分别对康乾时期江苏田赋蠲免量、清代江苏积欠银和清代前期苏松地区田赋蠲免量展开估计。④ 相关研究对具体问题的分析已相当深入，但各种估计结果之间由于选取的历史时段、蠲免内容、减免比例、史料来源各有不同，因此估计结果之间较难进行对比。

学界研究清代实际田赋规模与税负水平时多以江苏为例，其因

---

① 李光伟：《清代田赋蠲缓研究之回顾与反思》，《历史档案》2011年第3期。
② 郑州大学中国经济史小组：《试论清前期的蠲免政策》，《上海经济研究》1982年第1期；陈锋：《清代"康乾盛世"时期的田赋蠲免》，《中国史研究》2008年第4期；谷文峰、郭文佳：《清代荒政弊端初探》，《黄淮学刊》（社会科学版）1992年第4期；李向军：《清代荒政研究》，中国农业出版社，1995年，第23—51页；付庆芬：《清代蠲免制度研究》，北京大学博士学位论文，2004年；倪玉平：《试论清代的荒政》，《东方论坛》（青岛大学学报）2002年第4期。
③ 彭泽益认为清代顺治至嘉庆时期每年田赋收入2000多万两至3000万两；王业键认为清王朝18世纪中期定额田赋收入3041.9万两；李向军认为：清代前期灾蠲总量在1.5亿两至2亿两之间，江苏灾免量占其总额的3.7%。其中，灾蠲总量与灾免总量统计口径不一，前者包括灾免和免欠，后者仅灾免。李氏所用史料极其丰富，估计方法如下：先找到一省田赋总额，通过平均得出各州县平均税额，再以十分之二作为灾免的减免比例，由是计算出州县平均减免额，以州县平均减免额乘以获得灾免的县的数量（受灾的州县出的次数），进而算出通省和全国的总蠲免数和年均免额。李氏的研究在整体上勾勒清代灾免的情况，取得极其重要和价值的成果。但估计方法而言或过于笼统，且灾免与免欠亦应区别对待；张祥稳认为乾隆时期的蠲免数额巨大而无法统计，但灾免银应不少于1亿两，蠲免民欠有准确数字记载共5131万多两。参见彭泽益：《清代财政管理体制与收支结构》，《中国社会科学院研究生院学报》1990年第2期；王业键著，高风译：《清代田赋刍论（1644—1911）》，第93页；李向军：《清代荒政研究》，第60页；张祥稳：《清代乾隆时期自然灾害与荒政研究》，南京农业大学博士学位论文，2007年。
④ 徐建青估计所得，康乾时期江苏每年蠲免量占总量的20%至30%；罗仑与范金民估计所得，清代前期苏州府和松江府蠲免量约占总量的20%、实际田赋额的15%；李光伟估计所得，康雍乾时期蠲免江苏积欠银合计3030万两，每年约占总量的7%。清代中后期蠲免江苏积欠银5768万两，每年约占总量的17%。参见徐建青：《清代康乾时期江苏省的蠲免》，《中国经济史研究》1990年第4期；罗仑、范金民：《清前期苏松钱粮蠲免述论》，《中国农史》1991年第2期；李光伟：《清代江苏田赋积欠蠲免研究》，《中国经济史研究》2018年第5期。

有四：其一，江苏田赋在清朝田赋收入中占重要地位。如康熙二十四年（1685年），江苏田赋收入约占全国总额的15%①；其二，江苏田赋沉重，南部常有"重赋"之称；其三，江苏田赋拖欠最严重，仅在康熙五十一年（1712年）至雍正四年（1726年）就积欠田赋813万两，②约为该省2—3年的田赋；其四，江苏每年可获得大量的田赋蠲免。如高淳县仅在康熙时期就获得十余次蠲免。③江苏名义田赋虽重，但其所获田赋蠲免和造成积欠赋税同样也很多，"国家空负取盈之名，而终无取盈之实"。④可以说，如果只是以江苏的名义田赋去探讨田赋收入和税负问题肯定与事实相差甚远。同样，如果仅以名义田赋去讨论清代赋税收入的多寡和田赋负担的轻重亦不客观。江苏如是，其他各省情况亦如是。因此，有必要对名义、应征、实征以及实得田赋进行估计。

本章结合上述研究，通过挖掘和整理新史料，对黄册（户部地丁类—江苏）、奏折、地方志、《清实录》、《大清会典》以及文集笔记等不同史料中田赋额记载进行对比分析，估计特定时期江苏田赋蠲免量，并对清代康熙至嘉庆时期的应征、实征、实得田赋规模进行估计，分析应征田赋与实征田赋的变化趋势及其原因，探讨田赋完纳率的长期变化趋势和原因。在进行估计的过程，本章将更加注重对同一时期数据估计时采用不同类型史料、对不同时期数

---

① （康熙）《大清会典》，卷二十四。
② 《清世宗宪皇帝实录》，卷七十五。
③ 康熙四年免未完银443两，十八年免钱粮十分之三，二十年免十三至十七年欠税、二十六年免二十七年地丁钱粮、二十七年免十七年之前未完漕银、二十八年再免积年欠税、三十二年免当年漕项三分之一、三十八年免三十三至三十六年欠税、四十年免四十一年地丁钱粮、四十五年免四十三之前未完地丁钱粮、四十六年免未完地丁钱粮和漕银、四十七年免四十八年地丁钱粮、四十九年免四十四至四十七年未完钱粮、五十一年免应征房地租税银和五十二年地丁钱粮。参见（民国）《高淳县志》卷十二，《恤典》。
④ 陆世仪：《苏松浮粮考》，清光绪桴亭先生遗书本，中国基本古籍库。

据估计时采用同一类型史料，对不同时期数据估计时采用不同类型史料以及和已有研究进行对比，通过这种交叉分析的方法，力图给出一个较为接近真实情况的估计结果。① 最后，本章将对清代的田赋减免政策、田赋汲取能力以及财政体制等国家治理问题进行延伸讨论。

第二节 赋税额的各类估计：以康熙五十一年（1712 年）至雍正四年（1726 年）的数据为例

一般而言，学界估计田赋额时会遇到两个问题：其一，土地与人丁增减有变，田赋总量是一个动态的数额；其二，清王朝每隔若干年会对积欠田赋进行蠲免，但并未留下完整记录积欠田赋和减免田赋规模的资料，因此难以准确估计。

就第一个问题而言：清代田赋收入包括丁银与田赋两部分。康熙五十一年（1712 年），中央宣布"滋生人丁永不加赋"，丁银遂成定额。同时，虽然耕地的变化会引起田赋银的增减，但就短期来看，变化幅度并不大。对比（康熙）《大清会典》和（雍正）《大清会典》中关于江苏田赋的记载，从康熙二十四年（1685 年）到雍正二年（1724 年）的 40 年间，江苏田赋收入只增加了 2 万两，② 年增长率不足 1%。故在对短期田赋估计时可选择一个固定的田赋收入总额。就第二个问题而言：康熙五十一年（1712 年）至雍正四年（1726

---

① 论文研究时间跨度较大，使用史料种类较多，包括《清实录》、江苏地方志、《大清会典》、奏折以及"赋税完欠册"等等，其中数据较多，整理过程中或不免有错讹。且各类史料中统计田赋的口径或有不一，文中亦进行说明。
② （康熙）《大清会典》，卷二十四。（雍正）《大清会典》，卷三十二。

年），中央仅蠲免江苏丹徒县和高淳县的欠银，并留下记录。① 同时，从雍正六年（1728年）开始，中央彻底清查江苏在康熙五十一年（1712年）至雍正四年（1726年）的积欠田赋，基本上厘清这时期江苏的积欠情况，留下清楚的积欠记录。因此，可对康熙五十一年（1712年）至雍正四年（1726年）的名义田赋、应征田赋、实征田赋以及实得田赋进行估计。

史料选择：《大清会典》中对江苏田赋的记载只精确到省或府。各地地方志由于编纂时间不一，所记载的各地田赋情况也有所不同。《程赋统会》则可以有效解决上述问题，该书成书于康熙年间，详载江苏各州县的田赋情况，符合本章所选择估计时间段。同时，该书所记载的江苏田赋总额与《大清会典》中的记载相差不多，也可以说明该书记载并未失真。对灾免情况的整理，将以《清实录》和《地方志》的记载为准。

估计方法：在田赋总量方面，名义田赋并非定额。清初，田赋以万历年间额度为准，陈支平、何平表述为"万历原额"，② 陈锋将"万历原额"明确为万历四十八年（1620年）的税额。③《赋役全书》和黄册（户部地丁类—江苏）在记录田赋情况时，首先会载明该地"万历原额"，继而按照土地、人口、田赋政策的变化增减原额，形成当年的名义田赋。由于这些因素每年或多或少都会发生变化，因此名义田赋并不固定。诸如《大清会典》、《清实录》、地方志、《赋役全书》、黄册（户部地丁类—江苏）中关于赋税总量的记载大都为

---

① 雍正四年，免高淳县欠银约2 877两，免去丹徒县欠银约22 717两。(民国)《高淳县志》，卷十二；(光绪)《丹徒县志》，卷十二。
② 陈支平：《清代赋役制度演变新探》，第3页；何平：《清代赋税政策研究（1644—1840）》，第17页。
③ 陈锋：《清代财政政策与货币政策研究》，第166页。

当年赋税额。这里，囿于资料原因，暂且将《程赋统会》中记载的408万两作为江苏固定的名义田赋。① 其中雍正三年（1725年）中央削减江苏苏州府和松江府45万两，因此，雍正三年（1725年）和四年（1726年）的江苏田赋则按363万两计算。整体而言，从康熙五十一年（1712年）到雍正四年（1726年），每年的名义田赋平均为402万两。

清田赋蠲免包括普免、灾免以及免欠三种。普免是全省范围内的田赋蠲免，也包括巡幸时皇帝的恩蠲；灾免是指遇到灾害后的减免；免欠是免去历年的积欠田赋。康熙五十二年（1713年），中央对江苏田赋进行普免。② 清代灾免自有定例，"以被灾之轻重，定额数之多寡。顺治十年（1653年）议定：被灾八、九分者免十分之三，五、六、七八分者免十分之二，四分者免十分之一。康熙十七年议定：歉收地方，除五分以下不成灾外，六分者免十分之一，七八分者免十分之二，九分、十分者免十分之三"。③ 一地被灾，地方官需要勘合灾情，上报中央。中央视其被灾几分予以几分蠲免，亦偶有皇帝优免，加免一二分者。《清实录》与地方志的记载中大多为"免十分之三"。本文统计了《清实录》和地方志中关于江苏灾免的记录：如果《清实录》或者地方志记载具体数额，则以具体数额作为该地实际减免量；如果《清实录》和地方志中未载具体数额，则以

---

① 学界在估算地方赋税蠲免量占赋税总量比重时，大都以某一年的赋税总额为总量。李光伟在对江苏田赋积欠占江苏总额时，采信王业键关于清代中期定额地丁银（田赋）的估计，亦认为：在18世纪中期，江苏定额地丁银为341万两。如果以341万两为清代中期江苏田赋定额，那么再加上雍正与乾隆时期削减的江苏田赋65万两，则江苏田赋定额为406万两，亦与本书采用的《程赋统会》中的408万两大致相同。参见李光伟：《清代江苏田赋积欠蠲免研究》，《中国经济史研究》2018年第5期；王业键著，高风译：《清代田赋刍论》，第92页。
② 《清圣祖仁皇帝实录》，卷二五一。
③ 《清世宗宪皇帝实录》，卷六七。

赋税总额的"十分之三"进行估算。需要注意的是,《清实录》中记载的受免州县或未在地方志中找到记载,地方志中有记载但并未体现在《清实录》中,这些都会使得估计出现偏差,这就需要通过交叉分析法进行研究和判断。

表3-1 康雍时期江苏田赋总量表　　　单位:万两

时间	田赋银	丁银	地丁田赋合计	资料来源
康熙二十四年	368	25	393	(康熙)《大清会典》卷二十四
雍正二年	371	24	395	(雍正)《大清会典》卷三十六
康熙年间			408①	《程赋统会》卷三

表3-2 江苏七府一州地丁田赋表　　　单位:万两

府	州县	地丁田赋	府	州县	地丁田赋	府	州县	地丁田赋
江宁府	上元	4	苏州府	吴	9	松江府	华亭	17
	江宁	3		长洲	20		娄县	15
	句容	6		昆山	27		上海	22
	溧阳	7		常熟	20		青浦	13
	溧水	6		吴江	20		合计	67
	江浦	2		嘉定	27	镇江府	丹徒	9
	六合	3		崇明	5		丹阳	9
	高淳	4		太仓州	13		金坛	7
	合计	35		合计	141		合计	25

---

① 刘斯枢:《程赋统会》,卷三,康熙刻本。

续 表

府	州县	地丁田赋	府	州县	地丁田赋	府	州县	地丁田赋
淮安府	山阳	7	常州府	武进	17	扬州府	江都	8
	盐城	3		无锡	13		仪征	2
	清河	2		江阴	10		泰兴	4
	安东	3		宜兴	14		兴化	4
	桃源	3		靖江	4		宝应	3
	沭阳	3		合计	58		如皋	2
	赣榆	2	徐州	徐	5		通州	4
	宿迁	3		萧	4		高邮州	4
	睢宁	1		砀山	1		泰州	6
	海州	1		丰	2		合计	37
	邳州	3		沛	2			
	合计	31		合计	14		总计	408

资料来源：刘斯枢：《程赋统会》，卷三。

从表 3-1 至表 3-3 中可以看出：康熙五十一年（1712 年）至雍正四年（1712 年），中央蠲免江苏田赋 5 914 392 两，再加上雍正四年（1726 年）中央减免的高淳县欠银 2 877 两和丹徒县欠银约 22 717 两，合计蠲免总量约为 5 939 990 两。自康熙五十一年（1712 年）至雍正四年（1726 年），江苏的名义田赋总额约 60 300 000 两〔康熙五十一年（1712 年）至雍正二年（1724 年）按照 408 万两计算，雍正三年（1725 年）和雍正四年（1726 年）按照 363 万两计算〕，田赋蠲免量约占田赋总额的 9.85%。

本章的估计是基于江苏所有府县的分析。徐建青对康熙四十八年（1709 年）至六十一年（1722 年）江苏所属的 13 个州县蠲免情

表 3-3 康熙五十一年至雍正四年江苏田赋蠲免表

单位：两

	《清实录》记载的受灾州县	方志记载的受灾州县	记载减免额	估计减免额	蠲免量合计
康熙五十一年	海州、山阳等十二州县①；沛县②	山阳、盐城、清河、睢宁、海州	盐城 1 919　清河 2 124　睢宁 4 356　海州 3 216	山阳 21 000　沛县 6 000	38 615
五十二年			4 080 000		
五十三年	桃源等四县③；江浦县④	溧阳、溧水、宝应、如阜、泰兴、通州、高邮、山阳、睢宁、海州、宿迁、武进、无锡、宜兴	高邮 12 000　睢宁 2 109　海州 3 192　武进 14 808	溧阳 21 000　溧水 18 000　泰兴 12 000　宝应 9 000　如阜 6 000　通州 12 000　山阳 21 000　宿迁 9 000　海州 39 000　宜兴 42 000　江浦 6 000　桃源 9 000	236 109
五十四年	邳州、华亭等十八州县⑤	吴、常熟、如阜、通州、上海、清河、青浦、睢宁、武进、宜兴、泰州、安东、泰、高邮、山阳、武、邳州	吴江 24 851　清河 18 520　武进 5 207　高邮 12 000　睢宁 4 234　泰州 1 272	吴 27 000　常熟 60 000　泰兴 12 000　如阜 6 000　通州 12 000　上海 66 000　青浦 39 000　宜兴 42 000　邳州 9 000　华亭 51 000　安东 9 000	399 084

① 《清圣祖仁皇帝实录》，卷二五一。
② 《清圣祖仁皇帝实录》，卷二五二。
③ 《清圣祖仁皇帝实录》，卷二六一。
④ 《清圣祖仁皇帝实录》，卷二六二。
⑤ 《清圣祖仁皇帝实录》，卷二六六。

续　表

	《清实录》记载的受灾州县	方志记载的受灾州县	记载减免额	估计减免额	蠲免量合计
五十五年	邳州、清河等十一州县①	免江、常、镇、淮、扬等府属旱灾州县卫共银十六万四千八十余两②	江苏诸属州县合计 164 080		164 080
五十六年	沛县③	山阳、桃源	山阳 21 000　桃源 9 000	沛县 6 000	36 000
五十七年					
五十八年	高邮州、山阳县④清河、淮安等五县⑤	宝应、山阳、盐城、清河、泰州、安东	盐城 6 524　清河 1 413泰州 7 590	宝应 9 000　山阳 21 000高邮 12 000　安东 9 000	66 527
五十九年	泰州、江都等三州县⑥	兴化、高邮、宝应、泰州	高邮 40 000　泰州 829	宝应 9 000　泰州 18 000江都 24 000　兴化 12 000	103 829

① 《清圣祖仁皇帝实录》，卷二七〇。
② (光绪)《重修丹阳县志》，卷九；(嘉庆)《溧阳县志》，卷六。
③ 《清圣祖仁皇帝实录》，卷二八〇六。
④ 《清圣祖仁皇帝实录》，卷二〇六。
⑤ 《清圣祖仁皇帝实录》，卷二八六。
⑥ 《清圣祖仁皇帝实录》，卷二九〇。

续 表

年份	《清实录》记载的受灾州县	方志记载的受灾州县	记载减免额	估计减免额	豁免量合计
六十年	高邮、宝应二州县①；沛县②	溧阳、溧水、丹徒、丹阳、吴江、上海、常熟、桃源、无锡、宜兴	吴江 3 519　上海 462 武进 12 969	溧阳 21 000　溧水 18 000 丹阳 27 000　丹徒 27 000 常熟 60 000　桃源 9 000 无锡 39 000　宜兴 42 000	259 950
六十一年	海州、桃源等十州县③；海州、上元等十五州县，宿迁县④	溧阳、溧水、江浦、丹徒、丹阳、泰兴、如阜、山阳、海州、武进、无锡、宜兴、桃源、上元、宿迁	山阳 35 000　海州 3 149 武进 17 306	溧阳 21 000　溧水 18 000 江浦 6 000　丹徒 27 000 丹阳 27 000　泰兴 12 000 如阜 6 000　无锡 39 000 宜兴 42 000　桃源 9 000 上元 12 000　宿迁 9 000	283 455
雍正元年	海州、溧阳等二十二州县⑤	江浦、丹阳、盐城、安东、邳州、海州、宜兴	丹阳 19 360　盐城 6 624 海州 2 156	江浦 6 000　安东 9 000 邳州 9 000　宜兴 42 000	94 140

① 《清圣祖仁皇帝实录》，卷二九二。
② 《清圣祖仁皇帝实录》，卷二九四。
③ 《清世宗宪皇帝实录》，卷六。
④ 《清世宗宪皇帝实录》，卷十一。
⑤ 《清世宗宪皇帝实录》，卷十四。

第三章　名与实：关于江苏应征、实征及实得赋税规模的估计　123

续表

	《清实录》记载的受灾州县	方志记载的受灾州县	记载减免额	估计减免额	蠲免量合计
二年	太仓、长洲、海州、安东、兴化等二十八州县①	蠲免苏松常镇淮扬所属十五州本年分地丁银	江苏诸属州县合计 73 850		73 850
三年	山阳等四县②	山阳、清河	清河 496	山阳 21 000	21 496
四年	邳州、宿迁等四州县③	江浦、高淳、常熟、山阳、清河、安东、桃源、邳州、宿迁	高淳 3 489　常熟 4 577　山阳 2 700　清河 1 491	江浦 6 000　安东 9 000　桃源 9 000　睢宁 3 000　邳州 9 000　宿迁 9 000	57 257
合计					5 914 392

资料来源：《清圣祖仁皇帝实录》《清世宗宪皇帝实录》和江苏地区府县志。①"记载减免额"是指，《清实录》和《清实录》中有明确减免额记录的数据。"估计减免额"指，在《清实录》和"地方志"中只记载当地受到减免，但未记载明确减免额，此处进行估计，方法见前文。"蠲免量合计"指，记载减免额和估计减免额之和。此处仅为田赋中的地丁银，不包括杂项等项。

① 《清世宗宪皇帝实录》，卷二十七。
② 《清世宗宪皇帝实录》，卷三十八。
③ 《清世宗宪皇帝实录》，卷五十一。
④ 所使用地方志包括：（嘉庆）《溧阳县志》、（光绪）《江浦埤乘》、（道光）《丹徒县志》、（光绪）《重修丹阳县志》、（民国）《金坛县志》、（民国）《高淳县志》、（光绪）《长洲县志》、（道光）《昆山新阳两县合志稿》、（光绪）《常昭合志稿》、（宣统）《太仓州镇洋县志》、（光绪）《泰兴县志》、（咸丰）《重修兴化县志》、（民国）《宝应县志》、（民国）《如皋县志》、（光绪）《通州直隶州志》、（高邮县志）、（道光）《泰州志》、（光绪）《重修华亭县志》、（乾隆）《娄县志》、（光绪）《上海县志》、（同治）《上海县志》、（光绪）《青浦县志》、（嘉庆）《嘉兴山阳县志》、（光绪）《盐城县志》、（民国）《重修桃源县志》、（乾隆）《重修桃源志》、（光绪）《安东县志》、（咸丰）《重修沭阳县志》、（沈阳）《赣榆县志》、（嘉庆）《增修宜兴县志》、（光绪）《宿迁县志》、（嘉庆）《海州直隶州志》、（乾隆）《武进县志》、（光绪）《无锡金匮县志》、（光绪）《江阴县志》、（光绪）《靖江县志》。

况进行估计,所得结果是:这 13 个州县蠲免量占它们田赋总额的 12.36%,见表 3-4:

表 3-4 康熙四十八年至六十一年江苏十三州县田赋蠲免估计表

单位:两

地区	田赋总额	普免量	灾蠲量	蠲免总量	蠲免占总量比(%)
吴江	2 800 000	273 548	27 422	300 970	10.75
常昭	2 758 000	260 279	23 455	283 734	10.29
嘉定	3 500 000	433 935	7 877	441 812	12.62
上海	2 940 000	327 530	16 894	344 424	11.72
清河	196 000	27 954	20 267	48 221	24.60
盐城	490 000	70 000	25 123	95 123	19.41
泰州	770 000	106 231	16 741	122 972	15.97
高邮	14	2	2.6	4.6	32.86
兴化	14	2	1	3	21.43
睢宁	308 000	35 696	28 517	64 213	20.85
海州	14	2	1.6	3.6	25.71
赣榆	14	2	1	3	21.43
沭阳	14	2	1	3	21.43
合计	13 762 070	1 535 183	166 303.2	1 701 486	12.36

参见徐建青:《清代康乾时期江苏省的蠲免》,《中国经济史研究》1990 年第 4 期。

通过表 3-3 可以对康熙五十一年(1712 年)至康熙六十一年(1722 年)的蠲免量进行估计。这时期蠲免总额为 5 667 649 两,田赋总额为 44 880 000 两,田赋蠲免额占田赋总额的 12.63%。如果以徐建青的估计为小样本估计，本章为大样本估计，虽然样本选取范围存在差异，但是结论基本一致，这也证明两种估计结果都是具有可信度的。

就此可以说：康熙五十一年（1712年）至雍正四年（1726年），江苏每年的名义田赋平均为402万两。江苏获得田赋蠲免约594万两，平均每年约40万两。江苏应征田赋为5 436万两，平均每年362万两，应征田赋约占田赋总额的90.1%。

但应征田赋并不等于实征田赋，这其中还存在纳税人拖欠造成的积欠田赋。雍正六年（1728年），中央对江苏亏空进行彻查，① 结果显示：自康熙五十一年（1712年）至雍正四年（1726年）江苏各属亏空钱粮10 116 324两，其中民欠5 390 014两。同时，还包括官侵30 681两，役侵4 289 569两，包揽人侵406 054两，合计侵银4 726 311两。如表3-5：

表3-5 康熙五十一年至雍正四年亏空数额表　　单位：两

江苏积欠	民　欠	民欠比重（%）	非　民　欠				非民欠比重（%）
			官侵	吏蚀	包揽	合计	
10 116 324	5 390 014	53.28	30 687	4 289 569	406 054	4 726 310	46.72

资料来源：彭维新：《奏报清查江苏积欠钱粮事竣折》，台北"故宫博物院"编：《宫中档雍正朝奏折》第十八辑，台北"故宫博物院"，1977年，第861页。

康熙五十一年（1712年）到雍正四年（1726年），江苏亏空田赋约1 012万两，平均每年亏空田赋为67万两。其中，民欠田赋5 390 014两，占亏空田赋的53.3%，平均每年为36万两。综上所

---

① 曾小萍、范金民对此次赋税清查的过程和结果进行深入研究。曾小萍著，董建中译：《州县官的银两——18世纪中国的合理化财政改革》；范金民：《清代雍正时期江苏附属乾隆积欠之清查》，《中国经济史研究》2015年第2期。

述,通过以下公式:实征田赋=名义田赋(402万两)－减免田赋(40万两)－民欠田赋(36万两)。可以计算得出,江苏平均每年实征田赋约326万两,但这部分实征田赋中还存在官吏侵蚀造成的亏空,从表3－5中可以看出官吏侵蚀合计4 726 310万两,占亏空总额的46.7%,平均每年约32万两,通过以下公式:实得田赋=实征田赋(326万两)－侵蚀田赋(32万两)。由此可以得出每年的实得田赋仅294万两。

综上所述,在康熙五十一年(1712年)至雍正四年(1726年),江苏每年名义田赋平均为402万两,减去各项减免赋税(每年约40万两)后,每年应征田赋为362万两,占名义田赋的90%。再减去每年民欠田赋36万两后,江苏每年实征田赋为326万两,约为应征赋税的90.1%和名义田赋的81.1%。再减去每年官侵与吏蚀造成的亏空田赋32万两,每年实得田赋仅为294万两,是名义田赋的73.1%、应征田赋的81.2%和实征田赋的90.2%。

第三节 清代康熙至道光时期江苏应征赋税的变化

上述研究只是对短期内江苏各类田赋收入情况进行的估计,要厘清清代前期江苏各类田赋的整体情况,就必须挖掘新的史料。按照清代奏销制度,各省需将当年田赋钱粮完欠情况造册并报户部查核,"直省销算钱粮,逐款备造支解完欠清册,户部据以查核。近畿各省限二月终,远省限三月终到部,逾限者参"。[①] 因此,存在一批

---

① (康熙)《大清会典》,卷二十五。

田赋完欠册可更真实地反映田赋收入情况。中国社会科学院经济研究所中保存了前辈学者倾力整理的"江苏黄册（户部地丁类—江苏）"。

"江苏黄册（户部地丁类—江苏）"的内容：首先，完欠册中列出该省的原额土地、原额人丁，以及原额地丁田赋银，同时附以历年的土地和人变化，并核算出当年的现额土地、现额人丁，以及现额地丁田赋银；其次，列出各个支出细目以及支出数额；再次，在各个支出细目下列出已完、未完情况；最后，汇总当年已完、未完总额。"江苏黄册（户部地丁类—江苏）"涵盖顺治、康熙、雍正以及乾隆四朝，但中间多有缺损。顺治年间，由各部寺分别统计当年各省赋税完纳情况。康熙二年（1663年），"至各部寺衙门应用钱粮，年前具题数目，次年于户部支给，仍于年终核报。"① 至是，由各部寺分别统计改由户部统一统计。本章主要以统一之后的"江苏黄册（户部地丁类—江苏）"来分析康熙、雍正、乾隆三朝的田赋收入情况。

从表3-6可以看出：自康熙年间至乾隆年间，除康熙四十一年（1702年）与乾隆十一年（1746年）中央先后两次对江苏田赋进行普免外，江苏应征田赋最多为康熙五十九年（1720年）的395万余两，最少为乾隆四年（1739年）的218万余两。乾隆四年（1739年），中央下令"恩蠲中小户赋额979 349两"，当年的应征田赋明显低于其他年份，除此之外，应征田赋最少的是乾隆三年（1738年）的287万余两。

---

① 《清圣祖仁皇帝实录》，卷九。

表 3-6 康熙至乾隆初年江苏田赋完欠表

单位：两

时间	应征银	其他支出银	总额	起运存留银 已完	占比(%)	未完	占比(%)	已完银 数额	比重(%)	未完银占比(%)
康熙十二年	3 582 480	1 083 588	2 498 892	2 278 218	91.17	220 674	8.83	3 361 806	93.84	6.16
康熙二十五年	3 718 195	875 647	2 842 548	2 257 020	79.40	585 528	20.60	3 132 667	84.25	15.75
康熙二十六年	3 794 617	834 440	2 960 177	1 905 919	64.39	1 054 258	35.61	2 740 359	72.22	27.78
康熙二十八年	3 773 879	1 163 720	2 610 159	2 367 906	90.72	242 253	9.28	3 531 626	93.58	6.42
康熙三十五年	3 694 072	1 276 704	2 417 368	2 148 465	88.88	268 903	11.12	3 425 169	92.72	7.28
康熙三十八年	3 555 373	1 228 381	2 326 992	2 078 908	89.34	248 084	10.66	3 307 289	93.02	6.98
康熙四十一年	948 967									
康熙四十四年	3 581 123	1 234 060	2 347 063	2 070 846	88.23	276 217	11.77	3 304 906	92.29	7.71
康熙五十九年	3 958 735	1 367 603	2 591 132	1 677 029	64.72	914 103	35.28	3 044 632	76.91	23.09
康熙六十年	3 830 066	1 342 757	2 487 309	1 314 773	52.86	1 172 536	47.14	2 657 530	69.39	30.61
康熙六十一年	3 796 156	1 336 798	2 459 358	1 417 519	57.64	1 041 839	42.36	2 754 317	72.56	27.44
雍正元年	3 700 257	1 300 718	2 399 539	1 547 302	64.48	852 237	35.52	2 848 020	76.97	23.03
雍正七年	3 538 897	1 325 662	2 213 235	1 907 279	86.18	305 956	13.82	3 232 941	91.35	8.65
雍正八年	3 057 143	1 136 231	1 920 912	1 771 440	92.22	149 472	7.78	2 907 671	95.11	4.89

续 表

时间	应征银	其他支出银	起运存留银 总额	起运存留银 已完	起运存留银 占比(%)	未完	占比(%)	已完银 数额	已完银 比重(%)	未完银 占比(%)
雍正十年	3 267 882	1 298 349	1 969 533	1 510 127	76.67	459 406	23.33	2 808 476	85.94	14.06
雍正十三年	3 534 487	1 314 679	2 219 808	1 917 993	86.40	301 815	13.60	3 232 672	91.46	8.54
乾隆元年	3 380 372	1 279 763	2 100 609	1 647 987	78.45	452 622	21.55	2 927 750	86.61	13.39
乾隆三年	2 873 685	1 164 884	1 708 801	1 142 619	66.87	566 182	33.13	2 307 503	80.30	19.70
乾隆四年	2 183 459	1 208 907	974 552	792 494	81.32	182 058	18.68	2 001 401	91.66	8.34
乾隆七年	2 987 895	1 174 872	1 813 023	1 487 652	82.05	325 371	17.95	2 662 524	89.11	10.89
乾隆九年	3 276 756	1 279 770	1 996 986	1 711 135	85.69	285 851	14.31	2 990 905	91.28	8.72
乾隆十一年	876 372									
乾隆十三年	3 263 492	1 311 056	1 952 436	1 879 677	96.27	72 759	3.73	3 190 733	97.77	2.23
平均	3 508 278	1 216 484	2 291 794	1 801 991	79.13	489 803.3	20.87	3 018 475	86.33	13.67

资料来源:"江苏黄册(户部地丁类—江苏)",中国社会科学院经济研究所,700428—700444。这里的应征银包括地丁银和杂项银。应征银为本年额征田赋减去各项减免后本年应纳田赋,主要包括漕项银、协济银、河道银等;起运存留银包括起运与存留两部分。其中:应征银=支出银+起运存留银;已完银=起运存留银中已完部分+支出银;已完银占比=已完银/应征银,仅征收清银,乾隆三年完大册中,未完银占比=未完银/应征银,中央先后两次对江苏的地丁钱粮进行蠲免,仅征收清银,乾隆三年完大册中,起存两项合计为1 719 640两,康熙四十一年与乾隆十一年,未完在汇总后分析已完、未完银后以及乾隆四十一年,乾隆四年以及乾隆十一年的数据。

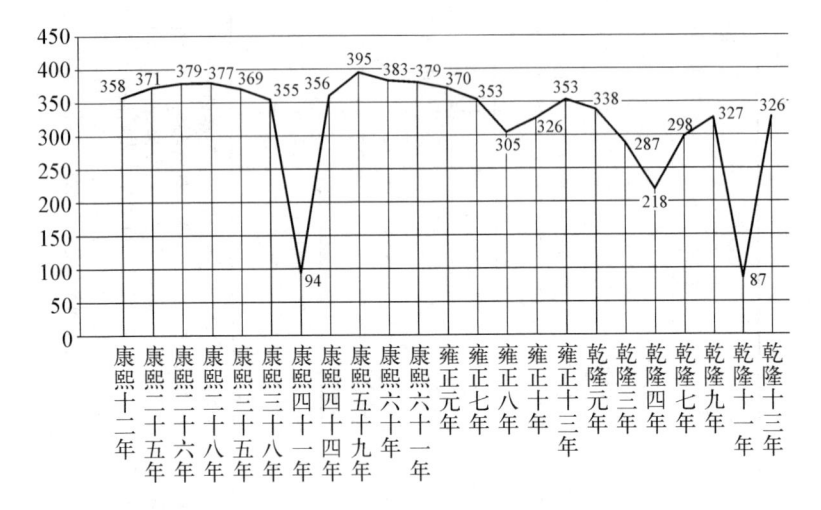

图 3-1　康熙十二年至乾隆十三年江苏应征田赋趋势图　单位：万两

资料来源："江苏黄册（户部地丁类—江苏）"，中国社会科学院经济研究所，700428-700444。

江苏在康熙年间的应征田赋都在 350 万两以上〔除康熙四十一年（1702 年），中央蠲免当年江苏田赋〕，平均而言约为 372 万两。如果仅取康熙五十九年（1720 年）、六十年（1721 年）以及六十一年（1722 年）的平均值，则应征田赋约为 386 万两。在本章第二部分估计中，如果仅计算康熙五十一年（1712 年）至康熙六十年（1721 年）的应征田赋，则这期间每年的应征田赋约为 391 万两。① 两种估计虽然所用史料不同，但结果相差无多，也可以证明第二部分估计的合理性。

---

① 在第二部分估计中，如果仅取康熙五十一年至康熙六十一年的数据，那么这时期名义田赋总计为 4 080 万两（每年按照 408 万两计算，此处要剔除康熙五十二年的普免情况），减免赋税合计约为 168 万两，应征赋税合计为 3 912 万两。平均而言，康熙五十一年至康熙六十一年每年的应征赋税约为 391 万两。

自雍正三年（1725年）中央削减江苏苏州府、松江府45万两税额后，江苏应征田赋开始大幅度下降。在雍正元年（1723年）至乾隆元年（1736年），江苏应征田赋最多为雍正十三年（1735年）的353万两，其余时期都在340万两以下，平均仅为335万两。乾隆二年（1737年），中央又削减苏松20万两税额，江苏应征田赋又一次大幅度下降，至乾隆十三年（1748年），江苏应征田赋最多也不过327万两。

黄册（户部地丁类—江苏）记载的乾隆三年（1738年）至十三年（1748年）田赋数据较少，所以表现出田赋收入规模变化幅度较大。同时，江苏又在乾隆三年（1738年）、四年（1739年）、七年（1742年）遭受严重的灾害，获得大量的田赋减免。因此，这期间江苏应征田赋维持在较低的水平。如乾隆三年（1738年），江苏各地受灾，中央先后在三月和九月下令分别减免江苏25个州县和45个州县的田赋，当年的应征额赋仅287万。① 通过对乾隆朝奏疏中田赋征收情况的整理，可以看出乾隆朝其他时期应征田赋的情况。

表3-7　乾隆年间江苏田赋完欠表　　　　　　单位：两

时　间	应　征	已　完	未　完	已完占比（%）
乾隆十五年	3 394 151	3 239 320	154 831	95.44
乾隆十六年	3 466 497	3 291 013	175 484	94.94

---

① 乾隆三年三月，"赈恤江苏上元、江宁、句容、溧水、高淳、江浦、阳湖、无锡、江阴、宜兴、荆溪、丹阳、金坛、溧阳、安东、高邮、泰州、兴化、宝应、铜山、丰县、萧县、砀山、海州、徐州卫等二十五州县卫被水灾户，并分别蠲免本年额赋"。《清高宗纯皇帝实录》卷六十四。九月，"免江苏上元、江宁、句容、溧水、高淳、江浦、六合、长洲、吴县、常熟、武进、阳湖、无锡、金匮、江阴、宜兴、荆溪、靖江、丹徒、丹阳、金坛、溧阳、山阳、阜宁、清河、桃源、安东、盐城、高邮州、泰州、江都、甘泉、仪征、兴化、宝应、宿迁、海州、沭阳、赣榆、通州等四十州县，苏州、镇江、淮安、大河、扬州、仪征等六卫本年旱灾，铜山、丰县、沛县、萧县、砀山等五县，徐州卫本年水灾额赋"。《清高宗纯皇帝实录》卷七十七。

续 表

时 间	应 征	已 完	未 完	已完占比（%）
乾隆十八年	3 188 230	3 054 979	133 251	95.82
乾隆十九年	3 340 803	2 979 156	361 647	89.17
乾隆三十八年	3 508 550	3 352 280	156 270	95.54
乾隆四十二年	3 537 100	3 410 500	126 600	96.42
乾隆四十六年	3 076 000	2 827 800	248 200	91.93
乾隆四十七年	3 155 000	2 878 700	276 300	91.24
乾隆四十八年	3 341 000	3 076 000	265 000	92.07

资料来源：台北"故宫博物院"编：《宫中档乾隆朝奏折》第一辑，第 214 页；第四辑，第 590 页；第九辑，676 页；第十一辑，第 108 页；第三十四辑，第 435 页；第四十一辑，第 744 页；第五十辑，第 558 页；第五十四辑，第 667 页；第五十九辑，第 13 页，台北"故宫博物院"，1982 年。

从表 3－7 中可以看出：应征田赋最多为乾隆四十二年（1777年）353 万两，最少为乾隆四十六年（1781 年）307 万两，以上九年的应征田赋额在 300 万两至 350 万两之间。各年份的不同是因当年因受灾程度不一而获得的减免额有所不同，平均而言，应征田赋为 333 万两，实征田赋为 312 万两。对比（乾隆）《大清会典》中"乾隆十八年，江苏应征田赋 337 万两"的记载，此处虽然所用史料不同，但应征田赋规模相差不多。

再看嘉庆时期江苏田赋征收情况，在第一历史档案馆藏有部分嘉庆年间江苏地方官的奏疏，其中包含部分嘉庆期间各省的田赋完纳情况。

在"嘉庆朝奏折"中，江苏应征田赋在 243 万两至 252 万两之间，较乾隆年间的应征田赋（平均为 333 万两），出现较大幅度的降低，这主要是因为二者统计口径不同。"嘉庆朝奏折"中田赋收入不

表3-8 嘉庆年间江苏田赋完欠表

单位：两

时间	江宁			苏州			合计		
	应征	已完	未完	已完占比(%)	应征	已完	未完	已完占比(%)	应征	已完	未完	已完占比(%)

时间	应征	已完	未完	已完占比(%)	应征	已完	未完	已完占比(%)	应征	已完	未完	已完占比(%)
嘉庆四年	930 121	888 962	41 159	95.57	1 538 611	1 353 083	185 528	87.94	2 468 732	2 242 045	226 687	90.82
嘉庆九年	1 127 980	1 065 837	62 143	94.49	1 401 852	1 374 839	27 013	98.07	2 529 832	2 440 676	89 156	96.48
嘉庆十年	1 014 831	929 689	85 142	91.61	1 421 940	1 297 220	124 720	91.23	2 436 771	2 226 909	209 862	91.39
嘉庆十四年	965 893	905 304	60 589	93.73	1 551 730	1 378 060	173 670	88.81	2 517 623	2 283 364	234 259	90.70
嘉庆十五年	941 344	861 340	80 004	91.50	1 549 722	1 330 345	219 377	85.84	2 491 066	2 191 685	299 381	87.98
嘉庆十七年	932 840	836 025	96 815	89.62	1 585 407	1 460 610	124 797	92.13	2 518 247	2 296 635	221 612	91.20
平均	985 501	914 526	70 975	92.80	1 508 210	1 365 693	142 517	90.55	2 493 711	2 280 219	213 492	91.44

资料来源："嘉庆朝朱批奏折"，藏于中国第一历史档案馆。①

---

① 江苏巡抚岳起："奏为查明嘉四年新旧钱粮完欠数目事"，嘉庆五年七月二十五日，04-01-35-0035-012；江苏巡抚汪志伊："奏为查明嘉庆九年地丁等项钱粮完欠循例核计考成事"，嘉庆十年八月二十六日，04-01-35-0038-014；护理江苏巡抚胡克家："奏为查明地丁等项钱粮完欠八月二十六日，嘉庆十二年正月初五日，04-01-35-0039-044；江苏巡抚章煦："奏报嘉庆十四年新旧钱粮完欠数目事"，嘉庆十五年六月二十六日，04-01-35-0041-046；江苏巡抚章煦："奏报苏州所属新旧钱粮完欠数目事"，嘉庆十五年八月初三日，04-01-35-0041-038；江苏巡抚章煦："奏报嘉庆十五年新旧钱粮完欠数目事"，嘉庆十六年八月十六日，04-01-35-0042-043；江苏巡抚未理："奏报嘉庆十七年江宁等属新旧钱粮完欠数目事"，嘉庆十八年八月二十七日，04-01-35-0044-053；江苏巡抚未理："奏报嘉庆十七年苏州等属新旧钱粮完欠数目事"，嘉庆十八年七月二十四日，04-01-35-0044-050。相关档案藏于中国第一历史档案馆。

包括漕项银的收入，而乾隆年间的田赋收入包括漕项银。漕项银是指办理漕运的经费，其征收方式为在漕粮基础上按照一定比例加征田赋，所获收入用于包括轻赍、席木、板片、行月、漕赠等项漕运经费支出。嘉庆五年，江苏所属苏州、松江、常州、镇江以及太仓五府州的实征漕项银为 619 616 两，① 江安道所属实征漕项银为 263 063 两，② 如果减去安徽省漕项银 151 107 两，③ 则江苏所属江宁、淮安、扬州、徐州以及海州、通州等六府州等漕项银为 111 956 两。如此估算，江苏实征漕项银在 73 万两左右。晏爱红估计嘉庆五年（1800 年）苏松粮道和江安粮道漕项银合计 88 万两左右，④ 如果减江安道所辖安徽省漕项银约 15 万两，则江苏漕项银约 73 万两。估计与其基本一致。嘉庆时期，江苏平均应征田赋收入为 249 万，如果再加上漕项银（按 73 万两计算），则嘉庆年间的江苏平均应征田赋在 322 万两左右，比乾隆年间的平均应征田赋（333 万）相差不大。这一估计与"嘉庆朝奏折"中记载的其他年份的应征田赋额度也基本保持一致，如嘉庆十八年（1813 年）通省应征田赋 3 259 444 两。⑤

道光年间江苏赋税数据主要来源于两处史料。一是王庆运在《石渠余纪》中记载：现额赋税为 362 万两，道光二十一年（1841 年）、二十二年（1842 年）、二十五年（1845 年）以及二十九年（1849 年）的实征额分别为 356 万、253 万、289 万以及 187 万两；

---

① （嘉庆）《钦定大清会典事例》，卷一六四。
② 江安道包括江苏所属江宁府、徐州府、淮安府、扬州府、海州、通州四府二州以及安徽省。
③ 此处安徽省漕项银数据为光绪年间数据，参见（光绪）《重修安徽通志》，卷七七。
④ 晏爱红：《"漕项"考释》，《中国史研究》2014 年第 1 期。
⑤ 江苏巡抚理理："奏报嘉庆十八年新旧钱粮完欠数目事"，嘉庆十九年闰二月二十六日，嘉庆朝朱批奏折，04-01-35-0045-032，藏于中国第一历史档案馆。

二是前辈专家整理道光年间各省地丁钱粮奏销抄档，倪玉平对这部分档案进行研究，整理江苏赋税征收情况，形成"道光地丁统计表"。① 通过对该表分析：江苏全省每年的额征赋税在195万两左右，平均每年减免赋税44万两，每年的应征赋税为151万两。对比《石渠余纪》与抄档中关于道光年间的赋税征收数额的记载，可以发现二者相差特别大。倪玉平认为清代地丁、杂赋、耗羡、漕粮、屯赋等分别奏销，各有报册，王庆云的统计中并没有写明具体项目的收入，所以难以考证。② "道光地丁统计表"中所载数额偏低，或是因为只记载当时的地丁正项赋税，尚未包括漕项以及耗羡等其他收入所致，使得江苏全省每年的额征赋税在200万两左右。

对应征赋税变化情况做一总结：应征田赋的变化主要与国家的田赋蠲免政策相关，主要包括直接削减田赋和灾免田赋两种。灾免已在上文进行估计，削减田赋会造成应征田赋的直接下降。从以上康熙时期至嘉庆年间江苏应征田赋的变化来看，应征田赋从康熙时期至乾隆时期一直处于下降的趋势，雍正三年（1725年）中央减免江苏田赋45万两以及乾隆二年（1737年）中央减免江苏田赋20万两使得江苏应征田赋大幅度下降。具体而言：康熙年间，江苏的应征田赋在372万两左右；经过两次赋税削减，至乾隆年间，应征田赋下降到333万两左右；嘉庆年间江苏平均应征田赋在322万两左右。

---

① 倪玉平：《清朝嘉道财政与社会》，第387、388页。
② 倪玉平：《清朝嘉道财政与社会》，第89页。

第四节　康熙至道光时期实征赋税与赋税完纳率的变化趋势及其原因探析

在此，可以对利用表3-6至表3-8对清代前期应征田赋、实征田赋与田赋完纳情况进行一个长时段的观测：

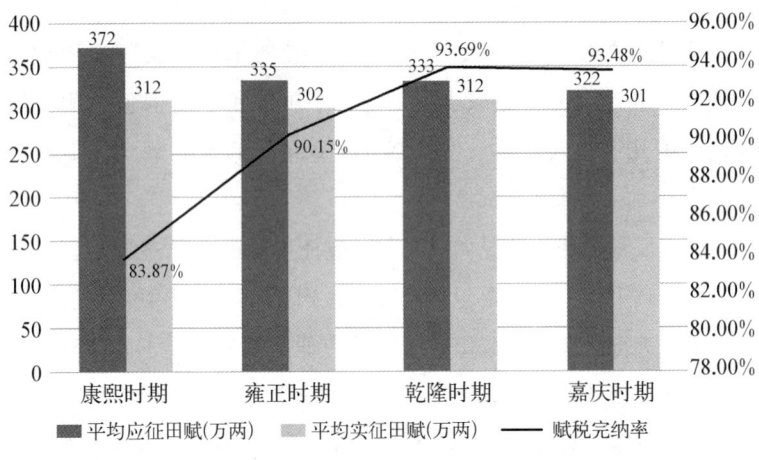

图3-2　康熙至道光时期实征赋税与赋税完纳率的变化趋势图

数据来源：本章表3-6至表3-8。

时期	平均应征田赋（万两）	平均实征田赋（万两）	赋税完纳率
康熙时期	372	312	83.87%
雍正时期	335	302	90.15%
乾隆时期	333	312	93.69%
嘉庆时期	322	301	93.48%

从表3-6中可看出：从康熙十二年（1673年）到康熙六十一年（1722年），实征田赋都在350万两以下，平均为312万两，应征田赋平均为372万两，田赋完纳率（实征田赋比应征田赋）仅为83.9%。且越到康熙后期，田赋完纳率越低。田赋完纳率最高者为康熙十二年（1673年）的93.8%，但从康熙五十九年（1720年）到雍正元年（1723年）田赋完纳率都低于80%，其中康熙六十年（1721年）田赋完纳率只有69.4%，这也可以解释雍正即位之初便

要大力推动亏空清查的动因。在此，亦可和前文关于"康熙五十一年至雍正四年"应征田赋和实征田赋的估计结果进行对比。就表3－3而言，仅取康熙五十一年（1712年）至康熙六十一年（1722年）的数据，那么这时期名义田赋总计为4080万两（每年按照408万两计算，此处要剔除康熙五十二年的普免情况），减免赋税合计约为168万两，应征赋税合计为3912万两。平均而言，康熙五十一年（1712年）至康熙六十一年（1722年）每年的应征赋税约为391万两。而在表3－6中可以看出，康熙五十九年（1720年）、六十年（1721年）以及六十一年（1722年），江苏每年的田赋完纳率在69.39%至76.91%之间。如果将表3－3中康熙五十一年（1712年）至康熙六十一年（1722年）每年应征赋税391万按照表3－6中田赋完纳率计算，当时的实征赋税就在271万两至301万两之间。这一数值也在表3－6中康熙五十九年（1720年）至康熙六十一年（1722年）实征赋税在265万两至304万两的区间之内，这也可以证明前文关于"康熙五十一年至雍正四年"各类田赋估计的合理性。从表3－6中还可以看出：在雍正七年（1729年）至乾隆元年（1736年）所统计的5个年份中，应征田赋平均为334万两，实征田赋平均为302万两，田赋完纳率提高到90.4%，且各年的完纳率都在85%以上，其中雍正八年（1730年）高达95.1%。

从表3－7中可看出：在乾隆十五年（1750年）至乾隆四十八年（1783年）所统计的9个年份中，每年的应征田赋在300万至350万两之间，平均为333万两。实征田赋在280万两至320万两之间，平均为312万两，田赋完纳率为93.5%。田赋完纳率整体上明显超过康熙和雍正时期，除乾隆十九年（1754年）为89.1%外，其他年份都在90%以上，乾隆四十二年（1777年）甚至达到96.4%。

从表 3‑8 中可看出，在嘉庆四年（1799 年）至嘉庆十七年（1812 年）所统计的 6 个年份中，应征田赋在 246 万两至 253 万两上下浮动，平均为 249 万两（不计漕项银 73 万两）。实征田赋除嘉庆九年（1804 年）达到 244 万两以外，其他时期都在 219 万至 230 万之间浮动，平均约为 228 万两（不计漕项银 73 万两）。平均而言，田赋完纳率为 91.44%。从 6 个年份的统计结果来看，嘉庆时期平均每年积欠田赋约 21 万两。李光伟研究得出：自嘉庆元年（1795 年）至二十二年（1817 年），江苏积欠田赋 418 万两左右，年均积欠 19 万两。① 二者虽然相差不多，但笔者所估计积欠数额显然较高。这是因为笔者所用史料指的是当年田赋的积欠情况，而李氏所指的是若干年后的田赋积欠情况。实际上当年未缴纳的田赋会在此后若干年以带征的方式进行征收，等到若干年后政府蠲免历年积欠时以前的积欠田赋就会完纳部分，这才会出现大约 2 万两的差额。但二者相差无多，这种差距并不会明显降低嘉庆时期整体的田赋完纳率。

通过对"道光地丁统计表"的分析②：道光年间每年的实征赋税在 110 万两至 200 万两之间浮动。应征赋税平均为 151 万两，实征赋税平均为 145 万两，赋税完纳率为 96%。其中除道光二十九年（1849 年）的完纳率在 88% 外，其各年的赋税完纳率都在 90% 以上，道光三十年（1850 年）的赋税完纳率达到 98.8%。

江苏在康熙时期的实征田赋约为 312 万两，雍正时期的实征田赋约为 302 万两，乾隆年间的平均实征田赋约为 312 万两，嘉庆时期平均实征田赋约为 301 万两（加上漕项银）。可以说，江苏的实征

---

① 李光伟：《清代江苏田赋积欠蠲免研究》，《中国经济史研究》2018 年第 5 期。
② 倪玉平：《清朝嘉道财政与社会》，第 387、388 页。

田赋基本维持在 307 万两上下浮动。在不考虑田赋续完的情况下，江苏田赋完纳率在康熙年间处于一个较低的水平，部分时期甚至在 70% 以下。但到雍正元年（1723 年）后，江苏田赋完纳率从 83.3% 提高到 90.4%，且各年田赋完纳率都在 80% 以上。乾隆时期，江苏田赋完纳率基本都在 90% 以上，这一趋势一直延续到嘉庆时期。

其原因主要有三点：

其一，名义田赋的直接削减。雍正和乾隆两朝分别削减江苏名义田赋 45 万两和 20 万两，雍正时期的削减使得应征田赋从每年 372 万两下降到每年的 333 万两，乾隆时期的削减使得应征田赋进一步下降到 322 万两，两次削减后的应征田赋额度约为削减之前的 86.6%。同时，江苏的实征田赋基本都维持在 307 万两上下。可以说，应征田赋的大幅度下降使得田赋完纳率得到显著提高。

其二，赋税征管制度的完善。在削减田赋的同时，政府通过限制官吏侵蚀钱粮、加强对纳税者的管理、提高政府催缴赋税的能力等措施完善赋税征管制度，维持与提高实征田赋的规模。雍正六年（1728 年）与乾隆十三年（1748 年），中央两次对地方财政亏空进行清查，对地方官吏侵蚀赋税、纳税人拖欠田赋等行为从制度层面展开整顿。雍正时期，中央多次下令禁止赋税包揽行为，"地方官征收田赋，令酌量银数多寡择信实银匠数人连名互保，听民投铺倾销，不许包揽"。[1] 推行版图顺庄法，实现"官知粮户姓名完欠，民知官实在户甲科则"。[2] 乾隆年间，王师提出 14 条完善地方赋税征管制度的办法，在重申以往所提到的治理地方赋税积欠方法的同时提出

---

[1] （乾隆）《大清会典则例》，卷三十六。
[2] 彭维新：《奏报清查江苏积欠钱粮事竣折》，台北"故宫博物院"编：《宫中档雍正朝奏折》第十八辑，台北"故宫博物院"，1988 年，第 861 页。

加强对普通民户的管理，包括：解决小户积欠问题，合理安排赋税征收与农业活动、优化分年带征法、弥补土地买卖造成漏税的漏洞①。这也可以解释乾隆十五年（1750年）之后田赋完纳率获得显著提高的原因。经过两次亏空清理，虽然田赋拖欠依然存在，但总体而言，每年的已完田赋占比一直处于一个高位。在乾隆十五年（1750年）实征田赋339.5万两，当年已完田赋323.9万两；乾隆十六年（1751年）实征田赋346.6万两，当年已完田赋329.1万两；乾隆十八年（1753年）实征田赋318.8万两，当年已完田赋305.4万两。②平均而言，田赋完纳率高达95.4%，此外，当年未完成的田赋在次年又会完纳大部分，如乾隆十六年（1751年）在完纳当年田赋的94.95%后，又完成乾隆十四年（1749年）、十五年（1750年）这两年未完田赋的11.7万余两。

其三，以仓补税，即用库藏钱粮弥补民欠田赋，以造成地方库藏亏空为代价提高田赋完纳率。如乾隆五十一年（1786年）的仓储清查中，苏、松、常、镇以及太仓州四府一州共计亏空93 000两，江宁、扬、淮安、徐以及通、海、海门四府两州一厅共计亏空105 000余两，合计亏空20万两。李世杰总结造成仓库亏空原因，其中第一条便是：地方官员用仓储抵补民欠。③嘉庆时期，中央多次清查江苏仓储亏空，都发现地方官员挪移仓银弥补应征田赋的情形。

通过对清代前期江苏应征、实征以及实得田赋的估计，大抵可得到以下结论：

---

① 王师：《奏议清除江苏钱粮弊窦办法折》，《宫中档雍正朝奏折》第一辑，第208页。
② 王师：《奏报钱粮数目折》，台北"故宫博物院"编：《宫中档乾隆朝奏折》第一辑，第214页；庄有恭：《奏报钱粮完欠细数折》，《宫中档乾隆朝奏折》第三辑，第590页；庄有恭：《奏报钱粮完欠银数折》，《宫中档乾隆朝奏折》，第九辑，第677页。
③ 李世杰：《奏报江南各属亏空》，《宫中档乾隆朝奏折》第六十二辑，第672页。

其一，虽然中央规定的田赋额较高，但地方基本不会足额缴纳田赋，田赋减免和田赋拖欠是一种常态。名义田赋与应征、实征以及实得这些反映实际情况的田赋收入之间存在差距。就江苏而言，以康熙五十一年（1712年）至雍正四年（1726年）的田赋征收的情形来看，虽然中央规定402万两这样一个很高的名义田赋，但减去每年的田赋减免（40万两）之后，每年的应征田赋为362万两，约为名义田赋的90.1%。由于纳税人拖欠田赋较多（36万两），因此每年的实征田赋为326万两，约为应征田赋的90.1%。即便政府征收到326万两，其中还要被官吏侵蚀32万两，因此中央实际上能掌握的田赋仅仅为294万两，仅是名义田赋的73.1%，应征田赋（362万两）的81.2%和实征田赋（326万两）的90.2%。

其二，整个清代前期地方的实征田赋都维持在一个较为固定的水平，在不考虑货币币值因素的前提下，那么政府田赋收入与民众负担水平长期也较为稳定。就江苏而言，康熙时期江苏的应征田赋维持在350万两以上，最高可达390余万两，平均为372万两，但是每年的实征田赋基本都在350万两以下，平均仅为312万两，实征田赋仅占应征田赋的83%。经过雍正与乾隆两次削减田赋65万两后，乾隆时期和嘉庆时期的应征赋税分别下降到333万两和322万两。但实征田赋在康熙时期、雍正时期、乾隆时期以及嘉庆时期分别约为312万两、302万两、312万两以及301万两，长期维持在307万两上下。这也就意味着，名义田赋的调整对于实征田赋的影响不大。

在以上统计估计的基础上，可以对清代前期减赋政策、国家赋税汲取能力、中央与地方的关系等国家治理问题进行分析：

第一，虽然普遍认为赋税蠲免可以降低百姓田赋负担，并认为雍正与乾隆两朝的减负举措降低了地方的田赋负担。但从长期的名义、应征以及实征田赋的变化来看，名义田赋与应征田赋的降低并不会导致实征田赋的降低，两次田赋总额的直接削减也并未导致实征田赋的下降。这就意味着：如果具体到特定年份，田赋减免（尤其是灾免）或可降低实征田赋；但从长期来看，削减名义田赋和降低应征田赋，都不会降低实征田赋。换而言之，田赋减免政策不会降低实征田赋，政府田赋收入不会因为田赋减免而减少，百姓田赋负担也不会因为田赋减免而降低。就此而言，统治者所标榜的"减赋德政"更多是一种政治宣传，政府减赋对百姓而言更多是一种"口惠而实不至"的举措。

第二，如果仅就田赋收入来看，无论是康熙、雍正、乾隆三朝所谓的"盛世"时期，还是嘉庆朝所谓的"萧条"时期，政府的实征田赋基本保持不变。如不考虑货币增贬的情况，则意味着政府赋税汲取能力并未发生明显的下降。整个清代前期，政府所能获得实征田赋都维持在一个平稳的水平，田赋负担也维持在一个平稳的水平。

第三，田赋的削减对缓解政府与百姓之间矛盾的作用有限，更多是缓解中央政府与地方政府之间的矛盾。清初，中央制订各项奖惩举措试图保证地方政府足额征收田赋，但是田赋完纳率却一直较低，地方官员也多因难以完成田赋征收任务而受到惩处，时论以为"然而国家以财赋为重，人民以财赋为忧，府县以财赋为急，居官者惴惴焉，惟恐财赋之不足，考居下下，终日忧失乎官"。[①] 地方官员请求中央减赋，雍正与乾隆时期两次赋税削减有助于将田赋完纳率

---

① 沈寓：《治苏》，贺长龄：《清经世文编》，卷二十三。

提高到九成以上，并维持到了嘉庆时期。但田赋完纳率的提高不因田赋收入的增加，而是名义田赋与应征田赋下降的结果。这就意味着，在减赋的过程中，百姓既没有得到减赋所带来的实惠，中央除了"仁政"的标榜以外亦未增加收入，只有地方官员因为田赋完纳率的提高而更加容易应付中央所制订的考成要求。

第四章　打地鼠：顺康时期江苏亏空治理

> 朕听政日久，历事甚多，于各州县亏空根源，知之最悉。
> ——《清圣祖仁皇帝实录》

打地鼠是一款经典游戏，在一个九宫格中，不停地会有地鼠冒出来，玩家需要不停地敲打冒出来的地鼠。顺治和康熙年间的江苏亏空治理，就好似一场"打地鼠"，什么人造成亏空就去"打"什么人，什么方面出现亏空就去"打"什么方面，小修小补虽然一直存在，但始终没有直面"江南重赋"和"私征耗羡"的问题。虽然在此期间，中央围绕税额的确定、赋税的征收、钱粮的管理、官员的考成、官员的交接和亏空的追赔等各方面制度进行了完善，但这些制度似乎就是"聋子的耳朵"——摆设，即便"天网恢恢"，该漏还是漏。制度有或没有，亏空就在那里；治理或是不治理，亏空还在那里。虽然康熙皇帝表示自己"听政日久，历事甚多，于各州县亏空根源，知之最悉"，但他也始终没能为国家的亏空治理指出一条明道，留下的遗产只能是"近见天下钱粮，各省皆有亏空"。

第一节 新朝的旧疾：亏空由来已久

一、顺治年间江苏亏空及其治理

江苏亏空并非清朝的"新病"，而是明朝乃至更早已出现的"旧疾"。早在"治尚严峻"的朱元璋统治时期，江苏就频频发生大规模亏空。《明太祖实录》记载"（洪武三年五月）免苏州逋负秋粮三十万五千八百余石"，①"（洪武十一年四月）免其（苏州、松江、嘉兴、湖州）逋租六十五万二千八百二十八石"。② 面对如此频繁且规模巨大的亏空，中央政府往往采用缓征、折征等方式希冀多少能挽回些损失，但绝大多数的情况是不了了之，最终以一纸诏书予以减免，如苏州府和松江府在"永乐十三年至十九年七年之间，所免税粮不下数百万石；永乐二十年至宣德三年又复七年，拖欠、折收、轻赍，亦不下数百万石"。③ 在永乐中后期到宣德五年（1431年）的十余年间，苏州府和松江府每年拖欠赋税占其赋税总额的40%以上。④

清朝取代明朝后，亏空的"传统"也被继承下来。顺治年间，江苏亏空频频出现。顺治九年（1652年），担任江宁巡抚的周国佐就如何治理亏空上疏：

> 臣属钱粮最广，侵欺最多。因滥用匪人，有司不敢重治，恐毙则钱粮无所从出，故积逋难清，追毙罔效。请自今凡侵欺

---

① 《明太祖高皇帝实录》，卷五十二。
② 《明太祖高皇帝实录》，卷一百一十八。
③ 顾炎武：《日知录集释》，卷十，清道光西溪草庐刻本。
④ 胡克诚：《明代江南逋赋治理研究》，东北师范大学博士学位论文，2011年。

若干,先将其家产人口变卖完逋,妻子悉没入官。原委之官,不论见任、陞迁、降革,责令赔补,仍治以罪。至于徒比无益,将本犯重刑处死,诸通衢以为榜样,未有不悚然畏惧,而凤逋庶或可清矣。①

周国佐认为:江苏"侵欺最多",亏空巨大。其原因包括三点:州县官员不称职、上级官员不负责、处罚力度不够强。因此,他提出根治亏空的关键是以严刑峻法监督地方官员,对造成亏空的官员,变卖其家产人口责令赔补、弥补亏空,并一律严惩,乃至重刑处死。让官员"悚然畏惧",则"而凤逋庶或可清矣"。

显然,周国佐的建议并没有"吓到"官员,又或许是造成地方亏空的原因并不在官员身上,江苏的亏空并没有减少反而有愈演愈烈的趋势。顺治十三年(1656年),时任江南总督的郎廷佐上疏:

江南自八年至十三年,积欠钱粮四百余万。未必尽欠在民,或官吏侵蚀,或解役烹分,新旧牵混,上下蒙胧。请以十四年为止,通将从前积欠总令右布政使查其已解而无批回、被经承侵欺挪借者、及某官支用提取而不应开销者,注数清追,分为二册。若民间实欠,则又为一册。议定一年止征若干,示民知有应完之数,分路督催,责成各道,握总者为右布政使,按册而稽,专理旧欠。一切新粮专责左布政使,则征新补旧之弊可除矣。②

---

① 周国佐:《为请重通侵钱粮之罚以严追比以裕国计》,第一历史档案馆,02-01-02-1949-005。
② 王先谦:《东华录》,"顺治二十八"。

江南自顺治八年（1651年）至顺治十三年（1656年）六年间共亏空钱粮400余万两，平均每年亏空钱粮近70万两。郎廷佐认为：亏空并非全部由百姓拖欠造成，其中绝大部分是由地方官员、胥吏侵蚀造成的。对此，郎廷佐提出"区别对待"的办法，即将亏空区分为民欠、官侵和吏蚀。民欠所造成的亏空，由地方官员继续催征；官侵、吏蚀所造成的亏空，则严惩涉事官吏，并分别议处追回。郎廷佐所提"区别对待"的办法成为清王朝后来治理江苏亏空的基本方法。

二、顺治时期地方赋税征管制度改革

中央政府在通过严刑峻法恫吓地方官员的同时，也尝试通过完善赋税征管制度来解决地方亏空问题。这套赋税征管流程包括以下几个环节：

表 4-1 清地方赋税征管流程表

步骤	过程	主要内容与注意事项
1	税额确定	1. 明确征收赋税的标准 2. 准确告知纳税人应纳税额
2	赋税征收	1. 加强征收赋税过程管理 2. 防止纳税人拖欠赋税 3. 防范胥吏、士绅的舞弊
3	钱粮管理	1. 防止胥吏侵蚀钱粮 2. 防止官员挪移侵蚀钱粮
4	官员考成	1. 根据赋税完纳情况对各级官员进行奖惩 2. 加强上级官员对下级官赋税征解的监督
5	官员交接	1. 防止在前后任官员交接过程中掩盖亏空
6	亏空追赔	1. 严惩造成亏空的官员、胥吏 2. 向造成亏空的官员、胥吏追赔 3. 加强上级官员在追赔亏空方面的监督作用

1. 关于税额确定

顺治九年（1652年），制订《赋役全书》。

《赋役全书》规定地方各级政府所属土地、人丁、赋税数目，开列起运、存留细目，详列存留款项，形成征税标准和财政收支明细。顺治三年（1646年），中央政府责成各地巡抚"拟定赋役全书"，至顺治九年（1652年）成书。各省布政使刊造，州县保存两本，一本存在县衙备查，一本存当地学宫供地方士民查阅。

顺治八年（1651年），推行易知由单。①

各州县将各税户田亩、人丁及其应缴税额分别填于单上，在赋税开征之前发给各纳税户，限期按单缴税。由此，让纳税民户知晓自己的应缴赋税。

2. 关于赋税征收

顺治八年（1651年），实施滚单法。

将若干民户编为一单，记录各户的土地田亩、应纳赋税、上下忙应纳数，由里长照单按户催征，② 以此督催纳税民户及时足额缴税。

顺治八年（1651年），实施自封投柜。

由民户自行将应缴税银投入收税银箱，防止士绅、胥吏包揽赋税并从中舞弊。

顺治十年（1653年），实施截票法。

---

① 顺治八年（1651年），巡抚秦世祯议定"八事"，提出："额定粮数俱填易知由单，设有增减，另给小单一纸，则奸胥不得藉口；由单详开钱粮总数目及花户姓名、先给后征，以便磨对；催科不许差人，设立滚单，以次追比；收粮听里户自纳簿柜，俱加司府封印，以防奸弊；解放先急后缓，勒限挈销完验，不得分毫存留衙役之手。"《清世祖章皇帝实录》，卷五十九。

② （嘉庆）《松江府志》，卷四十三。

截票上开列纳税人土地、人口、应缴赋税数目，并加盖印信。将截票按照印字一分为二，一半给民户作为纳税明细，一半留政府存验。民户缴纳赋税后，可获得加盖印信的另一半截票。这样既有利于政府催缴积欠民户，也能防止政府官吏多征，还能在一定程度上保护纳税百姓不被讹诈（要求重复缴税）。

顺治十二年（1655年），禁止洒派、包赔、包揽行为。

严禁洒派（地方官吏伙同大户将田地分派到他人名下逃避赋税）、包赔（胥吏伙同大户将承担的税额分摊到其他民户身上）、包揽（由胥吏或大户替代民户缴纳赋税）等容易造成亏空的舞弊行为。

顺治十五年（1658年），制订士绅和胥吏拖欠赋税的惩罚条例。

凡是欠税士绅，一律革黜为民，并按照欠税多寡，责若干板且枷号若干月，并勒令完税（如：将应输钱粮分为十分，有欠至八分、九分、十分者，贡监廪增附生员等俱革黜为民，责四十板，枷号两个月，仍严催未完钱粮）；凡是欠税胥吏，一律革役，并按照欠税多寡，责若干板且站徒若干年，并勒令完税（如：应输钱粮以十分计算，有欠至八分、九分、十分者，枷号三个月，责四十板，革役，拟站徒三年）。如州县官员包庇欠税士绅，则将州县官员题参；如州县官员已经申报巡抚和按察使，而抚、按包庇，则将抚、按从重议处。

3. 顺治十二年（1655年），加强对官员考成的管理

负责督征钱粮的知府、直隶州知州以所辖各属之完欠计分数，布政使司以通省之完欠计分数。由此，加强对地方府、省两级官员的考成，并激励其对州县进行有效的监督。

4. 顺治十二年（1655年），加强对官员交接的监管

以往官员在交接过程中，前后任官员以及上下级官员之间往往蓄意隐瞒亏空，经年累月使得地方亏空尾大不掉。顺治十二年

（1655年）规定：官员之间交接必须严格注明到任、离任时间，并注明征收完欠情况。

5. 顺治九年（1652年），明确亏空追赔办法

对造成亏空的官员进行追赔和惩罚。顺治九年（1652年）规定：钱粮征解支放各有款项，若为公务移缓就急谓之挪移，假公济私谓之侵盗，军兴公用不得已而借用谓之透支，借端开销谓之冒破，令抚按清察追抵。

表4-2 顺治时期地方赋税征管制度改革表

步骤	过程	顺治时期的主要举措	目的
1	税额确定	制订《赋役全书》（顺治九年）	明确征税标准
		推行易知由单（顺治八年）	让民户知道应缴赋税
2	赋税征收	设立滚单（顺治八年）	督催民户，治理拖欠
		自封投柜（顺治八年）	建立民户与政府的直接联系，防止士绅和胥吏舞弊
		实行截票法（顺治十年）	加强对已征赋税的管理
		严禁洒派、包赔、包揽行为（顺治十二年）	建立民户与政府的直接联系，防止士绅和胥吏舞弊
		制订士绅和胥吏拖欠赋税的惩罚条例（顺治十五年）	治理士绅和胥吏拖欠
3	官员考成	制订知府、直隶州知州考成条例（顺治十二年）	加强地方府、省官员对州县官的监督
4	官员交接	官员交接需注明征收完欠情况（顺治十二年）	防止地方前后任官员、上下级官员之间舞弊
5	亏空追赔	对造成亏空的官员进行追赔和惩罚（顺治九年）	清理亏空，挽回税款

凡此种种规定，旨在加强中央对地方在赋税征管过程的监督，

涉及地方督抚、道、府（直隶州）、州县等各级政府官员，约束官员、胥吏、士绅、百姓等各类人员的行为，涵盖纳税标准制订、赋税征管、税收起存、存留开支、官员考核等地方财政管理的各个流程，可谓是"天网恢恢"。这些办法会在未来亏空治理中得到一次次的改良和完善。然而，无论清王朝如何完善这些赋税征管制度，这套制度似乎永远都存在漏洞，地方亏空还是一而再、再而三地发生。

第二节　江南奏销案：康熙朝早期的亏空治理

一、"江南奏销案"与江苏亏空清查

"江南奏销案"，发生于顺治十八年（1661年），又称"顺治十八年江南奏销案"，"奏销案"中清廷对欠税士绅打击力度较大，故学界多将"奏销案"与"哭庙案""通海案"结合一并探讨清廷与江南士人的关系，[①] 认为是中央刻意打压江南士人。亦有学者从财政角度解读"奏销案"，认为：顺康交替之际，清王朝出现财政危机，中央政府为弥补财力的不足，在全国范围内清理积欠以增加收入，"奏销案"即在此背景下发生。[②]

早在顺治十五年（1658年），清廷就已着手清查江苏亏空。当时，姚廷遴在松江府嘉定县，恰逢清廷派官员到嘉定清查历年亏空，

[①] 孟森：《明清史论著集刊》，第434页；付庆芬：《清初"江南奏销案"补正》，《江苏社会科学》2004年第1期；赵践：《清初奏销案发微——从清廷内阁中枢一个文件说起》，《清史研究》1999年第1期；伍丹戈：《论清初奏销案的历史意义》，《中国经济问题》1981年第1期；马玉良：《清初辅政时期对南方汉族的压制》，《社会科学战线》2006年第3期；朱永嘉：《顺、康间清政府与江南地主阶级的矛盾斗争——兼论清初地主士大夫的民族气节的实质和意义》，《复旦学报》1964年第1期。

[②] 岁有生：《关于江南奏销案的再思考》，《兰州学刊》2008年第4期；袁一堂：《清顺治末年财政危机及缓解措施》，《河北学刊》1992年第4期。

他看到地方官员和士绅匆忙应付的场景——"住约二十日,扰乡绅酒数席,因朝廷差满州官到嘉定,清查历年拖欠钱粮,飞马即到,官府匆忙,因此而归。"①

顺治十七年(1660年),清廷再次派户部郎中巴赖清查嘉定县钱粮亏空,抓捕欠税的乡绅和生员,并准备提解到北京问罪。"当时,嘉定县拖欠钱粮一案,先该臣等以途遥人众,若尽提来京,恐稽迟时日,题请查后完纳者敕令该抚就彼拟罪,查后未完者与侵欺吏方象坤等提解来京究拟。"②但正当欠税士绅面临处罚的时候,顺治皇帝逝世。朝中变故成为他们的脱困之机,这段记载被松江府人曾羽生记录在《乙酉笔记》中,"顺治十七年冬,嘉定县乡绅生员已经欠粮,着兵备道擒拿,共数十余人,锁之尊经阁中,远近大骇。顺治十八年正月,正欲照例处分,而驾崩之信忽至,俱得幸免,尚未及我松也。"③

但顺治的逝世并未打消清廷治理亏空的决心,就在当月,清廷颁布治理地方亏空的政令:

> 谕吏部、户部:钱粮系军国急需,经管大小各官须加意督催,按期完解,乃为称职。近览章奏,见直隶各省钱粮拖欠甚多,完解甚少。或系前官积逋贻累后官,或系官役侵挪借口民欠。向来拖欠钱粮,有司则参罚停升。知府以上,虽有拖欠钱粮未完仍得升转,以致上官不肯尽心督催,有司怠于征比,支吾推委,完解愆期。今后经管钱粮各官,不论大小,凡有拖欠

---

① 姚廷遴:《历年记》,上海人民出版社,1982年,第76页。
② 韩世琦:《抚吴疏草》,卷五,清康熙五年刻本。
③ 曾羽生:《乙酉笔记》,上海市文物保管委员会编,1961年,第27页。

参罚俱一体停其升转。①

清廷认为地方存在欠税现象，并且将欠税原因归咎于地方官吏的玩忽懈怠，尤其是知府以上官员"不肯尽心督催"。这条诏令实际上也揭示出顺治十二年（1655年）制订的"布政使、知府、直隶州知州考成条例"只是一纸空文，其发挥的作用有限。当然，在清代财政条令中，成为一纸空文的"红头文件"不在少数，这只是其中之一。基于此种认识，清廷再次强调"今后经管钱粮各官，不论大小，凡有拖欠参罚俱一体停其升转"，以停止升迁的方法督促地方官员催缴赋税。需要注意的是，这条史料并未将地方亏空的原因归咎于民欠，也没有直接归咎于士绅欠粮，甚至还认为亏空是官员、胥吏侵蚀挪移之后捏造民欠所造成的。

不久之后，清廷又颁布另外一道上谕：

> 近观直隶各省钱粮逋欠甚多，征比难完。率由绅衿蔑法，抗粮不纳，地方官瞻徇情面，不尽法征比。嗣后著该督抚责令道府州县各官，立行禁饬，严加稽察。如仍前抗粮，从重治罪。地方官不行察报，该督抚严察，一并题参重处。②

新的诏令虽然延续前一条诏令中将亏空原因归咎官吏"不尽法征比"外，同时在诏令中用一个"率"字将造成亏空的矛头直接指向地方士绅，认为"绅衿蔑法，抗粮不纳"致使地方欠税现象日益

---

① 王先谦：《东华录》，"康熙一"。
② 《清圣祖仁皇帝实录》，卷二。

增多，而官员只是"瞻徇情面，不尽法征比"。于是，清廷要求各级官吏对于这些欠税的士绅"从重治罪"。这种变化也反映在主管全国财政工作的户部尚书车克的奏疏中：

> 该臣等议得，钱粮关系重大，刻不容缓……今直隶各省逋欠钱粮，非尽系小民施欠，多由地方顽劣绅衿，自恃豪强，抗拒官长，兼之霸占民地，不纳租税。并有内外大小各官及进士、举人、贡生之兄弟、宗族、亲戚，悬挂绅士牌扁，倚藉势力，把持官府，抗粮不纳……如该属内绅衿，仍有逋欠不完，并有绅衿之兄弟、亲戚、宗族仍旧悬牌，倚势不完者，该地方官即将欠数花名，申报督抚、按题参，遵照上谕，俱解京送别部，照悖旨从重治罪。若绅衿故纵伊兄弟、宗族、亲戚悬挂牌扁者，一并解京送刑部，以悖旨例从重治罪。①

户部尚书也认为地方逋欠钱粮"非尽系小民施欠，多由地方顽劣绅衿"，可以说，三月的政令与户部尚书车克的奏疏体现出清廷对地方亏空原因认识的转变，这也预示着清廷整顿地方亏空的政策最终要落实在追究民欠钱粮，尤其要以追究士绅欠粮为主。

顺治十八年（1661年）六月，江宁巡抚朱国治上疏，将苏、松、常、镇四府以及溧阳县的欠税衿绅和欠税衙役一并题参，以此呼应朝廷政令。其奏疏如下：

> 苏、松、常、镇四府属并溧阳县未完钱粮文武绅衿共一万

---

① 赵践：《清初奏销案发微——从清廷内阁中枢一个文件说起》，《清史研究》1999年第1期。

三千五百一十七名，应照例议处。衙役人等二百五十四名，应严提究拟。①

清廷认为"绅衿抗粮，殊为可恶"，要求按照顺治十五年（1658年）制订的"定例"严加议处，②将所有欠税人员，不分官职大小、欠税多寡，对在籍绅衿按名黜革，降调在任缙绅，并将欠税人员提解到京。于是"乡绅张玉治等二千一百七十一名，生员史顺哲等一万一千三百四十六名，俱在降革之列，"③江南各州县听闻清廷决定严惩欠税人员，人心惴惴。不久，清廷又下令，表示：在圣旨到前缴纳欠税的人员，则"免其提解"。于是，"舆情少安"，数百人在此期间缴纳欠粮，得以释放。当时，苏州府、松江府、常州府以及镇江府都有欠税绅衿，府、县两级官员大都严格执行"旨意"将尚未缴纳欠税的士绅名单上报。

但其中也存在保护地方士绅的官员，如江宁县县令获得消息后，全力督促当地士绅缴纳欠税，等到欠税收缴得差不多时才上报未完欠税的士绅名录，由是江宁县士绅受到的打击较小。实际上，这也是极其有趣的现象。要知道的是，江宁是总督、巡抚、布政使、按察使等地方大员的驻地，江宁县令能在这些督抚大员的眼皮底下"保护"欠税士绅，或许他得到了这些地方大员的"默许"。又或许，如果地方大员驻所也查出不少欠税士绅，这本身就是对地方大员能力的一种否定，地方大员自然也不想在中央政府那里"跌份"，默许甚至是授意江宁县令如此行事，自然也就可以理解了。

---

① 《清圣祖仁皇帝实录》，卷三。
② 相关条例见前文"表4-2 顺治时期地方赋税征管制度改革表"。
③ 叶梦珠：《阅世编》，卷六，上海古籍出版社，1981年，第136页。

"江南奏销案"中四府一县合计欠银五万余两，人均欠税不足五两。其中：朝中任职的金世滧欠税0.95两被降二级调用，① 探花叶方蔼欠税0.001两（欠钱一厘，换算成欠制钱一文）被照例降级，时论笑谈"探花不值一文钱"。②

朱国治所关注的不仅仅是追缴士绅欠税，还包括追缴胥吏欠税，在他的奏疏中提到有245名衙役欠税。中央对此批复："至于该属衙役等共计二百四十五名，抗粮不纳，大干法纪，相应一并请敕下该抚严提，照例究拟，其各未完钱粮，限文到二月内照数沿追完解，以济军需可也。"③ 于是，朱国治急趋苏、常二府，提解未完钱粮衙役，并要求依限完纳钱粮。

朱国治治理江苏，先后发起"哭庙案""江南奏销案"，因此"吴民衔怨"。④ 时恰逢朱父逝世，朱国治遂以丁忧去职，清廷另派韩世琦接任江苏巡抚。韩世琦一方面继续催缴欠税，按照顺治十五年（1658年）制定的胥吏欠税"处置条例"进行处置：

> 臣经严行该道遵照部覆科臣任克溥条奏处分则例，以十分计算，分别拟罪。今臣统核，欠至八分九分十分，应枷号三个月、责四十板、革役、站徒三年者，张安秦等也（合计三十六名，名略）；欠至五分六分七分，应枷号二个月、责四十板、革役、站徒二年者，沈允源等也（合计二十七名，名略）；欠至四分以下，应枷号一个月、责三十板、革役、站徒一年者，马隆

---

① 韩世琦：《抚吴疏草》，卷三、卷六、卷七，"题明凌㩾疏""题金世滧完粮疏""题叶方蔼欠粮疏"。
② 王应奎：《柳南续笔》，《历代笔记小说大观》，上海古籍出版社，2012年，第114页。
③ 韩世琦：《抚吴疏草》，卷十，"十七年三次续完疏"。
④ 佚名：《研堂见闻杂记》，《台湾文献史料丛刊》，第五辑，台湾大通书局，1987年，第55页。

遇等也（合计八十一人，名略）。内除参后续完无欠者候旨发落外，其中尚有奸顽如故，行追仍未全完者，如李施锦是也（合计十九名，名略），又有虽有续完尚未足额者如，顾祥卿是也（合计八名）。①

韩世琦一方面严惩抗粮不纳者，如将陈佩员等衙役直接提解刑部。另一方面核查欠税人员的信息，发现松江府所报欠粮衙役中有商户、孝子、节妇等52名，便将52名冒名衙役者依照民欠处理，同时将华亭县知县杨心祯、娄县知县田绍、前上海县知县涂赟、青浦县知县李瑄等人以"不加详察，蒙混转报，致将民户混入衙役册内，其疏忽之咎"的罪名题参，另外对已故的欠粮衙役如胡舜祥等人予以宽大处理，免去议处并由家人赔补。

韩世琦在《十七年三欠续完疏》中详细地将亏空清查结果予以说明：六月，朝廷收到朱国治奏疏。七月，清廷下令，"凡绅衿于二月后输纳者，概行革职。苏常四府共革进士举人贡监生员一万三千零，仍提解来京，从重议罪"②。"既而限旨到之日，全完者免其提解，舆情少安，然仍有旨到未完，至解京之日完而释放者数百人。"③朱国治在康熙元年（1662年）正月交代离任，④ 其任期内，在顺治十八年（1661年）八月初六之前完纳欠税的有12 472人（其中：绅户1 924人，生员10 548人）；九月二十二日之前完纳欠税的有255人（其中：绅户131人，衿户124人）；九月三十日完纳欠粮的有349人（其中：绅户31人，衿户318人）。以上合计续完绅衿

---

① 韩世琦：《抚吴疏草》，卷十三，"苏松二府欠粮衙役张安等招疏"。
② 曾羽生：《乙酉笔记》，第27页。
③ 叶梦珠：《阅世编》，卷六，第137页。
④ 韩世琦：《抚吴疏草》，卷二十七，"江苏等府节年未完承追疏"。

13 076人，相较朱国治初参的13 517人，续完率高达96.7%。在九月三十日之前尚有441人没有完纳欠税，其中：礼部贡、监生342名，兵部武宦、武衿29名，在任官员被降职者2人，赴部候审者亡故1人，以及其他各类情况67人。

韩世琦履任之后，一方面加紧催缴欠税，先后又有431人完纳欠粮，另一方面又复核朱国治题参的欠税士绅，前文提到的官员金世渼、探花叶方蔼等士绅表示自己已经足额缴税，韩世琦经过审理，发现其中不少错误，如金世渼名下有田185亩余，合计缴税25.06两，书吏在法定赋税外浮开9钱余（0.95两）；叶方蔼应缴税银46.155两，书吏混造1厘（0.001两）被照例降级。此外，如朱国治所参士绅凌擂欠税11.172两是由胥吏误写造成，士绅陆宗渊欠税10.653两已经足额缴纳。

韩世琦将这些冤假错案一一订正，将凌擂、陆宗渊补入完税名单，以上合计完纳人数为433人。实际上，整个奏销案中未完欠税的绅衿生员合计8人，其中：未完者4名，为溧阳县衿户彭位寿、吕清伯，宜兴县衿户吴允元、吴国型；已经亡故的3名，为衿户吴曰旦，嘉定县衿户严从熙，江阴县绅户定华；已经正法的1名，为金坛县谭善行。① 同时，韩世琦将太仓州革职知州吕时兴、昆山县革职知县王见龙、华亭县革职知县杨必祯、娄县革职知县田绍前、上海县革职知县涂贽、青浦县革职知县李瑄、无锡县知县陈泰和、宜兴县革职知县王震亨、靖江县知县王永禳、丹徒县革职知县萧维枢、金坛县革职知县刘登瀛等人以"难辞疏忽之咎"一并指参。

---

① 韩世琦：《抚吴疏草》，卷十，"十七年三欠续完疏"。

表 4-3 "江南奏销案"中欠粮士绅统计表　　单位：人

欠粮分数	文武乡绅	生员	总人数	各类欠粮分数人数占合计总人数比例
八、九、十分	166	652	818	6.1%
五、六、七分	250	1 219	1 469	10.9%
四分以下	1 755	9 475	11 230	83%
合计	2 171	11 346	13 517	100%

资料来源：韩世琦：《抚吴疏草》，卷十。

"江南奏销案"只是韩世琦清查江苏地方亏空的一个具体案例（只涉及士绅欠税与吏役欠税），实际上，韩世琦抚吴期间对江苏亏空进行了全面清理。

如民欠：韩世琦清查顺治十八年（1661年）江苏民欠赋税，当年江苏未完银809 000余两。其中，除官侵、吏蚀合计341 914两以及续完银外，民欠多达497 376两，民欠是官侵、吏蚀总和的1.45倍；康熙元年（1662年），江苏未完银381 063两。其中，苏州府、江宁府合计民欠171 238两，松江府、常州府、镇江府合计民欠105 180两；具体到府，如常州府自顺治六年（1649年）至十一年（1654年），未完银189 846两。其中，官侵、吏蚀合计37 300两，民欠152 486两，民欠是官侵、吏蚀总和的4.09倍。

再如官侵：顺治十八年（1661年），韩世琦清查常州府顺治十六（1659年）、十七年（1660年）钱粮，发现常州府侵挪钱粮达177 850两，除武进县因公借款3 914两外，实际官侵亏空173 891两。清廷认为武进县借款"销明似难开豁"，仍旧要求追比，并将涉案官员如知府赵琦、武进县知县尚昂、无锡县知县黄之蔚等府、县两级正印官以及府通判谢良琦等七人全部革职问罪，追回官侵银七万一千余两。① 再如松江府，韩世琦清查康熙元年（1662年）松江府钱粮，发现知府廖文元挪移顺治七、八年钱粮合计197 950余两，顺治十五年（1658年）至十八年（1661年）之间仅追回1 700余两，其余挪移款项或是自称为因公挪移请求奏销，或者记录错误要求匡正，或者当做未完钱粮派发小民。对此，韩世琦无奈地承认"虽曰十载夙逋，追比维艰"②，他也只能延续老办法，一方面要求承追官加紧追比，一方面对犯事官加大处罚力度。

相对官员侵挪，韩世琦清查发现吏蚀现象更为严重。如苏州府长洲县吏蚀案，顺治十八年（1661年）苏州府长洲县应征税银104 261两，县令刘令闻在任期间征收到71 691两，其中起解35 140两，尚有36 551两存留在地方。刘令闻去职后，县衙胥吏杨之俊伙同其他胥吏19名，将存银尽数侵蚀。案发后，韩世琦将主犯杨之俊等被判流刑，并命令其他参与人赔补。再如江宁府，此前江宁巡抚何可化发现衙役林乔的84起吏蚀案，犯案侵蚀9 928两。韩世琦到任之后重新审查，发现尚有27起吏蚀案并未补完，涉及布政司、按察司、粮道、江宁府、上元、溧阳、高淳、溧水、江宁、江浦、句容等省、道、府、县各级衙门，包含书吏、皂隶、快手、库吏等各色吏役，其中上元县书吏杨崇仁侵蚀145两，溧阳县库吏侵蚀535两，其他如布政司快手刘玉、按察司皂隶戴绅、江安督粮道皂隶龚葵、江宁道书吏熊荣之等都因侵蚀钱粮被按律处罚，韩世琦通过严格审查，最终审定"以上二十七招问，拟犯人五十名，通共应追赃

---

① 韩世琦：《抚吴疏草》，卷九，"参常属十六、十七年侵撮无批钱粮疏"。
② 韩世琦：《抚吴疏草》，卷十六，"参松府七、八年侵撮各官疏"。

银七千九百六十一两"。①

二、围绕"如何治理亏空"的讨论

康熙初年,江苏地方亏空频发,包括民欠、官侵、吏蚀等各类亏空,涉及金额也盈千累万。围绕"江南奏销案"和江苏亏空,朝野上下纷纷发表意见,讨论亏空成因和如何治理亏空。

在朱国治上疏之后,时任户科给事中的嘉善人柯耸提出江南、浙江赋税征收过程存在的五款弊政:里甲田亩之额数宜均、花分子户之积弊宜清、诡寄之陋规宜惩、冒籍之立户宜除、册书之买充宜禁。具体而言:(1)"里甲田亩之额数宜均"指的是:自明中叶开始,赋役制度改革就以实现将徭役的征发以丁、户为标准逐渐向以田产为标准为目标,徭役折银与一条鞭法便是实现此目标的重要改革举措。但明代的这一改革尚未彻底完成,明代徭役的征发是以里(图)甲为单位,但是里(图)甲之间亦存在所谓大小之分,时"江南州县大者有应编户六七百里,小者三四百里,每里为一图,每图有十甲"②,这些图甲有大小之分,小的地少而大的地多。由于徭役征发以图甲为单位,这就意味着无论图甲拥有土地的多少,它们应征发的徭役是一样的,这势必造成一县之内不同图甲之间民户负担是不一样的;(2)花分子户、诡寄之陋规、冒籍之立户,都是隐匿田地、规避赋税的办法。田主伙同胥吏,或是将大宗田地化为小额田地摊派在小户名下,或是借着衿绅免役特权寄名其下,或是将田地分属在若干州县使之难以查实,或是串通多人相互寄田,使得地方政府

---

① 韩世琦:《抚吴疏草》,卷十,"林乔等汇疏"。
② (乾隆)《江南通志》,卷六十八。

徒知其田而不知赋之出于何人；（3）册书之买充宜禁。册书又称里书、扇书。州县所辖每里在经制吏书外有册书一名，"掌田根钱粮数，并造册"①。册书直接参与地方田土赋税造册，他们往往在过程中串通田地大户，通过花分、诡寄等方式来逃避赋税。由于担任册书有利可图，因此有人就会出钱买下这一差事，即册书买充。

工科给事中阴应节提出造成地方亏空的四条弊病：州县挪移、绅士包揽、土豪冒名绅户、隔县寄庄抗粮。具体而言：（1）"州县挪移"是指，地方官员将征收的赋税挪移他用；（2）"绅士包揽"是指，士绅充当政府与纳税人之间的中介，由士绅代替纳税人缴纳赋税。在此过程中，士绅就有可能侵蚀钱粮；（3）"土豪冒名绅户"指当时官员、士绅拥有优免特权，可以减免部分赋税。地方豪强便假冒士绅，获得赋税减免，从而造成亏空；（4）"隔县寄庄抗粮"是指，土地大户或将所占土地分散在不同的州县以逃避本地田赋，或以外地官僚的名义在本地设置田庄，凭借减免特权逃避田赋。②

户科给事中彭之凤认为：清初，赋税奏销由各部、寺分别核算，部、寺与州县之间奏销时容易产生混乱，出现亏空。地方赋税征收，税粮名目繁多。请将各州县额征、起解、存留银两各款，汇算总数。均派每亩该征若干，某部某寺额解若干，各州县总征分解，各部寺按额查收。其繁杂款项名目，尽行除去。③

工科给事中胡悉宁认为：清廷对于绅衿抗粮，制订惩罚条例，因此地方绅衿"无不凛遵"。而胥吏、衙役，往往倚势规避，甚于绅衿。他提出应该申饬督、抚严格查处衙役抗粮，并制订新规。④

---

① （乾隆）《吴江县志》，卷十六。
② 《清圣祖仁皇帝实录》，卷三。
③ 《清圣祖仁皇帝实录》，卷四。
④ 《清圣祖仁皇帝实录》，卷四。

上述都是中央官员对地方亏空原因的探讨，概括起来，包括三个方面：其一，赋税负担分配不均，即里甲田亩额数不均；其二，部、院、寺与州县之间分别奏销，奏销体系混乱；其三，地方赋税征管制度不完善，存在胥吏进行包揽、寄庄、花分、飞洒等舞弊漏洞。因此，他们针对这些原因提出均平里甲、由户部统一奏销核算，禁止包揽、寄庄、花分、飞洒等行为，制订惩罚条例。

在这其中，柯耸思想的变化值得注意。在三月的奏疏中，他将地方亏空的原因归咎于里甲田亩之额数不均、花分子户、诡寄、冒籍、册书买充，这其中既有制度问题，也存在吏治问题，涉及官员、士绅和胥吏。当年十一月他又就如何治理亏空上疏，其中却强调"有司考成，见任去任，俱有则例处分。而年终奏销，又别绅欠、衿欠、役欠，照新例议处。独奸胥侵欺捏报尚无定律，其弊不可胜言"①，将亏空的矛头直指胥吏。这或许是因为，作为江南人的柯耸看到"江南奏销案"对士绅的打击后，想要将清廷注意从士绅转移到胥吏身上。

针对亏空，地方士绅也提出自己的看法。松江人叶梦珠认为：江苏亏空的主因并非士绅欠税，而是钱粮赋税沉重。他认为，"吾乡赋税，甲于天下"。明朝时官员完成应征赋税的八分，就算完成考成；百姓完成六、七分，就算是良民，因此"虽有重赋之名，而无重赋之实"。但到了清朝，中央以完成十分为考成，州县官往往因为无法完成赋税而被罢官，因此他们会在交接中相互包庇，使得亏空日积月累。等到清廷严查时，抚臣朱国治则诿过绅衿，这才出现"江南奏销案"，而"当是时，绅衿、衙役欠者固有，要不及民欠十

---

① 《清圣祖仁皇帝实录》，卷五。

分之一"。① 叶梦珠的观点实际上代表江南士人的基本主张。如同郡董含认为:"江南赋役,百倍他省,而苏、松、常、镇尤重……大约旧赋未清,新饷已近,积欠常数十万。"同时,他认为官侵、吏蚀也是造成亏空的原因,但清廷却只顾着打压士绅,"至贪吏蠹胥,侵役多至千万,反置不问"②。再如太仓人陆世仪,也认为:"今苏民之力已竭,虽上田丰岁,而所入终不足以供所求,则自此以往,敲扑民之骨髓日益尽也。恐国家空负取盈之名,而终无取盈之实。"③ 既点明江南赋税沉重的事实,又点破国家空负重赋之名,却难以得到额定赋税的事实。

很显然,中央官员与地方士绅对亏空成因的认识不一样。前者强调制度原因和吏治问题,后者强调地方赋税沉重,介乎于两者之间的抚民官又是怎么看待这些亏空?朱国治将亏空归咎于士绅欠税,但这也只是一家之言。担任过上海县令的萧山人任辰旦就说:"苏松赋额独重,乃故明之弊政。各直省全征者多,而苏松两郡则数百年未必不能无欠者,此非尽有司之拙、百姓之顽,盖力不逮也。"④ 任辰旦认为:江苏之所以出现亏空,其根本原因是赋税沉重,百姓无力负担,州县官也无法足额催征赋税,拖欠赋税造成亏空在所难免。任辰旦的看法并非州县官员的独见,督抚大员也不乏持此观点者。韩世琦本人认同这一观点:

在故明有虚额,不责其实完,民力难支,已不可言。今也,

---

① 叶梦珠:《阅世编》,卷六,第137页。
② 董含:《三冈识略》,卷四,辽宁教育出版社,2000年,第81页。
③ 陆世仪:《苏松浮粮考》,清光绪陆桴亭先生遗书本。
④ 董含:《三冈识略》,卷九,第188页。

司农握算，但按全书有一项之编征，即有一项之拨解，定限考成，必责十分全完，否则参罚随至。自顺治二年至康熙元年，岁岁挂欠，积逋动盈千万。守令之铨授斯土者，席未暇煖，褫革旋加，日怀参罚处分之惧，莫展催科抚字之劳。百姓之生于其地者，皮骨仅存，衣食不谋，惨受追呼敲扑之苦，几无安土乐生之念。①

韩世琦认为：明代虽然赋额较高，但中央并不要求地方全部完纳，但即便这样，都"民力难支"。现在，中央要求地方按照法定赋额尽数缴纳赋税。如果完成不了，地方官就要受到处分。自清朝开国以来，江苏是"岁岁挂欠，积逋动盈千万"。地方官只能考虑如何征收赋税，却忽视了民生，以至于当地百姓"几无安土乐生之念"。因此，韩世琦希望清廷："怜吴民偏重之累，将苏、松二府钱粮仿佛元时制赋旧额，兼照各省见征大例，准与酌量大赐减省。"自韩氏之后的江苏督抚，如玛祜、慕天颜、汤斌都曾先后上疏，要求中央降低江苏（尤其是江南地区）的额定赋税，减轻地方官考成压力，解决地方亏空问题。②

三、康熙朝地方财政管理制度的完善

针对官员提出的赋税管理制度中存在的问题，清廷进行制度完善。这些制度性改革并非一蹴而就，而是一个缓慢的、不断调整的过程。

在康熙朝初期，"江南奏销案"爆发和韩世琦清理江苏亏空期间，清廷试图通过"治官"的办法来解决亏空问题。清廷于康熙二

---

① 《苏松历代财赋考》，清康熙刻本。
② 冯桂芬纂：《苏州府志》，卷十二。

年（1663年）、四年（1665年）、五年（1666年），制订"州县官征收赋税以及知府、道员、布政使督促赋税的考成办法""州县官'起运'赋税以及知府、道员、布政使督促'起运'赋税的考成办法""州县官、府、道、布政使未能完成征收欠税的惩罚办法"以及"州县官、府、道、布政使完成征收欠税的奖励办法"。清廷希望通过这些条例，一方面明确州、县级这些直接负责赋税征收官员的职责，另一方面强调府、道、布政使对州县官员在赋税征收时的监督职责，提高地方官员征收赋税的效率，从而解决民欠亏空问题。

对于官员在交接过程中往往存在隐匿亏空的现象，顺治十二年（1655年）清廷规定"官员交接需注明征收完欠情况"。康熙二年（1663年）、康熙二十七年（1688年）以及四十四年（1705年）分别又对此规定进行完善。康熙二年（1663年）规定，官员升转前需要完成未完钱粮，"如本任有未经销算钱粮，扣足分内月日分数全完后，方许赴新任"。如果任内未完，就要受到降职处分，同时上级官员也要受到连带处罚。康熙二十七年（1688年），清廷进一步提高处罚力度，对包庇地方官员隐匿亏空的督抚和知府进行革职处理，如果督抚也有侵盗行为，则照侵欺例从重治罪。如果知府强迫继任官接收前任官造成的亏空，则将知府革职。康熙四十四年（1705年）再次强调，如果知府查出州县官的亏空行为，则将知府免罪。

清廷也针对胥吏在赋税征管中舞弊行为进行制度完善。包括：康熙九年（1670年）规定，胥役、经收、管解连名互结，其中如有侵盗，令互结者同赔；康熙二十七年（1688年），针对顺治年间编纂的《赋役全书》过于繁杂，提出编纂《简明赋役全书》，其中只记载起运、存留、漕项、河工等切要款目，删去丝、秒以下尾数，化零为整，有助于杜绝吏胥飞洒舞弊；康熙二十八年（1689年），实行"三联串票"。顺治十年（1653年）的"截票法"规定：纳粮印单一分为二，但不法胥吏往往将纳税民户的票强留不给，以已完作未完，以多征作少征。"三联印票"规定：纳税民户的票证一分为三，一份存州县、一份交差役、一份付民户。如果州县不给纳税民户串票，容许百姓告发，以监守自盗例治罪；康熙三十九年（1700年），清廷再次强调征收赋税要实行"滚单法"和"自封投柜"。

同时，清廷加强对亏空的追赔。康熙十一年（1672年）、康熙十七年（1678年）、康熙十八年（1679年）、康熙四十五年（1706年）、康熙五十六年（1717年）、康熙五十九年（1720年）先后多次修改向造成亏空的官员进行追赔和惩罚的条例。其中或是强调上级官员对州县侵挪钱粮行为的监督，或是强调对侵挪钱粮的官员进行追赔，或是强调对捏造民欠行为的惩罚。

从这些制度改革来看，清廷治理地方亏空的思路很清晰：其一，通过制度设计，在各级官员之间、官员和胥吏之间、官吏和百姓之间构建起监督网络，并通过连坐式的惩罚举措，瓦解地方官员之间和官吏之间的利益网；其二，强化奖惩机制，通过严刑峻法和奖励激励，来保障制度的有效运行。

最后，再谈谈康熙时期治理地方亏空的其他举措。

1. 均田均役改革

户科给事中柯耸认为里甲田亩额数不均是造成亏空的重要原因，提出"均田均役"，即"必期田尽落甲，役必照田，务将本区之田均役。本区十甲，倘本区田多，则堆入别区，按田起役，不得凭空签报，以滋卖富差贫之弊"①。

---

① （乾隆）《武进县志》，卷三。

表 4-4　康熙时期地方财政管理制度沿革表

步骤	过程	顺治时期的主要举措	康熙时期的主要举措	改　进　内　容
1	税额确定	1. 制订《赋役全书》（顺治九年）	1. 制订《简明赋役全书》（康熙二十四年）	原《赋役全书》"头绪繁多，易于混淆"，各项款中单位繁杂，包括两、钱、分、厘、毫、丝、忽、微、纤、沙等换算复杂的单位，给了胥吏从中舞弊的机会。康熙二十四年，清廷下令编纂《简明赋役全书》，其中只记载起运、存留、漕项、河工等切要款目，删去丝，秒以下尾数，化繁为整。
		2. 推行易知由单（顺治八年）		
2	赋税征收	1. 设立滚单（顺治八年）	1. 再次提出设立滚单（康熙三十九年）	滚单法规定五户为一单，每单以粮多者为首，首户缴纳完赋税后顺次移交给次户，一户不纳，则处罚同单各户。一限若完，二限挨次滚催，如有一户沉单不缴不纳，繁出究处。
		2. 自封投柜（顺治八年）	2. 强调"自封投柜"（康熙三十九年）	令民遵照部例自封投柜，不许里长，银匠，柜役称收。
		3. 实行"截票法"（顺治十年）	3. 实行"三联串票"（康熙二十八年）	"截票法"将纳粮印单一分为二，但不法胥吏任任将纳税民的票强留不给，以已完作未完，以多征作少完。康熙二十八年，清廷推行"三联印票"，即纳税民户的票证一分为三，一份存州县，一份交差役，一份付民户。如果州县不给纳税民户申票，答许百姓告发，以监守自盗例治罪。

续表

步骤	过程	顺治时期的主要举措	康熙时期的主要举措	改进内容
2	赋税征收	4. 严禁洒派、包赔、包揽行为（顺治十二年）		
		5. 制订士绅和胥吏拖欠赋税的惩罚条例（顺治十五年）		
		6. 提高赋税征收效率	1. 制订州县官、府、道、布政使未能完成征收欠税的惩罚办法（康熙二年）	康熙二年规定，地丁钱粮被参后，催征时州县官限一年，布政使司、直隶州知州府限一年内不完，不复作分数，照原参分数处分。州县官原欠未及一分，即照所降一级调用；如又不能完，降三级调用。如果能催征完至八九匣者，原欠一分，降一级留任，再限一年内不全完，再限一年催征。如仍不全完，降三级调用。原欠二分，降四级调用；限内不全完者，原欠三分，降五级调用；限内四分以上，原欠四分以上，限内不全完者，革职。
			2. 制订州县官、府、道、布政使完成征收欠税的奖励办法（康熙五年）	康熙五年，州县官带征节年拖欠钱粮，二年内全完一万两以上者，记录一次；二万两以上者，记录二次。州知州、经管钱粮道员，带征钱粮四万两以上者，记录一次；六万两以上者，记录二次。布政使带征全完十万两以上者，记录一次；二十万两以上者，俸满升转。如带征钱粮全完，而经征使征三十万两不完，仍不准议叙。

续表

步骤	过程	顺治时期的主要举措	康熙时期的主要举措	改进内容
3	钱粮管理		1. 随收随解（康熙七年）	州县开征钱粮后，逐月报府，随收随解。防止税银在州县保存时间太久，给官吏侵蚀挪移的机会。
			2. 加强对胥吏的管理（康熙九年）	令胥役、经收、管解连名互结，如有侵盗，管官职责提问，司道府官隐匿不报者，革职。如已申报，而督抚不题参者，降五级调用。
4	官员考成	1. 制订知府、直隶州知州考成条例（顺治十二年）	1. 明确对州县官征收赋税以及知府、道员、布政使督促征赋税的考成办法（康熙二年）	征收钱粮，本年内全完者，记录一次；三年相接均全完者，加一级。地丁钱粮初参，经征州县官欠不及一分者，停其升转，停其升转；二分者，罚俸一年；三分者，降职一级。布政使、知府，经管钱粮道员，欠五分以上者，革职。欠一分者，罚俸半年；二分者，罚俸一年；三分者，降职一级，停其升转；四分者，降职二级；五分以上者，革职。巡抚欠不及一分者，罚俸三月。欠六分以上者，罚俸一年；二分者，罚俸二级；三分者，降职一级；四分者，降职二级；五分以上者，降职四级；皆令戴罪督催；欠七分以上者，降职。

续表

步骤	过程	顺治时期的主要举措	康熙时期的主要举措	改进内容
4	官员考成	1. 制订知府、直隶州知州考成条例（顺治十二年）	2. 制订州县官"起运"赋税以及经管钱粮道员、布政使督促"起运"赋税成功的考成办法（康熙四年）	州县官经征一应起运本年钱粮，五万两以下，一年内全完者，记录一次；五万两以上，十万两以下，一年内全完者，记录二次；十万两以上，一年内全完者，记录三次。督催知府、直隶州知州及经管钱粮道员，十万两以下，一年内全完者，记录一次；十万两以上，二十万两以下，一年内全完者，记录二次；二十万两以上，一年内全完者，记录三次。督催布政使，五十万两以下，一年内全完者，记录一次；五十万两以上，一百万两以下，一年内全完者，记录二次；一百万两以上，一年内全完者，加职一级，三官全完至经征州县粮堪称全完转报，或一年内完二、三官征之钱粮，将未完一官征完申报者，州县官各降一级调用，巡抚降一官申报完，司道府作完报者，司道府草职。如州县官免议。州县官申报完，司道府申报作完，巡抚作完题报者，巡抚草职，司道府免议。
			3. 制订监督州县官侵蚀钱粮的办法（康熙九年）	州县官侵盗钱粮，上司不即察出，或据详代为开销者，司道府降职。或代为开销用，督抚罚俸一年；若前任州县等侵盗，后任官不行察出者，罚俸一年，降二级调用；布政使抑勒州县正项官故挪移钱粮者，照俸例议处。其州县侵挪正项例处分，督抚不题参，照例隐徇者分，司道府官察出者免议。

续 表

步骤	过程	顺治时期的主要举措	康熙时期的主要举措	改进内容
4	官员考成	1. 制订知府、直隶州知州考成条例（顺治十二年）	4. 对州县将挪移钱粮推造民欠、上级官员勒挪、通下级官员勒挪移钱粮等行为进行限制（康熙十八年）	州县官将已征钱粮挪用，诈称民欠，司道府官隐匿不报者，皆革职提同。督抚徇纵不参者，革职；该管上司通勒下属移库银，上司照贪例治罪，如通勒至死者，许家属赴督抚具告，督抚不准理，许赴通政使司鼓厅具告，审实将通勒本官自审实免议。督抚不准理者革职。
5	官员交接	1. 官员交接需注明征收完欠情况（顺治十二年）	1. 禁止官员将亏空移交后任并加强上级对州县官员交接的监督（康熙二十二年、二十七年、四十年）	康熙二年规定，凡限内接征催之官，均接前官，总作十分题参，至巡抚等官催征限满，逾期不督催所欠管分数及属官分数题参者，照原参分数仍罚俸一年；官员催征钱粮于未催完之先故别案扣足分数题参，照例参分数全完，仍罚俸一年；升转官如本任有未经销算钱粮，扣足分内月日分数者，方许全完。若本任内未完钱粮，即赴新任，降职二级。该管官遇属官有任内未完钱粮即准赴新任者，降一级督调用。督抚官代钱粮，藩库二十七年规定，蕃库文代钱粮，如有侵盗亏空等弊，将隐匿不参之该督抚革职，如督抚侵盗入己之处，照贪敛例从重治罪；知府州县亏空，知府不揭报，反留府盘餐出结之后，凡知几年出察出揭参，无论几年从重治罪。康熙四十年规定，知府四十四年，州县一有亏空，免其从重治罪。

续表

步骤	过程	顺治时期的主要举措	康熙时期的主要举措	改进内容
6	亏空追赔	1. 对造成亏空的官员进行追赔和惩罚（顺治九年）	1. 向造成亏空的官员进行追赔并予以惩罚（康熙十一年、十七年、十八年、四十五年、四十六年、五十九年）	康熙十一年规定，州县官侵那钱粮，覆准州县官本年及次年察出者，免议。如迟至征钱粮已侵那，司道府官察例议处，仍照失察例，革职。题参者，降五级调用。而督抚不题参者，降五级调用。州县官侵盗钱粮，上司申报，如已察代为开销者，督抚察详不题参，罚俸一年。若前任州县官不行察出者，或代为开销者，罚俸一年。布政使抑勒州县前任官故那钱粮者，照例议处。其有家产充公不敷，照例侵那那项者免议。督抚题参官员承追侵那钱粮，如果一年，巡抚不据实罚罚者免议。又题准父犯子夫妻分离者，承追支部议处各省。又题准三月堂追钱粮两月；侵欺钱粮一级调用，侵盗钱粮罚俸一年。康熙十七年规定，州县官降职一级，管上司罚俸六月；又题淮州县官降二级，管上司罚俸一年。误者不起解者，州县官罚俸降一级调用。该管上司罚俸一年。役侵盗捏为转报者，罚俸六月。康熙十七年规定，各省有因军动用银粮，若司道府因军动用并未申详降职五级。司道罚俸二级。督抚题参官员因军动用银粮，罚俸六月。督抚申详未容纳，刻不容缓者自动用，督抚司道题申详，督抚容题。遂为转报者，知府速为转报。若官员因军需动用银粮，各省有因军动用并未申详降职五级。司道罚俸二级。督抚题参，督抚容题。贵令赔还。康熙十八年规定，督抚提同议定准州县官提同府官下属那移库银，许家属死者，许加通勒如通勒下属那移库银，本官自首自行征拓钱粮那用，许称民欠，又题淮，督抚纵子侵拓者免议，上司照贪官例治罪。凡该管府官隐匿上司属员那移至死者，督抚不准理，革职。通政使司致司吏厅具报，审实将通勒至死者，申实将通勒至死者抵罪。

续表

步骤	过程	顺治时期的主要举措	康熙时期的主要举措	改进内容
6	亏空追赔	1. 对造成亏空的官员进行追赔和惩罚（顺治九年）	1. 向造成亏空的官员进行追赔并予以惩罚（康熙十一年、十七年、十八年、四十五年、五十六年、五十九年）	康熙四十五年规定，覆准州县钱粮节年那补旧，或借贷掩饰，知府盘察时确有实数，无由宽然及事发据实揭报，将亏空之州县本年揭报其积年亏空直至题参至揭察出者，又议准州县亏空钱粮知府通同隐匿通关年揭报例题参。康熙五十六年规定，覆准祠后亏空案内如果民欠拖报全完，除私借之银保守自盗论，即令接任官催征，若准任民欠，知府照虚出通关私借仓粮捏报无欠，准律计所出之银数并赃以监守自盗论，即令接任官催征，若接任官照原借之知钞律一年内代民完。其挪移已完，愿一年内代民完。其挪移已完，准有抵，即令开复。康熙五十九年规定，议准州县亏空钱粮，其亏空钱粮知府徇隐情弊别经发觉者，将知府参革，将亏空钱粮知府徇隐州县官特有上司同罪，还项仍照例治罪。凡州县亏空督抚不即揭，审实督如不即参，犯名下独追。又司道已经转揭督抚不即题参；又议准，揭报竟揭部院将不转参之督抚揭报司不即转揭，或已揭而后任揭报部院名报督抚也卫等项钱粮顶空照例议处，将徇庇之上司照例议处，督抚不即参，许揭各名报督抚屯卫等项钱粮顶空照例议处，或分赔。许揭所参亏空也卫等项钱粮顶空地丁例议处，将徇庇之上司照例议处，仍令分赔。其亏空各官因贪心奉行，皆因缘绿纳助礼物所致，发觉之日与受之皆着革职，严揭各官据实直揭部院科道衙门题参，又覆准祠，后该督抚不尽心防范许新任官据实照例揭报，不许循例开列，又议准嗣审新任官据实照例揭报，不许循例开列，又议准嗣具揭督抚照例调补别省，其亏空令照部例调补。后该督抚不尽心防范，于未亏空之前，竭力补其亏空发觉之后，将督抚照例议处，仍令分赔完补。

第四章 打地鼠：顺康时期江苏亏空治理 175

续 表

步骤	过程	顺治时期的主要举措	康熙时期的主要举措	改进内容
6	亏空追赔	1. 对造成亏空的官员进行追赔和惩罚（顺治九年）	2. 制订州县官、府、道、布政使未能完成征收欠税的惩罚办法（康熙二年）	见本表"赋税征收之6. 提高赋税征收效率"
			3. 制订州县官、府、道、布政使完成征收欠税的奖励办法（康熙五年）	见本表"赋税征收之6. 提高赋税征收效率"
			4. 制订承追侵挪钱粮（康熙十年、四十年）	康熙十年规定，承追侵挪钱粮，初次限四月追完，逾限补完，降俸二级戴罪督催，再限一年全完，如不完，罚俸一年。康熙四十年规定，凡亏空之案，专责藩司，于部文到日严督府州县各官，务遵四月定限，将侵挪审明招解，如逾限，将州县官揭参，迟延限后又满四月再参迟，后以迟延揭报塞责者，亦照易结不结例处分。至各州县修理城池等项，呈系私捐公通报，如亏空结事发，各该抚藩司将私捐修理正项作挪移正项者，承审官照例议处。

续表

步骤	过程	顺治时期的主要举措	康熙时期的主要举措	改进内容
7	其他		1. 均田均役改革（康熙十三年完成）	核算全县土地而均分里甲。
			2. 统一由户部奏销（康熙三年）	赋税钱粮不再分部、寺款项，由户部统一核算奏销。
			3. 限制士绅优免和缩小土绅权团体（顺治、康熙时期）	缩小优免范围，降低优免待遇。

早在明万历年间，嘉定县县民张文庞就提出"均田均役"，通盘核算全县土地，"略割彼区之有余补此区之不足"，实现不同图甲之间的田地分配和徭役分配的均平。地方官亦以为"张说"便民，但如果核算全县土地而均分里甲，则"势必较毫末以示公"，必至纷更变乱，"将使穷民未见其利赖，而巨室已持其并吞之势矣。此断断乎不可行也"。① 因此，地方官变通其法，在一图之内总计田亩征发徭役，以田百亩者充当排年，五十亩者为帮贴，二三十亩以下止充甲首，其他田地少者自愿朋充。嘉定县的这种做法虽然未能在一县之内实行徭役的均平，但在一图之内重新分配的徭役，为进一步在一县之内的均平徭役打下基础。②

顺治十四年（1657年），吴江县知县雷埏推行"均田均役"，"通计一县田亩，按图均配，旧五百五十七图半，裁并为五百有七图，每图田二千亩，每甲田二百亩，于图中择田多者十人为甲长，轮充见年，谓之十排年（十田长轮年催赋名曰排年，其当年者曰见年），若一家有田二千亩，则一图之十排年独充之，若再余则分入下图，又遵新例，五年一编审，悉照田均佥焉"③。雷埏的做法便是将全县分为五百零七图，每图均定田二千亩，每图分十甲，每甲田二百亩，每图之中，田多者十人为甲长，轮充徭役，当时"论者以为百世良规"。

康熙元年（1662年），巡抚韩世琦在江苏全面推行"均田均役"，但是由于均田均役直接影响到部分大户的利益，以至于受到抵制，"檄俟再四，而有司率瞻徇不行"。均田均役在推行中受到胥吏

---

① （万历）《嘉定县志》，卷六。
② （万历）《嘉定县志》，卷六。
③ （乾隆）《吴江县志》，卷十六。

以及地方士绅的抵制，如在雷跶推行的过程中，就有杨荣等人刊布歌谣，散布雷跶在推行"均田均役"时谋取私利的谣言，并刊列如加征火耗、苛派钱粮、私征漕费之类数十款雷跶贪赃枉法的事例。加之雷跶在推行新政的过程中未经上级政府批准，以至于被罢官。地方士绅拥有优免权，这使得他们希冀凭此躲避赋役，并通过与胥吏合作来实现营私舞弊，邑人叶梦珠对此有着清晰的认识："吏胥乘间作奸，或田少而反充囲首，则一人而办一图之粮，小户而催大户之税，完课者日受鞭笞，逋赋者逍遥局外，兼之征调不时，工役不息，富家以贿得脱，贫户重叠而当差，前工未竟，后役又轮，一票未销，数牌叠至，差役势同狼虎，小民时被雷霆。"①

清廷通过打击士绅和胥吏来减轻均田均役改革推进中遇到的阻力。一方面通过"通海案""哭庙案"与"奏销案"打击地方士绅，限制士绅优免特权和缩小士绅团体；另一方面，限制胥吏在赋税征收过程中的作奸犯科。顺治八年（1651年），顺治发上谕："但有司派征钱粮皆假吏胥里书之手，或蒙蔽不知，或通同作弊，朝廷虽有浩荡之恩，而小民终未免剥削之苦。"② 同时，巡抚卫贞元裁减司、道衙门胥吏963名，各府、所、县、卫等处裁减9678名，共裁减10641名。③ 打击胥吏的非法行为与裁减胥吏人数在一定程度上有助于打破胥吏与士绅的联系，为推动"均田均役"提供有利条件。

康熙六年（1667年），李复兴在松江府娄县推行"均田均役"，提出"均图、并田、均役、销图、征输、分户"六条政策。均图、并田与均役是均田均役的核心政策，即核算一县土地，将一县分十

---

① 叶梦珠：《阅世编》，1981年，第83页。
② 《清世祖章皇帝实录》，卷五十七。
③ 韦庆远：《〈明清档案〉与顺治朝吏治》，《社会科学辑刊》1994年第6期。

保,每保分三十区,每区又分十图,每图再分十甲,"无论绅衿役民,立照田编甲,则田必入图,图无亏田矣",徭役"照田编甲,钱粮各自输纳,差徭各自承应,役均由于田均,田均则并无役"。①

康熙十三年(1674年),巡抚慕天颜主持在江苏推行均田均役,查慕天颜当时的奏疏,提出两条措施:其一,"夫均田均役之法,通计该州县田地总额与里甲之数,将田地均分,每图若干顷亩,编为定制,办粮当差,田地即均,则赋役自平,即有科则轻重之别,而按亩编甲,其输粮之数不甚相远"②。以常熟为例,全县有490图,"每图十甲,每甲均田三百三十七亩,一应修筑沿海、土堡、营房、桥梁、马路及催漕、候比等役论田均差"③。

2. 建立由户部统一核算的奏销体系

清初,地方税款名目复杂,分布在户部、工部、礼部、织造府、随漕银,供应各局寺院部等在京衙门银、协济银与江南省城兵饷等等各个项下,且计量单位小到毫厘,名目繁多。地方需要征收的赋税分别交给上述部、寺等衙门。

彭之凤提出:"请将各州县额征起解存留银两各款,汇算总数,均派每亩该征若干,某部某寺额解若干。各州县总征分解,各部寺按额查收。"④刑科给事中查培继进一步要求将"其见在应征银米,不分四部二寺款项,汇算总数,征解户部。其三部二寺额数,有未完解者,亦但移咨户部陆续支补"⑤。

康熙二年(1663年),清廷提出:"自康熙三年为始,一应杂项

---

① (乾隆)《娄县志》,卷七。
② (乾隆)《江南通志》,卷六十八。
③ (康熙)《常熟县志》,卷九。
④ 《清圣祖仁皇帝实录》,卷四。
⑤ 《清圣祖仁皇帝实录》,卷四。

俱称地丁钱粮，作十分考成。除每年正月扣拨兵饷外，其余通解户部。每省各造简明赋役册，送部查核。其易知由单颁给民间者，尽除别项名色。至各部寺衙门应用钱粮，年前具题数目，次年于户部支给，仍于年终核报。"①

3. 限制士绅优免特权和缩小士绅团体

在明清易代的时候，士绅阶层就已经受到打击，嘉定一战，"城内外死者二万余人，缙绅则有侯峒曾、黄淳耀、龚用圆，孝廉则张锡眉，贡士则王云程，青衿则黄渊耀、元演侯、元洁等七十八人。其时，孝子慈孙、贞夫烈妇、才子佳人横罹锋镝者，不计其数，谓非设县以来，绝无仅有之异变也"②。清王朝鼎定后，先后以"通海案""哭庙案"与"奏销案"等对士绅进行打击，如"奏销案"中除名未完赋税的乡绅 2 171 名、生员 11 346 名。③

同时，清朝入关伊始，下令剥夺那些未出仕新朝的前明士绅的优免权。④ 此后，清廷再次下令"一品官至生员吏承，止免本身丁徭"⑤。伍丹戈认为：在明代以绅钤为主体组成的松江府的身份地主，在改朝换代之后，显然受到极其沉重的打击。特别是明代著名的世家，明朝灭亡后衰败到只占一半，加之后来受到"奏销案"严重摧残，又损失将近四分之一，两项合起来共达四分之三。⑥

---

① 《清圣祖仁皇帝实录》，卷八。
② 朱子素：《东塘日札》，卷二，清荆驼逸史本。
③ 叶梦珠：《阅世编》，卷六，第 136 页。
④ 《清世祖章皇帝实录》，卷二十五。
⑤ 《清文献通考》，卷二十五。朝廷下令"运属鼎新，法当革故，前朝宗姓，已比齐民，旧日乡绅，岂容冒滥。闻直隶及各省地方、在籍文武，未经本朝录用者，仍以向来品级名色擅用新颁帽顶束带，交结官府，武断乡曲，冒免徭赋累害小民……自今谕示之后，将前代乡官监生名色，尽行革去。一应地丁钱粮杂泛差役，与民一体均当。朦胧冒免者，治以重罪。该管官徇私故纵者，定行连坐，其伪官父子兄弟家产人口，通著该地方官详确察奏，不许隐漏，即传谕行"。
⑥ 伍丹戈：《论清初奏销案的历史意义》，《中国经济问题》1981 年第 1 期。

四、亏空治理的成效

如前文所言，在康熙初年关于亏空原因的讨论中，中央官员将亏空归咎于制度层面上的赋税负担分配不均，奏销体系混乱和地方赋税征管制度不完善。此后，清廷改革和完善地方财政征管制度，包括：均平里甲，由户部统一奏销核算，禁止包揽、寄庄、花分、飞洒等行为，制订惩罚条例等等。

就官侵和吏蚀而言。官员和胥吏侵蚀钱粮、挪移钱粮、在交接过程中隐瞒亏空等行为一直存在，胥吏和士绅包揽、寄庄、花分、飞洒等行为还是长期存在。中央政府制订的诸如关于"州县官征收赋税以及知府、道员、布政使督促赋税的考成办法"（康熙二年，1663年）、"州县官'起运'赋税以及知府、道员、布政使督促'起运'赋税的考成办法"（康熙四年，1665年）、"监督州县官侵蚀钱粮的办法"（康熙九年，1670年）、"禁止官员将亏空移交后任并加强上级对州县官员交接的监督办法"〔康熙二年（1663年）、康熙二十七年（1688年）和康熙四十四年（1705年）〕、"向造成亏空的官员进行追赔和惩罚"〔康熙十一年（1672年）、康熙十七年（1678年）、康熙十八年（1679年）、康熙四十五年（1706年）、康熙五十六年（1717年）、康熙五十九年（1720年）〕、"州县官、府、道、布政使未能完成征收欠税的惩罚办法"（康熙二年，1663年）、"州县官、府、道、布政使完成征收欠税的奖励办法"（康熙五年，1666年）、"承追侵挪钱粮"〔康熙十年（1671年）、康熙四十年（1701年）〕等各类条例，但这些条例似乎也没有完全禁绝亏空。清廷构建的监督体系作用有限，也没有瓦解地方利益体间的串联，"天网"虽"恢恢"，该"漏"还在"漏"。

表 4-5 康熙时期赋税完欠表

单位：两

时间	应征银	其他支出银	起运存留银				已完银占比		未完银占比(%)
			总额	已完	占比(%)	未完	占比(%)	数额	比重(%)	
康熙十二年	3 582 480	1 083 588	2 498 892	2 278 218	91.17	220 674	8.83	3 361 806	93.84	6.16
康熙二十五年	3 718 195	875 647	2 842 548	2 257 020	79.40	585 528	20.60	3 132 667	84.25	15.75
康熙二十六年	3 794 617	834 440	2 960 177	1 905 919	64.39	1 054 258	35.61	2 740 359	72.22	27.78
康熙二十八年	3 773 879	1 163 720	2 610 159	2 367 906	90.72	242 253	9.28	3 531 626	93.58	6.42
康熙三十五年	3 694 072	1 276 704	2 417 368	2 148 465	88.88	268 903	11.12	3 425 169	92.72	7.28
康熙三十八年	3 555 373	1 228 381	2 326 992	2 078 908	89.34	248 084	10.66	3 307 289	93.02	6.98
康熙四十一年	948 967									
康熙四十四年	3 581 123	1 234 060	2 347 063	2 070 846	88.23	276 217	11.77	3 304 906	92.29	7.71

资料来源：黄册（户部地丁类—江苏），现存于中国社会科学院经济研究所，700428-700444。

如果仅从康熙年间赋税完纳情况来看，康熙二十五年（1686年）、康熙二十六年（1687年），未完银占应征银比重分别占15.75%和27.78%。此后，这一比重快速回落到10%以内，康熙二十八年（1689年）、康熙三十五年（1696年）、康熙三十八年（1669年）分别为6.42%、7.28%和6.98%，上述的制度改革似乎是起了作用。但需要注意的是，考虑到这些数据并不连续，且上述制度改革也并未集中在康熙二十六年（1687年）至康熙三十五年（1696年）之间，因此难以支撑这种判断。

需要注意的是，江苏苏州府和松江府的"重赋"也并未降低，康熙时期的江苏地方官员如韩世琦、玛祜、慕天颜、汤斌等人都先后上疏请求减税。① 巡抚、布政使认为江苏之所以亏空累累、江苏

---

① 冯桂芬纂：《苏州府志》，卷十二。（康熙四年）巡抚韩世琦上疏：康熙二、三两年，臣竭尽心力，多方徵办，虽得仅能如额措完斯，实迫于功令，不得不令民剜肉医疮，论之考成虽可免过，揆诸抚字负罪实深。窃恐继此以往，日甚一日，民髓愈枯，民力愈绌。若终欲取盈而不亟图变计，则鸠形鹄面，啼饥号寒之遗黎，不胥填于沟壑，必流散于四方……臣之愚昧窃敢推广皇度，与其民力不胜逃亡，莫保议蠲之催征不得之后。孰若豫涣恩纶施惠于浮赋当减之先。全民于敲脂剥髓之余，孰若早敷宽政，爱养于元气未瘁之日。扩普天一视之仁，怜吴民偏重之累。将苏、松二府钱粮仿佛元时制赋旧额，兼照各省见征大例，准与酌量大赐减省。如以目前军国多需，势难多减，亦乞依常州接壤之科则。再差万万不能，亦祈于十分之中稍减其二三，庶皇上子惠元元，率士同欢，甦民困而召天庥，永培国本于亿万斯年矣。（康熙十年）巡抚玛祜上疏：查苏松赋额之重，较宋代多七倍，比元朝多三倍。江西袁、瑞二府浮粮，已蒙减免。今苏松事属一例，未邀同仁之视……惟重额之浮粮，或照接壤之常州起科，或免十一二酌议减除。布政使慕天颜（康熙十三年）：江南钱粮，独苏松最重。亦惟苏松积逋，从来有一岁照额十分完足者。岂民尽顽抗而不畏敲打扑乎？岂官尽阘茸而甘误考成乎？……臣查康熙八年以前奏销之数，每年欠至六七十万，大半欠在苏松。即迩来抚臣与臣弹力劝输，康熙十年、十一年考成虽未完不及一分，以他属之完合苏松之欠通融算结之数，非苏松亦能完至九分也……前抚臣韩世琦于康熙四年疏请减额，未蒙部议允行。康熙十年，抚臣玛祜于地方之弊坏等事案内据臣等条议剀切具题，仍未议允……臣谨就今日万难足额者而言，每年约有民欠本折三十余万。内荒坍公占者居其一，浮粮难完者居其二。若止坍荒公占之粮除豁而浮粮不行减除，则苏松赋税仍旧难完。今坍荒公占田地除臣另疏奏请勘豁外，其浮粮之难完者亦仅二十余万矣。即以此二十余万将苏松田地计算如极重科则每亩三斗以至四斗外者每平米一石请减一斗，科则二斗以外者每平米一石减七升，科则二斗以内者每平米一石请减五升，其斗五升以下地荡山涂等则可不议减。如是合算，苏松二属田粮本折酌减与实欠无征之数相仿，在朝廷减其所必不能完之数，洪恩已沛，而国计未（转下页）

官员之所以要挪移钱粮、江苏官员之所以无法足额完成赋税征收任务，主要都是因为苏州府和松江府赋税沉重。因此，他们一而再、再而三地向中央提出减税要求，但减税预期是越来越低。康熙四年（1665年），韩世琦提出三种减负方式：按照元代旧额参照各省赋税水平予以大量削减；按照常州的赋税水平予以减免；在现有赋税水平基础上减去一、二成；康熙十年（1671年）的玛祜就只能说"或照接壤之常州起科，或免十之一二酌议减除"；再到康熙十三年（1674年）的慕天颜就说，减免浮粮二十余万；康熙二十四年（1685年）的汤斌就只能表示"不敢远引宋元之说，亦不敢比常镇嘉湖之例。惟叩恳我皇上念民力之已竭……将苏松钱粮合盘打算，各照科则量减一二分，定适中可完之实数，无存过重必欠之虚额"。但是无论巡抚和布政使们如何降低减税的要求，终康熙一朝都没有直接削减浮粮税额。亦因如此，地方赋税沉重便成为官员"甩锅"地方亏空时冠冕堂皇的"借口"。

（接上页）亏。在百姓宽其所万难措办之征，实惠普沾，而正供自力，则考成可期全完，而挪移之弊从此杜绝矣。（康熙二十四年）巡抚汤斌上疏：臣惟财赋为国家根本之计，而苏松尤为财赋最重之乡。臣以庸碌谬抚兹土，见钱粮累年通欠，每当奏销之期多者尝欠至五十余万，最少者亦不下三四十万，夙夜疚心，惧无以仰佐国计，恒惴惴不安。初疑官吏之怠玩，继疑豪强之顽梗，乃一载以来，询问耆硕，体察民隐，闲尝巡行阡陌访田亩之高下、考征科之多寡，然后知苏松逋赋，实由民力维艰……臣身任地方，义无可诿，不敢远引宋元之说，亦不敢比常镇嘉湖之例。惟叩恳我皇上念民力之已竭，察虚额之无益，宸衷独断，涣发德音。及此纂修简明全书之时，博集廷议，将苏松钱粮合盘打算，各照科则量减一二分，定适中可完之实数，无存过重必欠之虚额。更将科则稍加归并，使简易明白便于稽核，或将赋额最重州县另立劝惩之典，不与小县一例考成，使守令知可以久任、可以陟迁，不至苟且因循，事务废弛。庶几野无不耕之土，户无不完之租，民力裕而吏治清，赋税充而国用足，亿万年太平无疆之庥端在是矣。

第三节 康熙的难题：无纤毫余剩、私征之实与加派之名

一、康熙四十九年江苏亏空案中的"无纤毫余剩"

康熙四十九年（1710年），两江总督噶礼上疏，参前任江苏布政使宜思恭任内亏空钱粮461 000两。康熙命令户部尚书张鹏翮清查此案。同年五月，张鹏翮奏称：宜思恭亏空461 000两，主要用于地方赈济、平粜物价；且上述支出在使用前，都是与巡抚商议决定的，亏空钱粮将以江苏官员的薪俸偿还。截至当前，已经偿还297 000余两。张鹏翮提出：在宜思恭名下继续追补剩余亏空164 000余两，并得到康熙的准许。

六月，总督噶礼再次上疏，奏称：康熙四十六年（1707年），中央令江南督、抚在苏州、松江、常州、镇江等处修筑河闸，所用钱粮由苏州府知府陈鹏年于司库支领。苏松粮道贾朴等人在修筑期间扣留3 400余两，完工报销后称只剩下2 400余两。噶礼认为其中存在着侵蚀之事，于是将承修各官一并题参。康熙再命张鹏翮复审。张鹏翮奏陈：贾朴督修河闸时，提议扣留钱粮用作保固修理费用，因此捏造印册蒙混报销。张鹏翮提出，将负责估价的苏州府同知张廷采革职，贾朴杖流。康熙认为：苏州知府陈鹏年掌管钱粮出纳，但任由贾朴等人任意欺瞒，"其公同作弊可知矣，今若免议，众心不服。大凡公事，虽系师生同年朋友，亦当从公审理。张鹏翮所审此案内有畏惧徇庇之处，著交与九卿严察议处，其同审理此案之学士噶敏图及总督噶礼、总漕桑额，著一并议处具奏"[①]。

---

① 王先谦：《东华录》，"康熙八十五"。

在审理江苏亏空的过程中,康熙皇帝和负责清查亏空的张鹏翮展开讨论:

> 上曰:此项亏空,据称因公挪用,系何公事,未经明晰。
>
> 张鹏翮奏曰:大概如赈济、平粜以及修塘等事。
>
> 上曰:朕总理几务垂五十年,事无大小,凡臣下情隐,无不灼知洞鉴。朕屡次南巡,地方官预备纤夫、修理桥梁、开浚河道,想皆借用帑银,原冀陆续补足。而三次南巡为期相隔不远,且值蠲免灾荒,所征钱粮为数又少,填补不及,遂致亏空如此之多。尔等皆知之而不敢言也。
>
> 张鹏翮奏曰:皇上屡次南巡,必大沛恩膏于百姓。所至之地,小民无不欢欣鼓舞。至于一切供亿悉由内府储备,从无丝毫累及民间。
>
> 上曰:即如纤夫一项需用既多,伺候日久,势必给与口粮工价,安得无费。至于修造行宫,必然亦借用帑银。前者朕巡视溜淮套工程,至彼处见有舍宇三间,此系取用何项。
>
> 张鹏翮奏曰:系俸工银两所造。
>
> 上曰:虽云俸工银两所造然必先借用库银,后方抵补。尔等岂肯明言其故乎?今合计江南亏空共有几何?
>
> 张鹏翮奏曰:约计共五十余万。于准、宜思恭应赔十六万,其余将俸工抵补,至康熙五十三年可补足矣。
>
> 上曰:三年之内,地方官员,或升迁,或调用,或革退,或亡故,以前各官挪用亏空,而将后来者之俸扣补,于理不顺,朕心实为不忍。至于胥吏贱役,若不给与工食,此辈何所资生,必致累民。今部中每遇一事,辄议令地方官设法料理,皆修饰

美名，实则加派于地方也。

张鹏翮奏曰：皇上圣明，无微不照，所以养育百姓者至深至渥。

上曰：朕非但为百姓，亦为大小诸臣保全身家性命也。朕南巡时，闻龙潭地方建造行宫，恐致累民，曾谕总督阿山令其拆毁，至他处建造行宫，朕皆未之知也。总之此不欲累民之念，可以自信，亦可见信于天下后世。朕历年蠲免天下钱粮，至数万万两有余，今此项亏空，若令补垫，亦不为多，然岂忍以此累地方乎？至于查明款项，亦非难事，钱粮册籍，皆有可考。地方官借因公挪用之名，盈千累百，馈送于人，若加严讯，隐情无不毕露也。朕意概从宽典，不便深求。今海宇昇平国用充足，朕躬行节俭，宫中用度甚为省约，计明朝一日之用，足供朕一月之需，今即因数次巡幸用钱粮四五十万亦不为过。明后年天下钱粮以次尽行蠲免，若留此亏空之项，以为官民之累，甚非朕宽仁爱养，嘉与维新之至意。①

在康熙和张鹏翮的讨论中，可以看出以下几点：

其一，宜思恭亏空案和陈鹏年亏空案中，所亏空的钱粮多用于赈济、平粜、修塘等公用事务。同时，地方官员不仅要用自己的俸工银赔补以往的亏空，还要用于地方公共建设。实际上，康熙皇帝并非不了解地方财政运行的实情。康熙四十八年（1709年），康熙就曾发布上谕：

---

① 《清圣祖仁皇帝实录》，卷二四四。

郝林但知州县钱粮有亏空之弊，而所以亏空之根源未之知也。凡言亏空者或谓官吏侵蚀，或谓馈送上官，此固事所时有，然地方有清正之督抚而所属官员亏空更多，则又何说？朕听政日久，历事甚多，于各州县亏空根源知之最悉。从前各省钱粮除地丁正项外，杂项钱粮不解京者尚多。自三逆变乱以后，军需浩繁，遂见一切存留项款尽数解部，其留地方者惟俸工等项，必不可省之经费。又经节次裁减，为数甚少。此外则一丝一粒无不陆续解送京师，虽有尾欠部中亦必令起解。州县有司无纤毫余剩，可以动支，因而有挪移正项之事，此乃亏空之大根源也。现在户部库银，存贮五千余万两。时当承平，无军旅之费，又无土木工程。朕每年经费，极其节省。此存库银两，并无别用。去年蠲免钱粮至八百余万两，而所存尚多，因思从前恐内帑不足，故将外省钱粮尽收入户部。以今观之，未为尽善。天下财赋，止有此数。在内既赢，则在外必绌。凡事须预为之备。若各省库中，酌留帑银，似于地方有济。倘在外各省，一旦仓猝需用，反从京师解出，得无有缓不及事之虑。此亦当于无事之时，从长商榷者也。尔等可将朕此旨，一一传谕九卿。①

在"上谕"中，康熙皇帝首先明确指出"挪移正项之事，此乃亏空之大根源也"，但造成挪移钱粮的原因，并非仅仅是官吏贪腐，而是因为中央与地方在赋税分配不均衡，被挪用的赋税大都用于地方公务（如此次宜思恭、陈鹏年所涉及的三个亏空案中，亏空钱粮基本都是用于赈济、平粜、修筑等地方公务）。继而，康熙回顾了清

---

① 《清圣祖仁皇帝实录》，卷二四〇。

朝立国以来中央与地方在分配上的变化：清初，各省钱粮除地丁正项外还存在很多不起运中央的杂项钱粮；三藩之乱时，军需浩繁，中央财政支出急剧增加，为保障军事支出。中央不断削减地方存留，"一丝一粒无不陆续解送京师"，使得地方财力严重不足，存留地方的赋税完全不能满足公务需要。地方官员也就不得不挪移钱粮，弥补公务，从而造成亏空，"此乃亏空之大根源也"。最后，康熙表示，以前中央与地方的分配"未为尽善"。现在承平日久，国库充盈，有必要增加地方收入，"若各省库中，酌留帑银，似于地方有济"。

其二，康熙皇帝非常在意南巡是否会被作为造成地方亏空的原因。此前，康熙已经就南巡与江苏亏空是否相关发过谕旨：

> 江南亏空钱粮，两次命张鹏翮察审。朕意地方虽有不肖之官侵蚀钱粮，未必多至数十万两。前朕南巡时曾有谕旨，凡沿途所用之物，悉出内帑预备。未尝丝毫取诸官民。督抚等官，不遵朕上旨，肆意挪用，以致亏空。朕若不言，内外诸臣，谁敢言者。但彼任事之人，离任者已多，若将因公挪用等项责之新任官赔补，朕心实不忍也。问张鹏翮曰，尔往江南讯问此事，地方官有言及南巡者乎？张鹏翮奏曰，地方官员愿将俸工逐年扣除，以补诸项亏空，并未言及南巡之事。上曰，俸工银两有限，即逐年扣补，亦难清理。且官无俸禄，役无工食，必至私派以累民。依尔所言，能保地方官日后不累民乎？朕为天下生民计，蠲免各省钱粮已逾万万矣，免此四五十万之银有何足惜。尔等会议具奏。①

---

① 《清圣祖仁皇帝实录》，卷二四四。

康熙皇帝首先在谕旨中表明,自己已经下旨"凡沿途所用之物、悉出内帑预备"。但地方官员并不遵旨,肆意挪用,造成亏空。但他还表示,让地方官员用俸工去赔补亏空,自己于心不忍。既然皇帝都这么说了,各级官员自然也不敢将地方亏空与南巡联系在一起。因此,当康熙问起那个自己最关心的问题——"地方官有言及南巡者乎"时,张鹏翮只能说,地方官员愿将俸工逐年扣除以补诸项亏空,并未言及南巡之事,并表示"皇上屡次南巡,必大沛恩膏于百姓。所至之地,小民无不欢欣鼓舞。至于一切供亿悉由内府储备,从无丝毫累及民间"。

康熙继续再问建造纤夫、舍宇等经费来源时,张鹏翮回答是俸工银两所造,并表示将俸工抵补,至康熙五十三年(1714年)可补足。对张鹏翮提出"俸工抵补"的方案,康熙认为:地方官俸禄收入本来不高,即便逐年扣补也无济于事。同时,官无俸禄、役无工食,官吏肯定会私派赋税,负担还是最终落在百姓身上。此外,官员变动频繁,或升迁,或调用,或革退,或亡故,以前各官造成亏空,而将后任官员的俸禄收入扣补亏空,于理不通。最后,康熙表示:"朕为天下生民计,蠲免各省钱粮已逾万万矣,免此四五十万之银有何足惜。"

其三,彰显"宽仁爱养"赋税减免政策,也是导致地方亏空的重要原因。中央蠲免地方赋税,意味着地方财政收入减少,"要是州县钱粮遭水旱灾害停征或缓征,甚至分年带征,那么当年的俸工银就没办法支给,只有等到钱粮征完始得补发"[①]。在这种情况下,正印官或有耗羡收入、养廉补贴,但是其他佐员胥吏就没有任何的收

---

① 周保明:《清代地方吏役制度研究》,华东师范大学博士学位论文,2006年。

入,以至于地方不得不挪移正项钱粮,进而产生亏空。虽然康熙时期中央并未直接削减税额,但赋税减免力度也不小。就在此次亏空清查之前,清廷连续多年对江苏进行赋税减免。清廷先后免征江苏所属二十五州县康熙四十七年(1708年)应征赋税 2 975 200 余两、粮 392 000 石,江苏全省康熙四十八年(1709年)赋税,江苏淮、扬、徐三府康熙四十九年(1710年)赋税。此外,清廷在康熙四十四年(1705年)、康熙四十五年(1706年)、康熙四十六年(1707年)、康熙四十七(1708年)、康熙四十九年(1710年)对江苏也进行大规模灾免。①

实际上,上面的三个原因都可以归并为一个原因,即地方"无纤毫剩余",或者直白点说"地方没钱"。因为"地方没钱",所以地方官只能挪移钱粮用于地方公务、用于供应皇帝南巡、用于弥补赋税减免带来的收入损失。因此,地方官员挪移钱粮也是无奈之举。对此,康熙皇帝正如其本人所说的"于各州县亏空根源知之最悉",所以康熙对地方挪移而造成的亏空没有做严厉的处罚,甚至还蠲免了一部分亏空。

二、关于如何解决"地方没钱"问题的讨论:私征之实与加派之名

康熙四十九年(1710年)的两个亏空案与康熙初年的亏空案不同,这两起亏空案都是地方官员为应付地方公务而挪移钱粮所造成。导致亏空的原因也绝非官员操守有问题,而是"地方没钱",地方财

---

① 《清圣祖仁皇帝实录》,卷二二二、卷二二四、卷二二七、卷二三一、卷二三九。如康熙四十四年因灾减免江宁、淮安、扬州三府属之泰州、六合等十州县、江都县之邵伯一带以及淮安、大河、扬州、三卫等地赋税。康熙四十五年因灾减免江南上元、江浦、海州、砀山、徐州等十几个州县的赋税,康熙四十六年因灾减免太仓、六合等 21 州县卫的赋税。

力实在不足以维持公务开支。

清王朝所建立的中央与地方的财政关系存在两个特点：其一，中央拿走绝大部分的财政收入；其二，中央对地方的每笔开支都做出具体的规定。前者称之为"中央集权型财政体制"，后者称之为"定额财政"。这两个特点保证中央对地方的完全控制，同时，也造成地方亏空的不可避免。

但政务的运作、官员的生活无不需要收入的维持，因此地方上就找出"生钱"的法门——耗羡与陋规。

耗羡一项，其由来已久，"伏查古者取民之法，不过粟米布缕之征，而辇送官物，皆用民力，即在力役之征之内，故有正供而无耗羡，不需耗羡也。嗣后变货币为银两，则倾销有费矣，变夫役为佣雇，则解送有费矣，故随正供而输耗羡，不得不需耗羡也。然皆阴有其实，而不欲居其名，故未尝明定其加耗之数"①。税粮在运送过程中产生损耗，又称为"雀耗""鼠耗"。税银在熔铸的过程中也会产生耗损，又称为"火耗"。地方政府往往以赋税征收解送中存在损耗为名，向纳税人加征部分赋税，即"耗羡"。

陋规者，"乃地方历来之成例"②。晏爱红将其分为两类：第一类如"田赋陋规""漕运陋规""盐务陋规"等，第二类是官场交际过程中官员之间的规礼。③ 前者主要包括在征收各类赋税钱粮时多征的赋税，这其中既有如耗羡一样在州县政府征收钱粮时额外征收的赋税，也包括负责征收赋税的官吏私得的规礼、规费。后者则主要是指在官场交际活动中的规礼和规费。然究其实，官场中的规礼和

---

① 孙嘉淦：《办理耗羡疏》，《孙文定公奏疏》，卷八，清敦和堂刻本。
② 黄六鸿：《福惠全书》，卷三，清康熙三十八年刻本。
③ 晏爱红：《清代官场陋规透视——以乾隆朝陋规案为中心》，天津古籍出版社，2012年，第14页。

规费也都是源自征收赋税时加征的耗羡。

可以说，耗和陋规成为地方官吏获得收入的重要方式。实际上，自明代开始，耗羡就成为影响中央与地方财政的大问题，"明代征收正赋之外，有倾销耗银，即耗羡也。有解费、有部费、有杂费、有免役费，种种名色，不可悉数，大率取之乡宦者少，取之编户齐民者居多，不特私派繁兴，亦且偏枯太甚"①。清初，顺治元年（1644年），规定官吏征收钱粮私加火耗者以赃论。康熙朝初期有额外科敛许民控告之律，顺治十四年（1657年）"有克取火耗上司徇隐之律"。②

耗羡出于正项赋税之外，由地方官吏私自征收，各地轻重不一，其中如山西省者每正银一两加耗至三、四钱者，甚至多达四钱五六分，再如陕西省者每两明征二钱，而暗征三、四钱。再如山东，其火耗亦多达三、四钱。③ 而至于江苏一地："苏松赋重之邦，每两三分、五分，小民便以为苦。三十年前每两火耗不过二、三分，然以一年计之则一县已有几千金矣。后来巧吏渐渐加重，始而五、六分，继而六、七分，又未几而八、九分矣。更有借短正名色硬派纳户赔补，其始也，十封之中不过三封二封，继而大半不旋踵，而封封皆有。"④ 钱陈群对康熙年间的私征耗羡现象进行描述："康熙六十余年，州县官额征钱粮，大州上县每正赋一两收耗羡银一钱及一钱五分二钱不等，其或偏州僻邑赋额少至一二百两者，税轻耗重，数倍于正额者有之。"⑤

---

① 钱陈群：《条陈耗羡疏》，《香树斋诗文集》，卷四，清乾隆刻本。
② 王庆元：《石渠余纪》，卷三，清光绪十六年刻本。
③ 庄吉发：《清世宗与赋役制度的改革》，第111页。
④ 《苏松历代财赋考》，清康熙刻本。
⑤ 钱陈群：《条陈耗羡奏疏》，《香树斋诗文集》，卷四，清乾隆刻本。

整个康熙时期，清廷也多次下令禁止私征耗羡和收受陋规。

顺治元年，题准官吏征收钱粮私加火耗者，以犯赃论；

顺治十二年，各地方钱粮凡横敛、私征、暗加火耗、荒田逃户洒派包赔、非时豫借等弊严行禁革，违者督抚纠参。

顺治十五年，题准州县火耗加派，被旁人首告，经司道府官审出，其失察之罪免议；又覆准，州县官克取火耗加派私征，及司道府徇隐不报者，皆革职提问，徇纵不参之督抚革职；

康熙六年，覆准直省正赋皆有定额，地方官遇有别项，辄令设法，名为设法实则加科，嗣后设法名色永行禁止；

康熙二十七年，（康熙对山东布政使卫既齐所言）朕闻州县火耗止在附近孔道严行禁革，似乎分文无有。而穷乡僻壤火耗偏重，是徒欲掩饰人耳目也。掩饰之事，断不可行。至地方诸务，皆有成宪。如应行应革之事，可申详该抚奏闻。

康熙二十七年，（康熙对江苏布政使洪之杰所言）地方大吏，以安静为主。江南所取火耗，闻虽不重。尔须洗心涤虑，一除积弊。

康熙三十九年，（康熙对河南巡抚徐潮所言）闻河南火耗甚重，尔去当严行禁止。

康熙三十九年题准，直省府州县陋规杂派，有遇差役，因公济私，以一派十者，有年节派送礼仪者，有郡守之交际派之各属者，有府县卫所官出门中火路费及跟役食用派之里民者，有上官差使往来派送规礼下程者，有起解饷银派出解费者，又道府有开征奏销之陋规，征漕有监兑，下县及差人坐催之规例，凡此陋习一概革除；又议准，直省督抚严饬州县官，凡供应上司借端横敛一应陋规，尽行革除，倘仍蹈前辙，督抚指参按律处分。①

但实际上，由于"地方没钱"的财政体制问题没有得到解决，因此，禁止耗羡和陋规的命令往往就是一纸空文。当然，康熙自己对这种弊政也心知肚明，他明言："所谓廉吏者，亦非一文不取之，谓若纤豪无所资给，则居常日用及家人胥役何以为生。如州县官止取一分火耗，此外不取，便称好官，若一概纠摘，则属吏不胜参矣。"②

地方政府和官员虽然可以利用耗羡和陋规获得收入，但这些耗羡和陋规却未填补财政的不足。地方亏空依旧频频发生：康熙三十八年（1699年），太原府知府孙毓璘亏空库银、大同府知府郑润中亏空库银仓米、汾阳县知县李联亏空库银；康熙三十九年（1700年），康熙说：彼处（河南）亏空甚多，尔去当加筹划、如何令无亏空；康熙四十三年（1704年），山东布政使赵宏燮揭报原任布政使刘暟亏空库银；康熙四十八年（1709年），湖广巡抚陈诜疏言湖北藩库亏空银七万七千余两。官员提出将耗羡归公，将"非法"的收入变为"合法"的收入，用以弥补地方财力的不足，解决亏空问题。康熙五十八年（1719年），康熙要求，"各省钱粮，亏空甚多……令直隶各省督抚、将见今亏空各项钱粮数目、作速查明。何项亏空、作何完补。并嗣后作何立法、始可永无亏空之处，一并确行定议具题"③。随后，户部汇总各省督抚意见：

---

① （乾隆）《大清会典则例》，卷三十六；《清圣祖仁皇帝实录》，卷一三四、卷一三五、卷二〇四。
② 王先谦：《东华录》，卷八十四。
③ 《清圣祖仁皇帝实录》，卷二八三。

表 4-6 康熙五十八年中央—地方督抚关于地方亏空的讨论意见①

督抚人员	督抚意见	中央批复	已有规定
陕西总督鄂海 福建浙江总督觉罗满保 广东广西总督杨琳 浙江巡抚朱轼 广东巡抚杨宗仁 广西巡抚宜思恭 湖广巡抚张连登 偏沅巡抚王之枢 福建巡抚吕犹龙	应命令知府严格稽查州县赋税征解，赋税随征随解，不能久存州县库中，以绝侵挪之弊。	应如鄂海等所请，嗣后州县官征收钱粮务令随征随解，如迟延不解，即令该府查参处。如州县批解钱粮而布政使抵充杂派扣批不发，许州县官申报督抚，并报部院衙门题参。	康熙七年规定，州县开征钱粮后，逐月报府，随收随解。
四川总督年羹尧 江南江西总督长鼐	州县官亏空钱粮，如果知府有包庇的行为，则将知府参革并令赔补。	应如年羹尧等所请，令各该督抚确查亏空情由，或因知府扶同徇隐以致亏空者，即行参革，令知府独赔。	顺治十二年，制订知府、直隶州直隶考成，按照各属完欠计算； 康熙九年，制订道、知府、布政使等监督州县官是否侵蚀钱粮的办法； 康熙十八年，制订道、知府、布政使等监督州县官是否捏造民欠的办法。
江南江西总督长鼐 云南贵州总督蒋陈锡 山西巡抚苏克济	地方亏空的银两由州县官和上司分配，因此州县官会隐匿钱粮，捏造亏空。对这种行为，督抚应该严加查核，捏造亏空的钱粮只在州县官明细追赔。	应如长鼐等所请，嗣后州县官有捏报亏空，审明定拟，即于本犯名下独追还项。	康熙十八年，制订道、知府、布政使等监督州县官是否捏造民欠的办法。

① 《清圣祖仁皇帝实录》，卷二八八。

续　表

督抚人员	督抚意见	中央批复	已有规定
河南巡抚杨宗义 云南巡抚甘国璧 江西巡抚白潢 护理贵州巡抚即务布政使迟炘	州县官因公挪移造成的亏空，应该将该员革职留任，勒限赔补。限内全完，准其开复。	应如杨宗义等所请，亏空钱粮果系因公挪用者，将该员革职留任，勒限赔补。限内全完，准其开复。再州县亏空钱粮，或有知府揭报而布政使不即转揭，或已揭而督抚不即题参者，应令该知府申报部院将督抚、布政使等官俱照徇庇例议处，仍令分赔。著为定例。	

通过上表，至少可以看出两点：一方面，督抚提出和中央批复的有关加强对州县官侵蚀、捏造、挪移进行监督的建议，都或多或少地已经在此前做出规定；另一方面，督抚提出的意见主要是加强知府职责。清代地方行政体系是省—府—县三级，作为省级最高长官的督抚提出的意见基本都是加强知府对州县的监督，而并未提及自己的职责。对此，皇帝显然了然于胸。因此，康熙在收到户部的意见后，提出加强督抚的职责：以上征解追赔各条，既经各该督抚等具题定议，即应责成督抚如亏空未发之先伊等不尽心防范，亏空已觉之后伊等不竭力补苴，应将该督抚严加议处，责令分赔完项。

同时，四川总督年羹尧和陕西巡抚噶什图提出"以耗羡完纳亏空"的办法。其中提出：陕西亏空太多，若只是在官员名下追补，肯定难以完成。但陕西省各州县私加火耗，每两有加二三钱者，有加四五钱者。同时建议可以将私征的火耗除弥补地方政府公用外，其他用于偿还亏空。

对此，康熙皇帝直言"此事大有关系，断不可行"。皇帝认为：地方州县以财力不足而私征火耗"原是私事"，而国法"定例私派之罪甚重"。实际上，在此之前，康熙和陈瑸讨论是否公开火耗加征，康熙认为"加一火耗似尚可宽容"，陈瑸认为"此乃圣恩宽大，但不可明谕，许其加添"。现在四川总督年羹尧和陕西巡抚噶什图公开提出加征火耗，如果康熙批准，那加征火耗就变成"奏准"之事，是经过康熙皇帝同意的行为，康熙自己就要承担"加派之名"。因此，康熙明谕大臣："民间火耗，只可议减，岂可加增。朕在位六十一年，从未加征民间火耗，今安可照伊等所题加增乎？"对于四川总督年羹尧和陕西巡抚噶什图的提议，康熙认为：陕西没有库银而军需亟需，陕西督抚不敢向中央奏明又怕耽误军需，因此提出加征火耗。于是，康熙皇帝命令以中央存银弥补陕西亏空。①

此后，康熙皇帝再次发表上谕，认为"近见天下钱粮，各省皆有亏空，陕西尤甚"，然后重申自己对陕西督抚提出"加征火耗"的看法，并再次表明自己的意见："火耗一项，特以州县官供应甚多，故于正项之外，略加些微，以助常俸所不足，原属私事。若公然如其所请，听其加添，则必致与正项一例催征，将肆无忌惮矣。"② 可以说，康熙皇帝自己明白"地方没钱"是造成地方亏空的原因，同时他也明白地方官员私征耗羡用以弥补公用和弥补亏空。但他始终坚持不能将"火耗"合法化，不愿意承担"加征之名"，是以"督抚奏请增加火耗，清圣祖俱不准所请，惟各省亏空累累，私征火耗以

---

① 《清圣祖仁皇帝实录》，卷二九九。
② 《清圣祖仁皇帝实录》，卷二九九。

弥补亏空，相沿已久"①。

回顾顺治康熙时期的江苏亏空治理，就是一次次"打地鼠"式的运动，发现一次亏空治理一次亏空。顺治时期，江苏"侵欺最多"，亏空"未必尽欠在民，或官吏侵蚀，或解役烹分，新旧牵混，上下蒙胧"。清廷有针对性地推进赋税征管制度改革，涵盖纳税标准制订、赋税征管、税收起存、存留开支、官员考核等地方财政管理的各个流程，其中的核心是加强对官员的监管和形成地方官员之间的相互监督，约束官员、胥吏、士绅、百姓等各类人员的行为。顺康之交，清廷清查江南亏空，引发"奏销案"，中央官员在对亏空成因的分析中将亏空归咎于制度层面上赋税负担分配不均、奏销体系混乱和地方赋税征管制度不完善，地方官员和士绅则认为赋税负担过重是造成亏空的主要原因。清廷在严惩拖欠赋税的士绅和胥吏的同时继续完善赋税征管制度，但始终未同意地方官员和士绅提出的"减税"要求，地方赋税沉重便成为官员"甩锅"地方亏空时冠冕堂皇的"借口"。康熙四十九年（1710年），江苏再次爆发连续的大规模亏空案。虽然亏空多由"因公挪移"造成，地方督抚也提出将"耗羡"合法化以弥补地方财力的不足，康熙皇帝对因公挪移造成亏空的官员或减或免，但始终不愿承担"加征"之名而公开征收耗羡，由此地方财力不足又成为官员"甩锅"地方亏空时另一个冠冕堂皇的"借口"。从顺治时期到康熙时期，亏空累累、屡禁不止。综观整个顺治康熙时期江苏亏空治理，一方面，即便清廷在赋税征管制度上"网"织得再怎么密，"亏空"的漏洞却始终没有补上；另一方面，地方赋税沉重和地方财力不足作为亏空的"借口"，清廷也始终未能予以解决。

---

① 庄吉发：《清世宗与赋役制度改革》，第107页。

第五章　治道务实：雍正时期江苏亏空治理

> 帝研求治道，尤患下吏之疲困，有近臣言州县所入多，宜厘剔。斥之曰："尔未为州县，恶知州县之难？"至哉言乎，可谓知政要矣！
>
> ——《清史稿·世宗本纪》

雍正元年（1723年），新皇帝在上谕中表示"为治之道，在于务实，不尚虚名"。"治道务实"作为雍正重要的治国理念，也体现在江苏亏空治理中。既然有无法征足的浮粮，雍正就下令削减赋税额45万两，堵上官员"甩锅"亏空常用的"借口"；既然地方官员一面"哭穷"、一面"收受耗羡"，"知州县之难"的雍正就推行耗羡归公，将官员私征的耗羡变为"有法可管"的地方收入，让官员以"没钱"为由头去贿赂公行失去"托词"。然而，从康熙时期到雍正时期，江苏实际征收到的赋税规模几乎没有太大变化，减税与不减税都不会增加江苏所能征收到的实际赋税；官侵本来就不构成亏空的主体，归公后的耗羡也没有多少可以用来弥补亏空。雍正治理江苏亏空取得的最大成效是，通过整顿吏治并立法严惩侵蚀赋税的胥吏，和以"官知粮户姓名完欠，民知官实在户甲科则"为原则完善赋税征管制度，约束胥吏舞弊行为，在治理吏蚀亏空方面取得明显效果。

第一节　失败的"试水"：雍正朝初期的江苏亏空治理

一、雍正即位初围绕如何治理亏空的讨论

康熙六十一年（1722年），统治这个国家六十二年、执政五十三年的康熙走完自己辉煌的一生。在传统中国，"三年无改于父之道"是重要的治国原则，这既可以彰显新皇帝"合法继承人"的地位，也可以标榜"以孝治国"的理念，过了不惑之年的雍正自然谙熟这个道理。他公开表示要遵循先皇的政治主张，"我皇考临御以来，良法美政，万世昭垂。朕当永遵成宪，不敢稍有更张，何止三年无改"①。如果说，先皇时的政治举措合乎时宜，"萧规曹随"也未尝不是一件好事。但这位"凡帝王政治、圣贤心学、六经要旨，无不融会贯通，洞彻原委"的康熙皇帝，②留给儿子的政治遗产却是"近见天下钱粮，各省皆有亏空"③。

康熙四十九年（1710年），康熙处理江苏亏空案时，底气十足地表示："朕为天下生民计，蠲免各省钱粮已逾万万矣，免此四五十万之银有何足惜。"当年，户部库银尚存 4 588 万两。康熙五十八年（1719年），当四川总督年羹尧和陕西巡抚噶什图提出"加征耗羡"

---

① 《清世宗宪皇帝实录》，卷一。
② 《清圣祖仁皇帝实录》，卷一。
③ 《清圣祖仁皇帝实录》，卷二九八。

弥补亏空时,康熙面对"各省皆有亏空"的局面,依然能表示:"朕在位六十一年,从未加征民间火耗,今安可照伊等所题加增乎?"当年,户部存银4 736万两。但到雍正时期,户部的荷包显然不能再给新皇帝如同老皇帝一样的底气。雍正元年(1723年),户部存银仅剩2 361万两。更为要命的是,当年户部银库进银940万两,支出1 035万两,缺口95万两。①

国库存粮缩水的同时,流水收入也在缩水。以江苏为例,康熙五十九年(1720年)、康熙六十年(1721年)和康熙六十一年(1722年),江苏每年应征银分别为395.6万两、383万两和379.6万两,但已完银分别只有304.4万两、265.6万两和275.4万两,未完银占比分别高达23.05%、30.65%和27.45%。②

或许此时此刻,臣民还在翘首"新政春霖",但雍正已经顾不上"谈钱伤不伤感情"的问题。在"释服"后的第二天,雍正发布上谕。略述大意:按照税关管理制度,中央每年会规定税关应收的税额。每年税关完成额定税额后往往会有盈余,这部分盈余便成为税关官员的"私房钱"。如果,税关完不成定额,那么就会形成亏空,税官往往"亏帑获罪"。康熙看到这种弊端,把部分关税交给地方官管理(由地方州县官兼任)。雍正则进一步要求每年的定额和羡余都要"奏闻起解"。③说白了,就是新皇帝惦记起税关的"私房钱",想出"增收"的法子。

---

① 史志宏:《清代户部存银收支与库存统计》,福建人民出版社,2009年,第126、253页。
② 黄册(户部地丁类—江苏),中国社会科学院经济研究所藏。
③ 往年税差官员,公帑无亏,而羡余又足养赡家口,兼及亲族。近日则不然,率多亏帑获罪,归亦无颜见其族戚,公私均属无益。皇考洞鉴其故,每将税务交与地方官管理,各省已居其半。嗣后税务悉交地方官监放,岁额之外,所有羡余,该抚奏闻起解,应赏给者再行赏给。尔等会同户部工部议奏。《清世宗宪皇帝实录》,卷二。

虽然，关税不是我们要讨论的问题，但这也表明新皇帝整顿国家"钱袋子"的态度。三天后的农历"甲子"日（"甲子"是干支纪年法中的第一个，往往被视为新气象的开始），此时的雍正已经管不上"父道"是否还能坚持三年，仅在康熙去世一个月后，雍正就发布上谕：

> 自古惟正之供，所以储军国之需。当治平无事之日，必使仓库充足，斯可有备无患。皇考躬行节俭，裕国爱民，六十余年以来，蠲租赐复，殆无虚日，休养生息之恩至矣。
>
> 而近日道府州县亏空钱粮者，正复不少。揆厥所由，或系上司勒索，或系自己侵渔，岂皆因公挪用。皇考好生知天，不忍即正典刑，故伊等每恃宽容。毫无畏惧，恣意亏空，动辄盈千累万。督抚明知其弊，曲相容隐，及至万难掩饰，往往改侵欺为挪移，勒限追补，视为故事，而全完者绝少，迁延数载，但存追比虚名，究竟全无着落。新任之人，上司逼受前任交盘，彼既畏大吏之势，虽有亏空。不得不受，又因以启效尤之心，遂借此挟制上司，不得不为之隐讳，任意侵蚀，辗转相因，亏空愈甚。一旦地方或有急需，不能支应，关系匪浅。
>
> 朕深悉此弊，本应即行彻底清查，重加惩治。但念已成积习，姑从宽典。除陕西省外，限以三年，各省督抚将所属钱粮，严行稽查。凡有亏空，无论已经参出及未经参出者，三年之内，务期如数补足，毋得苛派民间，毋得借端遮饰。如限满不完，定行从重治罪。三年补完之后，若再有亏空者，决不宽贷。至于署印之官，更为紧要，必须慎重简择。盖署印之人，始而百计钻营，既而视如传舍，肆意贪婪，图饱欲壑，或取媚上官，

供其索取,贻害小民,尤非浅鲜。其于前任亏空,视作泛常,接受交盘,复转授新任,苟且因循,亏空之弊,终不得清。嗣后如察出此等情弊,必将委署之上司与署印之员,一并严加治罪,尔部可即传谕各省督抚。①

雍正对地方亏空原因的认识显然与康熙有所不同,康熙认为"挪移正项之事,此乃亏空之大根源也"。雍正认为地方亏空"或系上司勒索,或系自己侵渔,岂皆因公挪用",纵容这些发生的却是康熙的"宽大","皇考好生知天,不忍即正典刑。故伊等每恃宽容,毫无畏惧,恣意亏空,动辄盈千累万"②。直到8年后,在雍正清理亏空取得成效之时,依旧认为康熙的"宽大"是造成亏空的重要原因。康熙为政"宽大"也被学界视为导致国家亏空的重要原因,如庄吉发所言:"清圣祖为政宽大,与民休息,惟流弊所及,不免失之宽驰放任,财政上积弊丛生,亏空累累,库帑虚悬。"③

雍正在上谕中表达出三层意思:

首先,雍正认为在康熙"宽大"政治环境下,造成亏空的原因并非都是"因公挪用",揆厥所由,或系上司勒索,或系自己侵渔。由于康熙时期执政"宽大",地方官员"每恃宽容,毫无畏惧,恣意亏空,动辄盈千累万"。而地方督抚"曲相容隐",在朝廷清查亏空时,则"改侵欺为挪移,勒限追补"。即便是清理清楚亏空,其中也是"全完者绝少,迁延数载,但存追比虚名,究竟全无着落"。同时,在官员交接之时,新任官员或是出自上司胁迫,或是出于"表

---

① 《雍正上谕内阁》,卷二,清文渊阁四库全书本。
② 《雍正上谕内阁》,卷二。
③ 庄吉发:《清世宗与赋役制度改革》,第234页。

示忠心",或是借此"挟制上司",往往接受前任留下的亏空,由是"辗转相因,亏空愈甚"。

其次,雍正提出"三年补完"的治理举措。雍正表示自己"深悉此弊",本应从严从重处理,但"念已成积习,姑从宽典"。他命令各省督抚严查本省亏空,要求地方在不"苛派民间"的前提下,三年之内如数补足。同时强调,如果三年之内不能完成,则从重治罪。雍正认为自己的命令应该能够得到落实,各地的亏空也会在自己的"宽严相济"下予以解决。他满怀希望地补充了一句:"三年补完之后,若再有亏空者,决不宽贷。"

最后,雍正认为,地方亏空能否有效治理,关键还是"是否得人",尤其是正印官是否廉洁奉公。如果正印官"始而百计钻营,既而视如传舍",那么"亏空之弊,终不得清"。对此,雍正提出加强对正印官的惩罚力度,要求"嗣后如察出此等情弊,必将委署之上司与署印之员,一并严加治罪"。

实际上,雍正的这道"上谕"看似有"雷霆"之重,但大都是"老生常谈"。我们把雍正对亏空的认识与已有的政策进行比较:如果从制度层面来讲,清廷已经就雍正提及的造成地方亏空的种种行为进行了规范,每一种可能造成亏空的行为几乎都在制度层面进行遏制,这些举措或是"惩前",或是"毖后",立法不可谓"不密""不严"。

表5-1 雍正关于地方亏空的认识与已有管理办法对照表

雍正的认识	已有管理办法
在康熙"宽大"政治环境下,造成亏空的原因并非是"因公挪用",揆厥所由,或系上司勒索,或系自己侵渔。	向造成亏空的官员进行追赔和惩罚(康熙十一年、康熙十七年、康熙十八年、康熙四十五年、康熙五十六年、康熙五十九年)。

续　表

雍 正 的 认 识	已 有 管 理 办 法
在康熙"宽大"政治环境下，造成亏空的原因并非都是"因公挪用"，揆厥所由，或系上司勒索，或系自己侵渔。	康熙九年制订"监督州县官侵蚀钱粮的办法"。
	康熙十八年，上级官员勒逼下级官员挪移钱粮等行为进行限制。
康熙时期执政"宽大"，地方官员"每恃宽容，毫无畏惧，恣意亏空，动辄盈千累万"。而地方督抚"曲相容隐"，在朝廷清查亏空时，则"改侵欺为挪移，勒限追补"。	同前面三条。
即便是清理清楚亏空，其中也是"全完者绝少，迁延数载，但存追比虚名，究竟全无着落"。	康熙二年，制订"州县官、府、道、布政使未能完成征收欠税的惩罚办法"。
	康熙五年，制订"州县官、府、道、布政使完成征收欠税的奖励办法"。
同时，在官员交接之时，新任官员或是出自上司胁迫，或是出于"表示忠心"，或是借此"挟制上司"，往往接受前任留下的亏空，由是"辗转相因，亏空愈甚"。	康熙二年、康熙二十七年、康熙四十四年，禁止官员将亏空移交后任并加强上级对州县官交接的监督。

雍正元年（1723年），这是新皇帝即位后的第一个新年。雍正向上至总督、下至知县的各级政府正印官发出上谕，几乎每道上谕中都提到亏空问题，雍正认为解决地方亏空的关键在于地方官员能否保持廉洁。① 同时，雍正认为各省奏销钱粮"积弊甚大"，设置会

---

① 给巡抚的上谕："藩库钱粮亏空，近来或多至数十万。盖因巡抚之费用，皆取给于藩司，或以柔和交好，互相侵挪，或先钩致藩司短长，继以威制勒索，分肥入己，供供一身夤缘自奉之费，罔顾朝廷帑藏财用之虚。及事发难掩，惟思加派补库，辗转累民，负国营私。莫此为甚。"给布政使的上谕："各省库项亏空，动盈千万，是侵是挪，总无完补，耗蠹公帑，视为泛常，尤为不法，宜严革前弊，永杜侵挪。如司库盘查之责在巡抚，亏空之根亦由巡抚，巡抚借支而布政不应者少矣。然职在监守，果能廉正自持，则巡抚挟势借支断不能（转下页）

考府,专门审核钱粮奏销事务。①皇帝本人关注亏空问题,"圣心所虑"自然是大臣所要设法解决的。由是,中央与地方各级官员开始讨论造成亏空的原因以及探讨如何解决亏空。

都察院左都御史朱轼认为:州县官与督抚之间相距较远,督抚"或不尽知"州县亏空;串票的刊印和比对,都掌握在州县官手中,存在造假串改的可能。他提出,由知府印发串票,州县按月向知府汇报,加强知府对州县赋税征管过程的监督。同时,为防止督抚包庇州县,容许知府直接向部题参督抚包庇之罪。对于已有亏空,由督抚进行审理,如果是因公造成的亏空,容许留任赔完;如果是侵蚀造成亏空,立即革职严究。如此,则"庶奸吏知惩而亏空之弊可息也"②。

翰林院检讨汤倓提出两点:其一,州县治理"难易有别"。在"难治州县",即便才干卓著的官员都不能应付,倘若"难治州县"已存在,新任官员"既有承追之参罚未结旧案,又有补缉之艰难",到任数月,就被处罚;在"易治州县",即使才干庸劣者,都能获得升迁。由是,对官员的奖惩并不与其承担的职责相匹配;其二,地方州县出现亏空,并非小吏故意侵蚀,而是大员需索无度,小吏不

(接上页)行。但谨身节用,量入为出,司库必无亏空矣。"给知府的上谕:"盘查仓库,必须核实,不可视为故事,乃或借盘查之名,勒索馈遗,是因盘查而亏空愈甚矣。尔能时勤劝诫,加以体恤,则州县可无亏空之虞。能制节谨度,淡泊是安,则尔亦可免亏空之累。"给知县的上谕:"夫欲清亏空之源,莫如节俭正直,节俭则用无不足,正直则上官不可干以私。若朘小民之生,以饱上官之贪欲,冒不测之罪,以快一时之奢侈。岂砥砺廉隅,为民父母之道乎。"《清世宗宪皇帝实录》,卷三。

① 康熙晚期,财政支出中存在贿赂、贪污、财出多门与稽查不力的现象。会考府的作用有三:审核各地各部院奏销是否切实地反映实际财务状况;审查奏销实践是否遵守各项法律和有关财务规定;发现奏销制度上存在的漏洞并提出改进举措。参见江桥:《会考府考略》,《历史档案》1985 年第 1 期。

② 朱轼:《奏陈减革加派清厘亏空积欠等事折》,《雍正朝汉文朱批奏折汇编》,第一册,江苏古籍出版社,1989 年,第 5 页。

得不"剜肉医疮,止顾目前,日积月累,亏空动至数万"。因此,他提出"按照地方治理难易程度考核官员"和"禁止大吏之勒索以绝陋规"。①

翰林院检讨潘淳认为:治理亏空首先要清理已有亏空,对因公挪移的亏空按照三年赔完的规定赔补,对侵蚀造成的亏空则要按例治罪。"如此则人人知所畏惧,不敢复行亏空,而因公亏空者亦必能设法补苴也。"②

江西道监察御史蔡仕舢认为:在地方亏空中,不肖官员花费固然很多,但被上司勒索盘剥的"尤为不少"。此外,上司得到好处就会在盘查时替属下遮掩,由是上下中间串通一气,使得亏空日积月累,尾大不掉,无法解决。他提出:每年在奏销时,按照亏空多寡来考核督抚大员,杜绝"中饱之弊"。③

掌山西道事江苍认为:州县事务繁杂而州县官精力有限,难以完全掌握地方钱粮情况。"总由大县地丁银米合计有一二十万,以及三四十万五六十万不等,其间都图散处,头绪繁多,兼之揽户包收,猾吏侵渔,一官之精神已难设法措置,况冲剧之地,命盗重案以及户婚田土驿站差使之烦,目不暇接。"这就给胥吏和士绅舞弊机会,"以少报多,或以欠作完,更有置之高阁,而经年不得查考者"。州县官为应付考成,不得不挪新补旧、移缓济急,最终形成巨额亏空。他建议:根据州县赋税轻重,设置县丞一到三员,专门负责钱粮征收管理事务,根据亏空和追缴的多寡予以奖惩,"则人心有所劝惩,自踊跃于功名之路,而该员知责,有攸司不敢偷安,且夕将见,积

---

① 汤倓:《奏请严大吏勒索以绝亏空之源等五事折》,《雍正朝汉文朱批奏折汇编》,第一册,第19页。
② 潘淳:《奏陈钱粮亏空事宜覆实等三事折》,《雍正朝汉文朱批奏折汇编》,第一册,第30页。
③ 蔡仕舢:《走陈亏空宜塞其源等事折》,《雍正朝汉文朱批奏折汇编》,第一册,第60页。

弊可除"。①

通政使司右通政使钱以垲认为：州县官将钱粮收入"恣意花销，或为子弟捐官，或逢迎上司进奉取悦，或藉以肥家置田买产，经营生理，日渐酿成亏空，不能弥补"。他提出：以后州县开征赋税时，需知府派员监督。同时，对造成亏空的官员，朝廷应在严加追缴的同时在原籍追缴其家产补偿亏空。②

右翼前锋统领普照认为：州县出现亏空，是因为"可以捏添红簿串票，此实亏空弊之根源"。红簿，又称流水簿，其上按日开列赋税的缴纳情况，并交由上司盘查。所谓串票，即三联串票。以往上司盘查时，将红簿、串票、库银进行比对。但州县官往往会另外填写一份假的红簿与串票，如遇盘查之时，便将捏填之红簿串票抵对，红簿串票上之完纳数目与库柜所贮之钱粮相符，则无从知晓亏空。因此，要杜绝亏空就要从修改红簿、串票实施办法入手，红簿、串票全部加盖布政使印信，并于开征前两月张贴告示，晓谕百姓；如果串票没有布政使印信，则容许百姓赴上司呈告，由是起到监督州县官的作用。普照深信，布政使由于其将来可能升任督抚，必能廉洁自爱，不致亏空。同时，其又与巡抚同办公，若留心稽查，也可以杜绝亏空。如果布政使任内出现亏空，具照侵欺同拟斩。如一年内能尽数赔完，照大清律内三个月还完减等发落；一年内不能通完，则将本人按纪正法之后，再变家产追赔。若督、抚徇私不参，将督、抚革职按股约赔；若总督参而巡抚不参，巡抚参而总督不参，则让不参之人同布政使均赔。由此，则"布政使亦无亏空之豫，而自此

---

① 江垲：《奏大县钱粮请分任管理折》，《雍正朝汉文朱批奏折汇编》，第一册，第249页。
② 钱以垲：《奏请严查亏空之例折》，《雍正朝汉文朱批奏折汇编》，第一册，第811页。

以后，各省亦无亏空之虞也"。①

总结上述官员对亏空成因的认识，或是强调吏治问题，或是强调制度漏洞，并提出相应的举措，主要包括以下几点：

从吏治角度来讲：(1)或是州县官员自身腐败，侵蚀钱粮。或是上司需索无度，地方疲于供应。对此，他们提出的办法往往是加强惩罚举措；(2)地方州县官、知府、布政使、督抚相互包庇亏空，对共同造成或相互徇庇造成的亏空实行连坐，对能够及时向中央报告亏空的官员进行豁免，促成州县官、知府、布政使、督抚之间形成相互监督的体系。其中，要加强知府的作用，一方面让知府直接参与州县的赋税征收以此监督州县官，另一方面鼓励知府揭发布政使、督抚与州县官之间的徇私舞弊行为。整体而言：从吏治角度分析地方亏空成员往往是老生常谈，前文可知，清廷已经就上述所涉及原因制订地方财政管理制度。

从制度角度来讲：(1)地方事务繁杂，尤其是钱粮事务更加繁重，州县官往往疲于应对，且不得不依靠胥吏、士绅管理赋税事务，给胥吏、士绅从中舞弊的机会。因此，中央可以给州县官设置助手，专门负责钱粮征收事务，并根据钱粮征收情况给予奖惩；(2)按照地方治理难易程度考核官员，让官员的职责与其受到的奖惩相匹配；(3)加强对红簿、串票等地方赋税征管票证的管理，由知府、布政使加盖印信并进行公告，让纳税人知道自己应缴赋税，同时防止州县官肆意篡改，从中侵蚀赋税。对此，清廷也做出制度改进：重新调整江苏赋税繁重的州县，将苏州府、松江府所辖州县划分为多个，降低州县治理难度；调整考成，对江苏奏销时间进行特殊安排；完

---

① 普照：《奏请杜钱粮亏空弊源着》，《雍正朝汉文朱批奏折汇编》，第三册，第367页。

善红簿、串票等地方赋税票证制度。

在雍正和大臣讨论亏空和治理办法的同时，雍正也要求"各省督抚将所属钱粮严行稽查"。由是，各地督抚开始清理亏空，并提出弥补亏空的办法：

直隶巡抚李维钧：前任总督赵弘燮任内造成直隶所属八府亏空银 413 000 余两，由于赵弘燮已经身故，由其侄子赵之垣代为完补。

山东巡抚黄炳：前任巡抚李树德任内造成亏空 400 000 余两，已补缴 251 000 余两，尚未完 149 000 余两由李树德家人到山东清缴欠款。

福建布政使黄叔琬：福建亏空 396 000 余两，其中借支俸饷和预支船工 259 000 两、前任布政使沙木哈因公挪用 109 000 余两，此两项由督抚以历年俸工抵补；布政使沙木哈自己亏空的 24 000 余两，由其子石泰赔补。

河南巡抚石文焯：前任巡抚杨宗义任内挪用钱粮购买漕米，亏空 98 544 两。同时，杨宗义还要赔补氾水县革职知县王召祥、武涉县已故知县朱凛迪任内亏空漕粮，合计 110 151 两。此外，康熙四十三年（1704 年）民借未还谷 38 234 石。雍正表示：如果杨宗义有余力则由其赔补，如果真是民欠，则征收一半，并缓征一年。而石文焯则认为，民借仓谷或是官吏亏空捏造民借，或是胥吏冒名借领。如果这次视为民欠，则以后无法禁止。石文焯提出：先由百姓自行交仓，未完部分由杨宗义赔补。此外，对军需、两次运陕米石脚价、修筑太行堤工等项挪移造成的亏空，石文焯认为赔补的方法只有两种：一则是官员俸禄；一则是官员"节礼"。前者因为官员俸禄微薄，需要到雍正九年（1731 年）才能补完。因此，他提出用"节礼"赔补,"既非额外加派,有累民生,而帑项亦得有着也"。①

官员所提弥补亏空的方法可分为四种:其一,由造成亏空的官员及其亲属进行赔补;其二,由现任地方官员以自己的俸禄赔补;其三,民欠部分可由百姓自行补缴;其四,以地方官员非法获得的陋规赔补。略对这四种办法进行分析:

方法一,官员及其亲属赔补的话,赔补对象明确,但能否获得赔补又与官员财力多寡、是否藏匿财产等有关,由于官员任所和籍贯不在同一个地方,两地之间信息渠道沟通不便容易造成官员转移或者隐匿财产。而且,很多的亏空并非是进了官员腰包,而是官员在办公的过程中因为物价升降、奏销未完成等原因所造成的,让官员自己去赔补国家公费,显然也不合情理。

方法二,让现任地方官员以自己的俸禄赔补。一方面,清代官员俸禄微薄,收入难以弥补亏空,如河南的亏空如果用官员俸禄赔补,要到雍正九年(1731年)才能补完;另一方面,如果拿俸禄进行赔补,那官员的生计和地方政府的运行也会受到影响,"羊毛出在羊身上",现任官员要维持生计或者维系政府运行,能找到的办法还是以新补旧,或者授收节礼,乃至贪腐。

方法三,民欠亏空向百姓追缴本无异议,如果民欠亏空是官吏亏空捏造民借或者胥吏冒名借领造成的,就没办法再向纳税人征收欠税,而且一旦开此先例,恐怕以后地方官员就会如法炮制。

方法四,要用节礼赔补亏空。所谓节礼,就是陋规。从根源讲,

---

① 李维钧:《奏陈清查通省亏空清形折》,《雍正朝汉文朱批奏折汇编》,第一册,第352页;黄炳:《奏明清查库项情形折》,《雍正朝汉文朱批奏折汇编》,第一册,第455页;黄叔琬:《奏报清理库项银两着》,《雍正朝汉文朱批奏折汇编》,第一册,第765页;石文焯:《奏陈著落赔补亏空折》,《雍正朝汉文朱批奏折汇编》,第一册,第890页;石文焯:《奏陈详议完补亏空之法折》,《雍正朝汉文朱批奏折汇编》,第一册,第892页。

则是地方官员私征的耗羡。要用节礼赔补,那么就要先承认陋规和耗羡存在的合法性,这无疑是给帝国清明的政治抹黑。因此,当石文焯提出此法时,雍正痛斥"此事朕谕不得,朕是天子,岂可令督抚收受节礼"①。

所以说,以上四种办法看似都是解决之道,但细究起来,每一项实行起来都有困难,都难以彻底解决亏空问题。总的来说,就雍正本人而言,他知道亏空并非一朝之害,即如其言:"历年户部库帑亏空数百万两。朕在藩邸,知之甚悉。此乃国家经费,所关甚为重大。"② 雍正本人明白"自古惟正之供,所以储军国之需,当治平无事之日,必使仓库充足,斯可有备无患",也看到"天下钱粮,各省皆有亏空"的亏空情景。如何追缴亏空钱粮、遏制亏空发展乃至于杜绝亏空成为皇帝面临的重要问题。围绕这些问题,帝国的官僚们看似绞尽脑汁地思考解决办法,但问题还是那些问题,看到的原因还是那些原因,想出的方法还是那些方法,亏空就像帝国的影子一样,挥之不去。

二、江苏的两起亏空清查

各级官员积极讨论亏空原因并为如何治理亏空出谋划策,各地督抚埋头苦干清查并治理亏空。江苏,作为帝国最重要的税源地以及亏空最严重的地区,地方官员应该站出来"说几句"。雍正二年(1724年)正月,江苏布政使鄂尔泰上疏,表示自己未能详查属下是否完成欠税就为他们题请开复,"不胜惭愧,虽严加处分,甘受何

---

① 石文焯:《奏陈详议完补亏空之法折》,《雍正朝汉文朱批奏折汇编》,第一册,第892页。
② 《清世宗宪皇帝实录》,卷二十六。

辞"①。不久，鄂尔泰再次上疏：

> 窃惟江苏重地，财赋甲天下。从前各项亏空见在民者，或由灾荒；欠在官者，半由贪鄙。深维其故，瞻顾实贪鄙之源，因循乃瞻顾之验。瞻顾因循，未有不入流也。贪鄙者，上官索下属，下属因剥削小民，至剥削之所入犹不足以供所出，则动库帑，看爱惜功名不得，并爱惜廉耻，究之廉耻扫地，功名随之，故亏空之县亦未必尽出无良，实不肖督抚司道有以使之也。②

见得透（雍正批语）

作为雍正的心腹大臣，鄂尔泰显然能够深刻体会雍正的心意，认为民欠亏空多是灾荒造成，而官侵吏蚀则由"贪鄙"造成，而在其中又以"上官索下属"最为恶劣。换而言之，鄂尔泰认为地方吏治腐败是造成亏空的根本原因，其中尤以督抚大员腐败为造成州县亏空的主要原因。鄂尔泰的说法，显然和雍正在元年（1723年）上谕中所言"督抚明知其弊，曲相容隐……新任之人，上司逼受前任交盘，彼既畏大吏之势，虽有亏空。不得不受。又因以启效尤之心，遂借此挟制上司，不得不为之隐讳，任意侵蚀，辗转相因，亏空愈甚"的判断相符合。鄂尔泰在给雍正的上疏中一一奏明历任藩臣的亏空情形：

其一，在前任藩臣宜思恭名下，应将康熙四十八年（1709年）

---

① 鄂尔泰：《奏谢宽免失察属下之罪折》，《雍正朝汉文朱批奏折汇编》，第三册，第283页。
② 鄂尔泰：《奏缴朱谕据实回奏折》，《宫中档康熙朝奏折》，第二辑，台北"故宫博物院"，1976年，第225页。

至五十一年（1712年）俸工捐补共计银15 000两，至今未补；其二，在前任藩臣李世仁任内垫用亏空，并借所属各库的借垫亏缺，经过前任督抚赫寿、常鼐咨户部，与前任巡抚吴存礼提议，将康熙五十四年（1715年）等年俸工银捐抵亏缺16 000两，至今未补；其三，前任藩臣杨朝麟、李世仁任内垫用形成的亏缺，经过督臣赫寿、常鼐，巡抚吴存礼批准，捐俸工银20 000两抵补亏缺，至今未补。①

在鄂尔泰审理李世仁的过程中，李世仁状告长官江南总督赫寿与江苏巡抚常鼐勒索，其中赫寿勒索银6.4万余两。鄂尔泰提问赫寿之子宁保家人王存，常鼐之子承善龄德家人东儿、屈四、萧大等人，审得并非赫寿勒索李世仁银6.4万余两，而是李世仁馈送赫寿银两，赫寿向鄂尔泰表示愿意归还此项银两。此案中，赫寿及其子宁保保证除归还收受李世仁的银6.4万余两外，还愿意再出资银30万两弥补亏空。江苏巡抚常鼐接受李世仁馈送的银4.3万两、金1千两，后全部入官。常鼐先前已经捐出银60万两赔补亏空，此次又捐出银27万两，其家人萧大认赔补银3万两，屈四甘认补银1万两，东儿甘认补银5 180两，以上主仆共认赔银315 180两一并赔补亏空。江苏巡抚吴存礼愿意赔补亏空银7万两。鄂尔泰审理过程中发现有五项公用开支，包括修理江宁城垣及石城桥梁、开浚秦淮河、修船工料不敷、闽兵眷口回京，五项支出合计银5万余两。鄂尔泰认为其中存在冒销行为，要求常鼐赔银32 639两、吴存礼赔银34 706两、署督臣提督高其位赔补银13 500两、前任安徽布政司李馥赔银30 313两。② 以上总计，督抚藩诸臣赔补银约150万两。

---

① 鄂尔泰：《奏陈交盘额外亏缺折》，《宫中档康熙朝奏折》，第二辑，第92页。
② 鄂尔泰：《奏陈原藩李世仁亏空一案情节折》，《雍正朝汉文朱批奏折汇编》，第三册，第896页。

针对如何治理亏空，鄂尔泰提出将涉案人员带到苏州严加究讯，如有家产可变力能设措者，立即监禁勒比，务清帑项；果系家产尽绝，毫无抵偿者，详明督抚具题酌将前项银两准抵其欠。然而，鄂尔泰只是揭开江苏官场腐败和财政亏空的一角。雍正三年（1725年），张楷出任江苏巡抚，并表示"不受规礼，清理亏空"，雍正亦勉励他说："朕信得过你。"① 两个月后，张楷上疏阐明整个江苏的亏空现状以及自己的整理方案：

自康熙五十年（1711年）至雍正元年（1723年），江苏所属州县中，只有徐州萧县和淮安赣榆两县没有亏空，其余州县全部存在亏空情况。其中，扬州泰州与仪征、徐州砀山以及江宁江浦4个州县亏空钱粮在数百两及数十两不等，其余47个州县亏空地丁钱粮700万两、漕项181万两。通过计算，张楷发现，江苏每年实征赋税353万两，加上历年积欠881万两，合计高达1 234万两。

面对如此严重的亏空情况，张楷一方面无可奈何地说道："纵有才能杰出之员，束手无何，坐糶降革，兼以正署迭更，于钱粮茫然无头绪。"另一方面提出追讨亏空的办法：将所有积欠分为十份，自雍正四年（1726年）开始，每年限各州县征完一份。特殊州县做特殊安排，如嘉定一县积欠高达140万两，如果分十份，每年需要缴纳14万两，远超嘉定县的纳税能力。因此，他提出嘉定县分15年完成；上海、昆山、常熟、华亭、宜兴、吴江、武进、娄、长洲等县积欠40万至60万不等，分12年完成；针对具体纳税人，则是在每户名下注明共欠若干，每岁应完若干，务必责令全完。同时，张楷也制定奖惩举措：每年不能征足欠额的州县，其承追官降职二级

---

① 张楷：《奏报不受规礼补亏空等事折》，《雍正朝汉文朱批奏折汇编》，第五册，第566页。

许其带罪开征，完全之后方能开复；如果次年还不能完纳，降二级调用。同时，也奖励每年能多征的官员，如格外记录一次。对张楷的这种方案，雍正朱批说道："此事筹划料理甚妥，已发部议行。"①

按户分年带征的办法，首要就是理清存在多少欠户、每户欠款多少，而当时存在多少欠户、每户欠款多少等等这些问题还都是"糊涂账"。张楷在进行里甲户口、土地、赋税调查时，遭到欠税士绅的抵制。他们"抗欠钱粮，或窝藏匪类以及唆讼奸占等事"，张楷革除不法衿监28人，题参常熟乡宦前任鞏昌知府赵友夔等。雍正四年（1726年）、雍正八年（1730年），陈时夏署理苏州巡抚，进一步提出"苏松积欠难于清结，从前既蒙圣恩蠲免浮粮，今请以旧欠之粮均派于新粮户内，分年征收，以抵补积欠"②，将旧欠之粮进行均派。

张楷、陈时夏的计划根本没有可实行的空间，对此，后来担任两江总督的尹继善做出切中要害的评价，他认为三个原因导致此次清查的失败：其一，追缴计划中并未厘清官侵、吏蚀和民欠；其二，欠粮百姓中，真正因为贫穷而不能缴粮的不过十之三四，而绝大多数是大户抗完、图书包揽、吏役侵蚀、花分诡寄。追缴计划中将欠粮一概视为无着亏空，使得人人皆需要为此买单，完税积极的良善之人要再次缴税，偷奸耍滑的抗税之人奸计得逞，侵蚀挪移的官员和胥吏得以脱罪。因此，计划本身就是不公正，故而这也注定其失败；其三，从以往历史来看，旧欠的钱粮本来就很难征回，如果按照计划继续在新税上加征，就使得不能如数征收的新粮又作为来日

---

① 张楷：《奏报办理积欠钱粮折》，《宫中档雍正朝奏折》，第五辑，第74页。
② 王先谦，《东华录》，"雍正十三"。

之旧粮，岁岁拖延，没有完纳之日。① 苏州巡抚张坦麟在统计雍正四年（1726年）的各处缴纳积欠赋税时，就发现只有海州、靖江、盐城、宿迁、桃源、崇明六州县缴纳欠税，而其他各处"应完银581 000两，今至完银66 000两，征有均征之名，究无均征之实"。②

第二节　拿掉地方的"挡箭牌"：制度改革

一、制度改革（一）：减税、析县与完善赋税征管制度

张楷、陈时夏的清查亏空以失败而告终，但并未动摇雍正彻查江苏亏空的决心。但这也让雍正意识到，江苏亏空治理绝对不是靠一次清查就能解决，而是先要实实在在解决一些制度性问题。

1. 减税

虽然江苏几乎从来没有足额缴纳中央规定的赋税额度，但赋税沉重却始终是地方官员解释亏空时最好使的"挡箭牌"。从总量看，江苏的土地占到全国的10.44%，赋税占到全国的13.75%；从平均负担看，全国顷均赋税4.49两，江苏顷均赋税5.91两。无论是总量比较，还是平均负担比较，江苏并没有比全国高出多少。但如果聚焦在江苏赋税较重的南部苏州、松江、常州、镇江等地方，就可发现，四府的顷均赋税高达11.99两，是全国平均水平的两倍有余；其中，苏州府和松江府这两个赋税最重的地区，顷均赋税高达14.35两，是全国的3倍。

当然以上还不包括漕粮，江苏的漕粮总量与亩均漕粮都远远高

---

① 尹继善：《奏陈江苏积欠钱粮之弊折》，《宫中档雍正朝奏折》，第十二辑，第49页。
② 张坦麟：《奏请委员督查旧欠钱粮折》，《宫中档雍正朝奏折》，第十一辑，第104页。

表 5-2　康熙三十九年全国田地—赋税表

省　份	田地（顷）	占比（%）①	地丁田赋（两）	占比（%）	顷均赋税（两/顷）
直隶	627 978	9.69	2 406 697	8.27	3.83
江苏	676 977	10.44	3 999 894	13.75	5.91
安徽	328 940	5.07	1 689 815	5.81	5.14
浙江	455 412	7.03	2 963 907	10.19	6.51
山东	984 696	15.19	3 331 580	11.45	3.38
山西	483 334	7.46	2 941 434	10.11	6.09
河南	457 154	7.05	2 955 935	10.16	6.47
陕西	507 969	7.84	1 834 254	6.30	3.61
江西	479 231	7.39	2 030 828	6.98	4.24
湖广	762 056	11.76	2 407 006	8.27	3.16
四川	120 732	1.86	196 081	0.67	1.62
福建	125 050	1.93	1 252 081	4.30	10.01
广东	308 590	4.76	455 263	1.56	1.48
广西	79 424	1.23	377 804	1.30	4.76
云南	72 766	1.12	191 603	0.66	2.63
贵州	12 303	0.19	64 405	0.22	5.23
合计	6 482 612	100	29 098 587	100	4.49

资料来源：《左司笔记》，其中陕西包括陕西和甘肃两个布政使司，湖广包括湖北和湖南两个布政使司。

表 5-3　康熙三十九年江苏田地—赋税表

府	田地（顷）	占比（%）②	地丁田赋（两）	占比（%）	顷均赋税（两/顷）
江宁	69 076	1.07	357 877	1.23	5.18
苏州	96 783	1.49	1 298 484	4.46	13.42

---

① 本表中的占比指各省占全国的百分比。
② 本表中的占比指各府占全国的百分比。

续　表

府	田地（顷）	占比（%）	地丁田赋（两）	占比（%）	顷均赋税（两/顷）
松江	40 872	0.63	676 533	2.32	16.55
常州	62 234	0.96	586 141	2.01	9.42
镇江	34 399	0.53	247 391	0.85	7.19
淮安	144 756	2.23	325 054	1.12	2.25
扬州	134 485	2.07	364 229	1.25	2.71
徐州	94 372	1.46	144 185	0.50	1.53
苏松①	137 655	2.12	1 975 017	6.79	14.35
苏松常镇②	234 288	3.61	2 808 549	9.65	11.99

资料来源：《左司笔记》。

出其他省：山东（249 322 石）、河南（121 664 石）、安徽（264 810 石）、江苏（1 836 780 石）、浙江（861 724 石）、江西（770 309 石）、湖北（132 396 石）、湖南（133 853 石），亩均漕粮如下：山东（0.002 5 石）、河南（0.001 7 石）、安徽（0.015 6 石）、江苏（0.023 石）、浙江（0.018 7 石）、江西（0.016 1 石）、湖北（0.002 3 石）、湖南（0.004 2 石）。③ 根据（乾隆）《江南通志》记载的雍正十三年（1735 年）江苏漕粮与漕银情况，江苏漕粮总额约 239 万石，亩均漕粮 0.034 石，亩均漕银 0.011 两，苏州、松江、太仓的亩均漕粮明显高于江苏均值。其中，苏州亩均漕粮 0.134 1 石，是均值的 4.5 倍；亩均漕银 0.042 两，是均值的 4 倍。④

---

① 指苏州府和松江府。
② 指苏州府、松江府、常州府和镇江府。
③ 此处田土数据来源于（乾隆）《大清会典》，漕粮数据来源于《漕运则例纂》，二者修纂时间都在乾隆年间。
④ 见本书"第二章·江苏州县财政收支实态"。

清朝自开国以来,江苏的多任巡抚、布政使都向中央政府进言要求对苏松二地减赋。如前文提及的康熙四年(1665年)布政使韩世琦、康熙十年(1671年)巡抚玛佑、康熙十三年(1674年)与康熙二十一年(1682年)布政使慕天颜、康熙二十四年(1685年)巡抚汤斌都向中央政府上疏请求减赋。然而这些请求无一例外地被朝廷驳回,如韩世琦的奏疏就被中央政府"覆以赋役全书征收已久,未便,准从部臣,额遵成宪"驳回。除地方官员以外,江苏籍的官员也呼吁朝廷减赋,如华亭人施维翰就提出:"今称田赋之最重者莫若东南,东南之最重者莫若苏松,夫一夫不获,皇上深以为忧,况此数百万之穷黎数百年之困苦,独抱向隅,良可悯也……今遇皇上轸念民生疾苦之时,谨冒昧上闻,伏乞特赐辰断。"① 在江苏担任过县官的士人也请求朝廷减赋,如曾任上海县县令的任辰旦提出"请酌苏松之赋额,以遂民生,以均国课"。② 除此之外,江苏的百姓也屡次请求减赋,康熙二十八年(1689年)、三十八年(1699年)郡民张三才、胡克成、朱士楷、黄鸿基与陆大鹏、邵之德、王达中、周元惺先后进言请求降低赋税,"伏乞皇上沛旷世洪恩,除故明积,或与接壤之常州同其赋额,或于苏郡现存一百余万石之加增、松郡现存五十余万石之加增,量酌减豁"。③ 这些向中央请求减赋的奏疏皆"恪于廷议,不果行",④ 如康熙二十九年(1690年),康熙御午门外,与内阁大学士伊桑阿等会议豁免江南浮粮事,康熙皇帝发布上谕:"苏松浮粮一事,朕刻刻在心,此明之弊政,岂可踵而行之?其会同九卿詹事掌印不掌印科道官详议以闻。"但即便康熙亲自过

---

① 《苏松历代财赋考》,清康熙刻本。
② 《苏松历代财赋考》,清康熙刻本。
③ (嘉庆)《松江府志》,卷二十一。
④ 陈其元:《庸闲斋笔记》,中华书局,2015年,第140页。

问,中央还是没有直接削减苏松的税额。①

虽然中央未能降低江苏的税额,但又多次对江苏赋税进行了大量的蠲免。学界对此做出初步估计,李向军认为:江苏灾免量占其总额的 3.7%(笔者按:灾蠲总量与灾免总量统计口径不一,前者包括灾免和免欠,后者仅灾免)。② 徐建青通过对地方志的梳理得出:康乾时期,江苏每年蠲免量占赋税总量的 20% 至 30%。③ 罗仑与范金民认为:清代前期,苏州府和松江府蠲免量约为额定地丁银的20%,或实际赋税额的 15%。④ 李光伟认为:康雍乾时期,蠲免江苏赋税积欠银合计 3 030 万两,年均约免额赋银的 7%。⑤ 笔者亦对康熙五十一年(1712 年)至雍正四年(1726 年)的江苏赋税减免进行计算,认为:江苏自康熙五十一年(1712 年)至康熙六十一年(1722 年)蠲免量占总赋税量的 12.63%。⑥

但赋税蠲免总归和直接削减赋税额不同,同时,赋税蠲免在一定程度上还会加剧地方亏空。雍正二年(1724 年),怡亲王胤祥上疏:

> 苏、松二府,明代屡增之额,因未经详悉奏请,至今仍旧。伏查苏州条折、兵饷、徭役、人丁、匠班、随漕经费等项岁征银一百六十二万六千九百两零,松江八十三万三千五百三十两零。苏州府正耗漕白等项岁征米九十七万五千二百三十石零,

---

① 王士祯:《居易录》,卷四,清文渊阁四库全书本。
② 李向军:《清代荒政研究》,第 60 页。
③ 徐建青:《清代康乾时期江苏省的蠲免》,《中国经济史研究》1990 年第 4 期。
④ 罗仑.范金民:《清前期苏松钱粮蠲免述论》,《中国农史》1991 年第 2 期。
⑤ 李光伟:《清代江苏田赋积欠蠲免研究》,《中国经济史研究》2018 年第 5 期。
⑥ 见本书"第三章·第二节"。

松江府四十一万八千五百八十石零，民间输纳完者居多，且天庾正供，兵食攸关，无庸请减。惟额征地丁银项，至次年奏销之期，苏州一府民欠必至三十余万两，松江一府十五六万两。

　　幸遇圣朝蠲免宿逋至数百万，而数年之内粮户日受追比之苦，地方官亦因承追而罢去者，多矣。此虽有额征之名，而无征收之实也。我皇上心周蔀屋，洞照万里。雍正二年，江西南昌府属明初加增浮额，已蒙恩旨酌减宽免。今苏松浮粮，事同一体，但从来加浮之额为数太多，或应酌减几分，仰候皇上钦定。①

　　胤祥在奏疏中明言：苏松两府虽然额定赋税较高，但在每年奏销时，苏州府民欠多达30余万两，松江府民欠多达15至16万两。每年的拖欠赋税都由清廷以蠲免的方式处理，国家"此虽有额征之名，而无征收之实也"。因此，他提出降低苏松两府税额，雍正遂以"苏松浮粮多于他省，诏蠲免苏州额征银三十万、松江十五万，永著为例"。②

　　实际上，削减税额只是降低江苏应征赋税，对政府实际能征收到的赋税规模没有实质性影响。这就好比，江苏每年只能完成200万两白银的赋税，那么中央规定300万两也罢，250万两也罢，都不会将江苏每年能完成的赋税额从200万提高到250万。但是削减额度也有好处，如果以前中央规定300万两，江苏只能完成200万两，那么每年就会造成100万两的民欠；现在中央将赋税额削减到250万两，那么民欠也就会从每年100万两下降到50万两。正如本书第三章第三节中所论证的：江苏的应征赋税在康熙时期和雍正时

---

① （乾隆）《江南通志》，卷八十四。
② 《清史稿》，志一〇三。

期分别为372万两和335万两，应征赋税的下降得益于苏州和松江两地的税额削减。但江苏实征赋税在康熙和雍正时期分别为312万两和302万两，相较于应征赋税的下降，实征赋税规模下降幅度较小，但这使得赋税完纳率从83.9%直接提高到90%以上。削减赋税之后，中央没有多得多少，百姓没有少交多少，也就是民欠似乎没那么多而已、赋税完纳率没那么低而已，也算是给国家补上了"面子"。

2. 析县

析县又称为分县，即是将钱粮大县分立两个或者多个小县，这样可以使得每一个县的官员更容易了解这一地方的赋税钱粮事宜，且减轻了地方官员的工作量，便于催科完赋，减少地方亏空。

江苏所属南部的州县赋税沉重，但是朝廷催科甚紧："地丁钱粮经征之州县官未完，不及一分停升罚俸一年，一分降职一级，二分至四分递降至四级并戴罪催征，五分以上革职。督催之布政使司、道、府、直州未完不及一分停升罚俸半年，一分罚俸一年，二分降职一级，三分至五分递降至四级并戴罪督催，六分以上革职。巡抚未完不及一分停升罚俸三月，一分罚俸一年，二分降俸一级，三分降职一级，四分至六分递降至四级并戴罪督催，七分以上革职。"①

地方官很难按时足额完成赋税，完成考成，产生的亏空也会日积月累，并受到中央的责罚。同时，清代州县官多出身科甲，公务经验不足，钱粮刑名诸事一方面要依靠幕僚，另一方面要依靠地方胥吏、士绅。尤其是赋税钱粮征收方面，胥吏、士绅往往在政府官方账簿之外另立私簿，官方账簿往往又与州县实际情况相去甚远，地方官就不得不依靠私簿来征收赋税，这就给地方胥吏和士绅提供

---

① 《大清会典则例》，卷三十七。

了侵蚀钱粮乃至要挟州县官员的机会。同时,"铁打的营盘流水的将军",地方官员无法完成考成就会被题参乃至罢免,胥吏、士绅以及欠户也知道这个道理,"计一官到任,不过数月,初参续参,即相继而至。各顽户明知本官不久离任,益以抗纳为得计。该书役亦知参限将届,并不上紧催追,甚至乘机滋弊"。① 他们或是以抗税为手段要挟官员,或是陋规为办法腐蚀官员,与州县官结成利益结合体共同侵蚀赋税。同时,官员不能久任则难以熟悉政务,这也给胥吏、士绅从中舞弊提供机会。由此赋税沉重、考成严苛、官员轮替频繁之间形成恶性循环。

对此,一部分官员提出"分县论",即将钱粮大县分立两个或者多个小县,这样可以使得每一个县的官员更容易了解这一地方的赋税钱粮,便宜于催科完赋,从而减少亏空。早在顺治十二年(1655年),松江知府李正华就提出"以华亭田赋百万,非一令所能经历,请分两县",② 后巡抚张中元具题,于顺治十三年(1656年)从华亭县中分出娄县。

雍正年间,中央对江苏南部地区的苏州、松江、常州等地的州县进行"化大为小"的改革,范金民从财政与政府治理的角度全面解读地方析县行为。③ 雍正二年(1724年)两江总督查弼纳上疏:

> 江南为财赋重地,而苏松常三府之州县,尤为烦剧,额征赋税,款项繁多。狱讼刑名,案牍纷积。为牧令者,即有肆应之才,亦难治理。请将苏州府属之长洲、吴江、常熟、昆山、

---

① 汪志伊:《敬陈吏治三事疏》,《清经世文编》,卷十六。
② (嘉庆)《松江府志》,卷一。
③ 范金民:《政繁赋重,划界分疆:清代雍正年间江苏升州析县之考察》,《社会科学》2010年第5期。

嘉定五县，太仓一州，松江府属之华亭、娄县、青浦、上海四县，常州府属之武进、无锡、宜兴三县，各分立一县。①

奏疏中先分析析县的原因——江南财赋繁重，事务繁杂，难以治理。清廷重新对江苏州县做出调整。苏州府：长洲县析出元和县，昆山县析出新阳县，常熟县析出昭文县，吴江县析出震泽县；松江府：华亭县析出奉贤县，娄县析出金山县，上海县析出南汇县，青浦县析出福泉县；常州府：武进县析出阳湖县，无锡县析出金匮县，宜兴县析出荆溪县；太仓州析出镇洋县。

这些分县有一个特点就是新设县不设置专门的治所，而是与旧县同城治理，查弼纳提出："至于建立城垣，工费浩繁。江南虽有大市镇，率多溪河水港错杂其间，形局不能方整。应将新县之官吏衙署，各与旧县同城而居，如系附郭之县所分者仍驻府城，其学宫亦不必另建，似为省便。"部分州县甚至于将衙署寄寓寺道之中，华亭人黄之隽曾有《过南桥诗》中言道："三女冈前寺，奉贤新县居。"②指的是当时华亭县析东境为奉贤县，奉贤县先后已经经历两任县令，但是依旧没有专门的衙署，暂寄寓于寺庙里。而且这一次的分县并不涉及江苏省北部的淮、扬、徐、江、镇诸府，而仅仅涉及苏松常太四府，因为后者较之于前者赋税显然沉重许多。对于这次分县调整，太仓人沈起元有着精辟的论述："往者江南苏松诸郡，于州县之大者设官分县，止以漕赋太重，非一令所能办理。故分立州县，此专从赋税起见，不为控制地方而设，故所分新县，率皆同城而治。"③

---

① 《清世宗宪皇帝实录》，卷二十四。
② （嘉庆）《松江府志》，卷二。
③ 沈起元：《复议分立州县书》，《清经世文编》，卷十八。

3. 完善赋税征管制度

除减税、析县以外，进一步完善赋税管理制度也是必要之举，中央政府进一步加强在赋税征收、钱粮管理、官员交接、亏空追赔等方面的管理。对此，我们可以将其和康熙时期的举措进行对比：

表5-4　雍正时期地方财政管理制度沿革表

	康熙时期主要举措	雍正时期主要举措	主要变化
赋税征收	康熙三十九年：强调"自封投柜"	雍正二年规定：如果纳税人自封后，发现短少，可将原银发还，仍于原封内照数补足缴纳，不能另行要求增补。	
		严格管理征收卯簿，令地方官员必须亲自核对赋税完欠情况，不能由胥吏办理。	
	康熙二十八年：实行"三联串票"	在三联串票的基础上发展为四联串票，一送府，一存串根，一给花户，一于完粮柜旁别设一柜，令花户完银时自投柜中，州县官取出对流水簿勾销欠册。	增加胥吏舞弊难度
		雍正二年规定：百姓完纳钱粮，当令粮民户户到官，不许里长甲头巧立名色，希图侵蚀。闻有不肖生员监生本身原无多粮，倚恃一衿，辄敢包揽同姓钱粮以为己粮，秀才自称儒户，监生自称官户，每当地丁漕粮征收之时，迟延拖欠。不即输纳，通都大邑固多，而山僻小邑尤甚。该督抚立即严察晓谕粮户，除去儒户、官户名目，如再有顽抗生监，即行重处，毋得姑徇。倘有瞻顾不力革此弊者，或科道官参劾，或被旁人告发，必治以重罪。	顺治十二年，严禁洒派、包赔、包揽行为。此次再次重申禁止包揽行为

续 表

	康熙时期主要举措	雍正时期主要举措	主要变化
官员交接	康熙二年：凡限内接征接催之官，均接前任官，总作十分题参，至巡抚等官催征限满，逾期不将所欠督催分数及属官分数题参者，照原参分数加等治罪；官员催征钱粮于未催完之先被别案降调离任者，仍罚俸一年；升转官，如本任有未经销算钱粮，扣足分内月日分数全完后，方许赴新任。若本任内未完，即赴新任者，降职二级。该管官遇属官有任内未完钱粮即准赴新任者，降职一级皆调用，督抚罚俸一年。康熙十八年：对州县官将挪移钱粮捏造民欠、上级官员勒逼下级官员挪移钱粮等行为进行限制：州县官将已征钱粮挪用，诈称民欠，司道府官隐匿不报者，皆革职提问，督抚徇纵不参者，革职；该管上司逼勒下属挪移库银，本官自首审实免议，上司照贪官例治罪，如逼勒至死者，许家属赴督抚具告，督抚不准理，许赴通政使司鼓厅具告，审实将逼勒者抵罪，不准理者，革职。	雍正二年规定：州县新旧交代，照例于两月内盘察明白，出具印结详报，如有督抚逼勒交盘者，许新任官揭报到部，由部题参，与都察院审明议处；雍正四年规定：州县交代除实在、民欠外，其有将已征在官之钱粮侵蚀亏空捏称民欠令接任官接受者，接任官即揭报督抚司道，该督抚即据揭题参，或督抚司道护庇离任之员，该管知府知州畏虑分赔因而抑勒交盘者，被抑勒之员直揭部科，部代为陈揭司道府州等官，令各该督抚据实确审定拟具奏。有干连督抚者，将具揭之员与前任亏空之员均押解赴京，令都察院察审明确，将抑勒之事一并治罪，或系诬捏将诬捏之员交刑部加倍治罪。倘前任亏空，后任官徇隐不报，出结接受者坐后任官赔补，或已经接受至本身离任之时有亏未清称系前任亏空者，将欠项追赔外，仍治以徇隐私受之罪。其出揭之员经调任他省，该管上司有因该员从前揭报之故多方搜求借端诬陷者，许该员于都察院呈辨，果系参处冤。抑将该上司议处。如该员本有应得之罪借从前揭报之名，诬捏呈辨者于本罪之外加倍治罪。同时规定：府级官员离任时，除本任内仓库钱粮仍照定例限两月交代，其所辖州县一切正杂钱粮，再限一月造册交代，令署官盘察出结，如署官察出亏空揭报，即	设定新旧官员的交接时间，强调接任官在监督亏空中的作用

续 表

	康熙时期主要举措	雍正时期主要举措	主要变化
官员交接	康熙二十七年：继续规定藩库交代钱粮，如有侵盗亏空等弊，将隐匿不参之该督抚革职，如督抚有侵盗入己之处，照侵欺例从重治罪；州县亏空，知府不揭报，反逼新任官出结者，革职。康熙四十四年：凡知府盘察出结之后，州县一有亏空，知府无论几时察出揭参，免其从重治罪。	着前任府州均半分赔，署官亦与新任官造册交代，如逾限不即交代，及该管官督催不力者一并议处。	设定新旧官员的交接时间，强调接任官在监督亏空中的作用
追赔拖欠	康熙二年：地丁钱粮被参后，催征时州县官限一年，布政使、道府、直隶州知州限一年半，巡抚限二年，其年限内不完，不复作分数，照原参分数处分。州县官原欠不及一分，年限内不全完者，降一级留任，再限一年催征，如又不能完，即照所降一级调用；原欠一分，年限内不全完者，降三级调用，如果能催征完至八九厘者，降三级留任，再限一年催完，如仍不全完，降三级调用；原欠二分，限内不全完者，降四级调用；原欠三分，限内不全完者，降五级调用；	雍正二年规定：凡追赔各项拖欠帑银，以一年为一限，计其应追之数，分为三限，令其完偿；其有不按限交完者，见任官初限不完解任，令同二限银戴罪完纳，如二限内将初限二限之数全完，以原官补用。如仅完初限，二限未能全完，仍戴罪追比。若初限、二限并不完纳，将职衔革去，同三限银一并严追。此三限内，能将三年分数全完者，仍开复补用。能完二年分数者，复其职衔戴罪完纳，能完一年分数者，仍革职严。追倘三限均不能完交，刑部治罪，所欠帑银于家属名下严追；无官人等初限不完监禁，仍同限银并追如，二限内将初限二限之数全完，暂予释放。如仅完初限，二限不能全完，仍监禁追比。若初限、二限并不能完，令该旗该地方官将家产封守严追。此三	细化追赔亏空的时间和办法，提高惩罚力度

续　表

	康熙时期主要举措	雍正时期主要举措	主要变化
官员交接	原欠四分以上，限内不全完者，革职。	限内，能将三年分数全完者，仍开复补用。能完二年分数者，复其职衔，戴罪完纳。能完一年分数者，仍革职严追。倘三限均不能完，交刑部治罪。所欠帑银于家属名下严追。无官人等初限不完，监禁，仍同限银并追，如二限内将初限、二限之数全完，暂予释放。如仅完初限，二限不能全完，仍监禁追比。若初限、二限并不能完令，该旗该地方官将家产封守，一年不完照初限例处分，二年均不完即照三限例治罪，倘二年内完一年之数，再限一年，仍不能完或完不足数，亦即治罪。	对追赔亏空的时间和办法做出调整，更加细化。同时惩罚也更加严厉
其他		雍正元年议准，嗣后藩库钱粮每年奏销时，该省有总督者，令总督会同巡抚亲察。无总督者，责成巡抚盘察。钱粮无阙，出具印结于奏销本内保题。如有亏空，该督抚题参，如扶同徇隐一并治罪，照例分赔。如督抚抑勒下司那借滥动以致亏空者，该布政使司即照新旧官交代不明之例通详，各部院或具揭秘送各部院据揭奏闻，将督抚议处。知府盘察仓库凡，一应礼物永行禁止；总督有管辖两三省之责，或隔二三年，或隔三四年，于题明巡察地方之便，会同盘察藩库。	

此外，清廷还进一步加强对官员与胥吏勾结行为的禁令。雍正三年（1725年）规定：直省督抚通饬各属，严禁州县官收取蠹书礼物，纵容勒索票钱犯者，督抚指参，州县官以犯赃论，胥吏从重治罪；雍正五年（1727年）规定：贡监生员非本身钱粮包揽代纳入己以致拖欠者，不论分数均黜革治罪。若包揽拖欠至八十两者计赃，以枉法论。其包揽虽无拖欠，亦即黜革，再照所纳之数追罚一半入官。至愚民希图自便听人揽纳者，照不应重律治罪，仍追包揽之数入官，其不行察出之该管官罚俸一年。对于江苏地区，则规定：江南各州县经征积弊每开征时，于经承中佥点一名为总书，皆系奸胥承充行。令该督抚将总书名色革去，选择书办十数人，分图管理，每图每甲设立印簿二本，令花户自注完纳于每限下，以杜隐阁飞洒之弊，每年带征钱粮限三月彻底清厘，刊示晓谕。

二、制度改革（二）：耗羡归公与养廉银

火耗归公即将地方存在的火耗银作为地方公费，养廉银即是从已经归公的火耗银之中取出一部分作为对官员的俸银的补充。从康熙时期开始，皇帝就已经认识到地方官员挪移钱粮的根本原因是地方存留银不足。康熙初年，中央财政吃紧，[①] 康熙十四年（1675年）、康熙十五年（1676年）朝廷对上海县存留项目进行大规模削减，康熙十四年（1675年）削减51项计2582两余，康熙十五年（1676年）又削减61项，其中抚院、知府、同知等俸工银184两全部捐官，本县儒学考试银93两部分裁减，其他尚有54项1636两余全部裁减，两次裁减合计105项4218两。存留在地方的银两只有

[①] 参见杨涛：《清初顺治朝的财政危机与敛赋措施》，《云南师范大学学报》（哲学社会科学版）1990年第3期；袁一堂：《清初财政问题初探》，《中州学刊》1991年第2期等。

49 339.8两，这其中除去白粮用银和兵饷没有被裁，其余都有裁项，兵饷和白粮用银占41 373.6两，其余只有7 966.2两，而朝廷两次裁减共计4 218两，只留给地方3 748.2两。这一现象在湖北、广西等地都已出现，相关研究的学者也一致认为由于朝廷大规模的裁减地方存留银导致地方财政严重不足。①

对此，康熙深知其弊："上谕大学士等曰：适科臣郝林条奏名省钱粮亏空，郝林但知州县钱粮有亏空之弊，而所以亏空之根源未之知也。凡言亏空者或谓官吏侵蚀，或谓馈送上官，此固事所时有，然地方有清正之督抚而所属官员亏空更多，则又何说？朕听政日久，历事甚多，于各州县亏空根源知之最悉。从前各省钱粮除地丁正项外，杂项钱粮不解京者尚多。自三逆变乱以后，军需浩繁，遂见一切存留项款尽数解部，其留地方者惟俸工等项，必不可省之经费。又经节次裁减，为数甚少。此外则一丝一粒无不陆续解送京师，虽有尾欠部中亦必令起解。州县有司无纤毫余剩，可以动支，因而有挪移正项之事，此乃亏空之大根源也。"所以康熙说："若因公挪用五百两则处分甚重，今但责令赔偿足额，其罪似乎可宽，不必深究。凡事不可深究者极多，即如州县一分火耗，亦法所不应取，寻常交际一二十金，亦法所不应受。若尽以此法，一概绳人，则人皆获罪，无所措手足矣。"②可以看出，正是因为皇帝本身对于因公挪用本身比较理解，加之自己南巡耗费无算，所以康熙对于宜思恭案中挪移而造成的亏空没有做严厉的处罚，甚至还将一部分亏空全部蠲免。

难道地方官只有这么一丁点存留银吗？其实不然。在地方官员

---

① 匡小烨：《清代存留制度与地方社会——以湖北为例》，华中师范大学硕士学位论文，2004年；杨占坡：《清代广西存留制度研究》，广西师范大学硕士学位论文，2009年。
② 《清圣祖仁皇帝实录》，卷二四〇。

征收赋税时会加一定的火耗,地方各级官员之间还会收受一定数量的陋规,这部分是地方官的主要收入来源。瞿同祖在《清代地方政府》一书中"州县官的收入与地方财政"一节中论述得极为详彻。① 在清代,耗羡和陋规是极其普遍的现象,甚至构成官场中的规则。② 以江苏来看,作为巡抚张楷曾统计过他能获得的各种陋规:一年除各衙署的节情规礼以外,又有司库平规 4 000 两,两淮盐规 24 000 两,浙省盐规 8 500 两,浒墅关规礼 8 800 两,扬州、龙江、上海三关监督系送貂皮人参骠马等,以上只算银就有 45 200 余两。③ 此外,担任过江宁布政使的石麟也曾将一年的开销情况报告给雍正,其中提到:收入方面,州县火耗银 22 846 两、饭食银 8 055 两、各处赴司挂号监费 3 659 两、去年盈余 3 150 两,以上收入合计 37 710 两,但是当时一个布政使的俸银不过 155 两。支出方面,起解京饷补平银 14 550 两、给总督规银 4 000 两、给巡抚规银 8 000 两、自己的办事人员八人支出 1 600 两、父母兄弟以及族人开销 1 100 两、自己盘缠以及下人用银 3 260 两,以上合计支出 32 510 两。这一年,石麟除去所有开销,尚剩余 5 200 两。④

地方亏空数额虽大,但是地方官员耗羡和陋规收入也不少,雍正皇帝深知其中弊端。于是,提解耗羡成为解决亏空问题的主要手

---

① 瞿同祖著,范忠信、晏锋译:《清代地方政府》,第 37 页。
② 张妍:《清代社会经济史研究》,《从'耗羡归公'看清朝财政体系及当代'税费改革'》,北京师范大学出版社,2010 年,第 62 页。岁有生:《清代州县经费研究》,大象出版社,2013 年;刘志伟:《略论清初税收管理中央集权体制的形成》,收录于《中山大学史学集刊》第一辑,中山大学历史系编,广东人民出版社,1992 年;曾小萍著,董建中译:《州县官的银两——18世纪中国的合理化财政改革》,"非正式经费体系",第 25 页。陈东林:《试论雍正"提耗羡,设养廉"的财政改革》,《史学集刊》1984 年第 4 期;王旭东:《清代雍乾时期文官养廉银制度初探》,《青海社会科学》1984 年第 4 期。
③ 张楷:《奏报不受规礼补亏空等事折》,《雍正朝汉文朱批奏折汇编》,第五册,第 566 页。
④ 觉罗石麟:《奏报剩余公用银数折》,《雍正朝汉文朱批奏折汇编》,第七册,第 858 页。

段,"雍正时期的提解耗羡,其直接动机是出自财政上的需要,即弥补亏空"。① 雍正二年(1724年),山西布政使高成龄上疏,他提出"提解耗羡",即将地方耗羡银收归国库,他认为上官如果提解耗羡,则地方属官必定以此为陋规节礼,上官收受属官规礼则受制于属官,属官因上官受其挟制而肆行无忌,以至于"损名节,败官常,朘民膏,亏国帑"。而提解耗羡则有三利:其一,免去官员盘剥;其二,杜绝地方科派;其三,弥补地方亏空。他举例子说前任巡抚时,地方亏空要求各级官员赔偿,却不分这些官员有无亏空,而现任巡抚诺岷却将每年耗羡二十万两贮存下来补无着亏空。② 对于山西的这种观点,河南巡抚石文焯也表示赞同,他先是描述河南省地方亏空现状,继而也提出以地方耗羡规礼作为弥补的办法。③

苏州巡抚陈时夏与布政使张坦麟也提出"耗羡归公"政策,但二者之间又有不同:

张坦麟认为江苏耗羡无论民户、宦户输纳正杂钱粮,耗羡一律加一钱,其中二分留作州县养廉银,八分提解省以作地方公费,这样江苏省每年可得耗羡银 301 294 两,其中给予经办朝廷的造船、颜料、锡蜡等物以及省府各官养廉银 193 086 两,其余可以剩余 108 200 两用以弥补江苏 881 万两的巨额亏空。雍正批示:"此法甚善,出自诺敏创始。朕前谕甚口,不便通谕令行。今尔等思及此,如是办甚属妥协。"④

---

① 庄吉发:《清世宗与赋役制度的改革》,170页。
② 高成龄:《议覆提解耗羡疏》,《清经世文编》,卷二十七。
③ 石文焯:《河南巡抚石文焯奏陈著落赔补亏空折》、《河南巡抚石文焯奏陈详议完补亏空之法折》,《雍正朝汉文朱批奏折汇编》,第二册,第890、892页。
④ 张坦麟:《奏覆提用耗羡银两情由折》,《雍正朝汉文朱批奏折汇编》,第十册,第901—902页。

陈时夏也主张将耗羡一律加一钱，江苏省当时额征地丁钱粮3 561 858两，此外还要带征康熙五十一年（1712年）至雍正元年（1723年）亏空银每年590 648两，这样江苏省可以获得415 250两耗羡银。但他却认为不应给州县留银，而是"各州县耗羡同正项一总解司经手，应给各衙门养廉所定之数，按季给发"，耗羡银全部总归司库，各督抚司道以及府厅州县官员养廉银俱从司库支取，各州县按照大小以及政事繁简给予不同的数额的养廉银。至于经办中央政府的造船、颜料、锡铁、蜡烛等公用物品，以及给予胥吏的工食银按需给予，次第料理。凡是动用耗羡，布政司需要逐一请明督抚衙门，照数支用，每个季节各造册存留以待岁末核实。陈时夏强调各州县情况不一，如果按张坦麟的主张"二分留作州县养廉银"，那么各州县有的会有剩余、有的则明显不足，因此他主张"各州县耗羡同正项一总解司经手"。雍正也赞同陈时夏的主张，认为"张坦麟所见卑浅，你主见是朕意。既提不如全提，以免不肖州县舞弊也"。此外，陈时夏强调耗羡银的使用，要"布政司逐一详明督抚衙门照数支用，四季各造一册送核，统于年终将一年提贮耗羡之数与支用之数开造管收除在四柱清册会核，密折奏闻。所有存剩银两，听候拨解"。对此，雍正则强调"岂有听后拨解之理，只可完本省公事"。① 依照雍正的意思，即耗羡银必须有省里统一管理，但是不能和正项钱粮混作一谈，并要求以耗羡银弥补亏空。

此后新任苏州巡抚王玑确定江苏养廉银方案，他计算出每年江苏省耗羡银可得到341 000两，其中用于各官养廉银约184 300两，

---

① 陈时夏：《奏报耗羡归公之法折》，《雍正朝汉文朱批奏折汇编》，第十册，第914页。

用于通省公费银约 121 300 两,剩余约 36 000 两。①

表 5-5　江苏省养廉银支给表

职　官	数额（两）
总督	6 000
巡抚	12 000
巡察	1 200
清查御史	1 000
学政	1 500
水利郎中	1 000
布政使	10 000
按察使	8 000
江镇、苏松和淮扬 3 道（2 500 两/人）	7 500
江宁和苏州 2 府（3 000 两/人）	6 000
松江、常州、镇江、淮安和扬州 5 府（2 000/人）	10 000
同知 7 员（500 两/人）	3 500
通判 8 员（400 两/人）	3 200
管河同知 9 员（500 两/人）	4 500
管河通判 5 员（400 两/人）	2 000
州县 66 员养廉并备公银（1 200 至 2 400 两/人）	103 900
征员出差路费银	3 000
总计	184 300

资料来源：曾小萍著，董建中译：《州县官的银两——18 世纪中国的合理化财政改革》，第 145 页。

① 王玑：《奏报通省提解司库耗羡银两情形折》，《雍正朝汉文朱批奏折汇编》，第十五册，第 308 页。

按照雍正和陈时夏的想法，如果以这每年的 36 000 两去弥补 8 810 000 两的亏空巨额，那终清一朝，难有补完亏空之日。一年后，尹继善又提出修改意见，他将学政养廉银从 1 500 两提高到 2 000 两，又把苏松、常镇、淮扬各道从 2 500 两提高到 3 000 两，另外再给押运人员四十三员养廉银 200 两、押运同知一员养廉 250 两，又设置江宁府江防同知、苏松常三府同知通判、淮徐道太湖水利同知等，各给养廉银。① 这样下来仅有的 36 000 两剩余火耗银也为数不多，又怎么能去弥补亏空？所以说，朝廷与地方政府征收耗羡、设置养廉银的目的中虽然提到要弥补亏空，但是"理想很丰满，现实很骨感"，从实际数目来看，这些养廉银根本背不起亏空"那口大锅"。但是提解耗羡与设置养廉银对于地方财政也有一定的帮助，即把官员可以肆意花销的陋规银变为属于省内的公用银，将官员可能获得陋规银转变为地方财政的收入。虽然雍正和陈时夏要以耗羡银来弥补亏空着实是一句大空话，但是这些银两可以减少地方亏空的出现和降低地方亏空的数额，就如顾炎武所论"京债"，他说官员待在京城等候派遣任职时，花销甚大以至于负债累累，到了地方就不得不去贪污挪移来弥补负债，以至于形成地方亏空，② 而现在朝廷给予养廉银，最起码这些官员就不再需要或者只需要很少的一部分正项钱粮去弥补自己的负债。

耗羡归公改革旨在解决地方存留太少的财政体制问题，江苏通过额定火耗，得到每年多达三十四万两可供地方使用的耗羡银，以这一部分耗羡银去解决由于挪移正项钱粮所造成的官侵问题。但从

---

① 尹继善：《奏报核查官员养廉银两折》，《宫中档康熙朝奏折》，第十六辑，第 232 页。
② 顾炎武：《日知录》，卷二十八，清乾隆刻本。

最终亏空清查的结果来看,①官侵也并不是造成亏空的重点原因,同时抛出养廉银和公事费之后,耗羡收入也剩不下多少,根本无法去弥补已有的亏空。所以如果从治理亏空的角度来看,"耗羡弥补亏空"本身就是一个彻头彻尾的伪命题。

更进一步来说,耗羡归公后,围绕归公后的耗羡到底应该由中央来管理,还是由地方管理？是由省级政府统筹管理,还是留足州县再由布政使统筹？是作为地方经费由地方自主管理收支,还是应和正项赋税一样"走"奏销程序？即便是负责实施"耗羡归公"的巡抚陈时夏与布政使张坦麟都存在两种观点——张坦麟强调"其中二分留作州县养廉银,八分提解省以作地方公费",而陈时夏则主张"全部总归司库",由省里统一安排;陈时夏提出"所有存剩银两,听候拨解"。雍正强调"岂有听后拨解之理,只可完本省公事"。虽然,耗羡归公开始时是以"以地方收入完地方事务"为目的,也从未被当成正项赋税进行管理,甚至还想着"将来亏空全清,府库充裕之日,渐减渐革"。②但耗羡银却在地方和中央的双重推动下很快变成中央控制的法定赋税,董建中对这一过程进行了深入的分析。③

早在是否推行耗羡归公政策时,地方官员就提出将所得耗羡银"具折题销",按照正项钱粮进行奏销。其中如雍正的宠臣田文镜就提出用耗羡银两制造盔甲,工部"驳令题销",雍正认为"各省耗羡银两与营伍中数分公粮存贮公所,原为本省本营之中或有公事需用,或为各官养廉,使地方营伍备用有资,不至派累兵民,乃通权达变

---

① 根据本书的第五章第三节中"表5-6：雍正九年九月清查结果表"与"表5-7：江苏各州府钱粮亏空清查表"可以得知在江苏省亏空中,民欠最大,占53.33%,吏蚀占43.4%,官侵占0.3%。详细论述见后文。
② 《清通典》,卷七,清浙江书局本。
③ 董建中：《耗羡归公的制度化进程》,《清史研究》2000年第4期。

之法。其来久矣,并非正项钱粮可比也。迩来督抚提镇中小心拘谨者,恐目前经手,将来无以自明,具折奏请咨部以记出纳。原系见小之举,该部止应存案,此并非开销正项钱粮也。若将耗羡银两俱比照正项具题报销,相沿日久,或有不肖官员指耗羡为正项,而于耗羡之外又事苛求,必至贻累小民,此风断不可长"。① 按照雍正最初的想法,耗羡与正项不同,其本身是以地方收入弥补地方亏空和公用的非正式举措,因此只需要咨部存案不需要按正项进行奏销。但由于耗羡在支出过程中存在挪移、透支、借用等行为,"竟有庸劣无识之人,将此项银两视为无足轻重之物,而不念其为民脂民膏,或挪补借支,或任意费用,前任含糊交代,后任不便深求,竟将有关国计民生之项,渐成纸上空谈,而督抚亦不查察",等到雍正十三年(1735年),雍正就要求对各省实施耗羡归公以来耗羡银的收支情况进行清查,并要求"嗣后,按年分晰造册,随同奏销钱粮各册咨送户部核销",② 由此耗羡银"扶正"为正项钱粮,地方官员原来能够自行决定的耗羡收入转变为中央控制的正项钱粮。

第三节 归咎胥吏:江苏亏空治理中的"公约数"

一、雍正六年至九年亏空清查过程与结果

雍正六年(1728年)十一月三十日,皇帝再次发布谕旨,对张楷和陈时夏清查亏空作出总结:

是以从前令张楷将江苏民欠清查分晰,张楷并不清查,奏

---
① 王先谦:《东华录》,"雍正八"。
② 王先谦:《东华录》,"雍正九"。

称俱系民欠,请分年带征,朕虽姑允其请,意甚未惬。鄂尔泰于苏州布政使任内,实力稽查,将有头绪时,以云南巡抚职任綦重,将鄂尔泰补授,而清查之案又未竟其事。后陈时夏到任之后,一味怠忽疲玩,毫无整理厘剔之心,将从前分年带征之恩旨,并不分限催追,以一年应完之数捆征于一月之内,以致小民艰于输纳,地方官又奉行不善,日事敲扑严比,七府五州之黎庶不得霑被恩泽,朕心深为轸念。

乃陈时夏又奏称,苏松积欠难于清结,从前既蒙圣恩蠲免浮粮,今请以旧欠之粮均派于新粮户内分年征收,以抵补积欠。夫苏松浮粮,朕仰承皇考圣心,每岁额免四十五万两,煌煌明旨,布告亿兆,岂有既蠲正额,而复借此抵补积欠之理。朕以诚信待天下臣民,宁肯为巧诈之术乎。且旧欠自有本人,即非本人,亦自另有着落,若舍此不追而均派新粮,是刁民因积欠而得利,良民因先输而倍征。从此人人效尤,谁复输供正赋。况以旧欠派入新粮,旧欠未必全完,而新粮又致欠缺。此种狂悖之论,不过因朕留伊在苏州清理未完,一时不能脱身,而豪绅积蠹欲逞其抗粮之黠智,为此邪说足以耸听。陈时夏亦藉此法,或可草率完结,为脱身卸责之私计耳。陈时夏居心行事如此,实深负朕恩。

雍正分析张楷和陈时夏清查亏空失败的原因,认为关键原因是未能理清亏空的构成,或者是没理清亏空当中官侵、吏蚀和民欠的比重,只是简单地将亏空一概论为民欠。并重申本次清查要"将各州县官侵若干、吏蚀若干、实在民欠若干,一一厘剔清楚"。雍正六年(1728年)开始,雍正委派官吏又对江苏亏空进行清查,这项浩大的工程一直延续了3年。范金民教授已经对这次亏空清查的具体过程、清查规定与部署、实际做法进行了细致入微的考证，还原清查过程，本书以讨论清查大臣对造成亏空原因的分析为主，对此过程则略举其要①：

雍正六年（1728年）十一月，雍正派监察御史伊拉齐到苏州进行审查；十二月，伊拉齐提出整体方案，他将清查时间限定在康熙五十一年（1712年）之后，之所以限定在康熙五十一年（1712年）以后，主要是由于清王朝已经将康熙五十年（1711年）以前的所有亏空钱粮予以减免，同时康熙五十一年（1712年）至雍正六年（1728年）之间，清廷对于江苏省拖欠钱粮没有进行过大规模的减免，这样也有利用亏空清理工作。雍正七年（1729年）正月，中央再派户部侍郎王玑、刑部侍郎彭维新前往江苏，与巡抚尹继善、监察御史伊拉齐以及布政使赵向奎总理清查事宜，任命御史戴永椿、给事中钱兆沆、礼部郎中许均、刑部郎中胡增耀为分查人员，又派魏化麟等二十三员为协查人员。这样就由总理大臣、分查人员以及协查人员组成整个清查团队。

清查之外，负责清查的部分大臣实行边清查边催征的办法，乃至于以催得多寡为要务。雍正对此进行制止，并申明本次清查以厘清亏空为要务："清查各员俱以完纳钱粮为重，而以清查官侵、吏蚀、民欠置之度外，与朕旨不大相径庭乎？著将未完积欠概行停征，其中或有官吏侵蚀，今自首完纳赎罪者，听其交库外，其余民欠即有情愿缴纳者，亦不准收受。"

雍正七年（1729年）十月，温尔逊再次上疏：

---

① 范金民：《清代雍正时期江苏赋税钱粮积欠之清查》，《中国经济史研究》2015年第2期。

惟是清查之法，虽令州县印官协员查造欠册，注明花户姓名住址，逐一挨查。但江南各府情形不同，太仓一属，历来征收钱粮，皆出排年之手，故实征册内每图分为十甲，只载排年一人，并无花户姓名。惟自雍正三年臣在太仓，力行版图完粮之法，田粮户民方得清晰，从前积欠则尽开在排年名下，有一人管数甲者，有一甲管数年者，又每甲有朋充者，每年有接完者，诡弊多端，太仓镇洋共二千甲，嘉定宝山共七千八百余甲，通属排年共二万余人，逐年计之，愈难究诘，非别府所用区书，每县仅十余人，凡关钱粮，皆其一手掌握，父子相传，永无更换，家有底册，可以查追，令欲彻底澄清，难向排年究问欠户，臣恐其任意开报，或有不尽不实之初，将来挨查，何足为凭，故又令欠户亲往册局自行查对，势必随造随查，倘有查出又须改正，此欠册之未易告成者一也，各属绅士里民感戴皇恩，将历年积欠首报之后，有情愿完纳者自当填入册内，开除旧欠，但不能一并完纳，多系路线投交，势必随完随改，倘有续完，又须填入，此欠册之未易告成者二也，臣愚以为此番清查，首在劝其完纳，不徒在于造册，此番造册（错会朕意至于如此，可谓乱道之极），全在得其确实，不徒在于速成，至各甲积欠，难向排年究问欠户，如无欠户自归排年，断不容其侵蚀隐匿。①

温尔逊认为赋税清查中制造欠册难以完成，因此并不主张。

此后，清查中确定厘清民欠、官侵以及吏蚀的基本原则，民欠钱粮有历年的赋税清册可以稽查，而官侵与吏蚀钱粮却难以分析，

---

① 温尔逊：《分查江南太仓州属钱粮温尔逊奏报清查钱粮情形折》，《雍正朝汉文朱批奏折汇编》，第十七册，第75页。

对此分查太仓州的道员温尔逊提出"历年积欠，官侵甚少，民欠之外，吏蚀居多……窃惟吏蚀一项诡弊多端，果能先将官侵民欠二者截然分清，则吏蚀自必水落石出，无所容其隐匿也，故令该地方官查核欠数，开造清册，并注明粮户确实姓名住址以便逐户挨查，又一面开导劝谕，凡有侵蚀，各宜据实自首，庶免治罪"的方案。① 负责清查的彭维新也在给友人的一份书信中对此次亏空清查的原则进行总结，即"俾官侵不混入吏蚀，吏蚀不混入民欠，民欠不混入官侵、吏蚀，始不负澈底清厘之至意"。②

布政使制订清查《条议》，提出10条具体的流程，择其概要：先整理历年的实征册，即弄清楚每年实际征收的赋税钱粮；再整理出汇年欠册，即在实征册中弄清楚每户每年的完欠情况，同时制订汇查册，详载业户姓名、身份、住址，用以详查；再制订出自首册，登记官役士绅自首的挪移、侵蚀、包揽等情况；由承查人员，按册挨家挨户进行盘查。此外《清查略节》中也详细规定盘问的细节，包括询问户籍、田赋、有无包揽和洒派、是否冒名顶替等等情况。在具体执行中，官员往往追迫严厉，胥吏经常掩搪侵蚀乃至从中阻挠，乃至激起民变。

面对朝廷严格的清查，一部分士绅、胥吏、百姓自愿弥补亏空，如王溯维负责清查的松江府，他到任之后饬令自首，一个月后，士绅自首一万余，胥吏自首八万有余。③ 温尔逊负责的太仓州，其中太仓州申报积欠 166 894 两，自愿完欠 121 779 两；镇洋县申报积欠 181 666 两，自愿完欠 115 482 两；嘉定县申报积欠 711 954 两，自

---

① 温尔逊：《奏办理清查积欠钱粮事件情形折》，《雍正朝汉文朱批奏折汇编》，第十五册，第665页。
② 彭维新：《与马虞樽少司空书》，《清经世文编》，卷二十七。
③ 王溯维：《奏谢分查重任并办理情形折》，《雍正朝汉文朱批奏折汇编》，第十六册，第65页。

愿完欠 225 567 两；宝山县积欠 768 909 两，自愿完欠 83 215 两。①与此同时，一些地方官吏欺诈以及反对的声音也此起彼伏，比如原任华亭知县林口侵蚀银 8 600 余两，原任同知陈绅署武进县时侵蚀银 4 200 两，他们都捏作民欠。再如无锡的区书李铭儒侵蚀银两甚多，被追查大臣冯景夏缉拿，后经过居民杨士玉告发，居然发现李铭儒私自藏有征收底本多达 200 多本，伊拉齐与杨士玉核对两天，"始知此种簿内所开花户、姓名、田地、额粮及每年完欠数目俱皆详悉，其所侵蚀以完作欠，飞洒、花分、诡户、诡名各有私记暗号，只须一指，则种种弊端，查无不出。奴才随问杨士玉别区有无此簿，伊称不惟无锡一县十五区俱有，即各府州县无不有此底簿，但名色各别记号亦不一，若无此底簿，难以作弊等语"。②此后伊拉齐等人将这些底簿尽数收缴，在这些底簿的帮助下，他们终于将江苏亏空情形整理出来。

经过三年的清查，雍正九年（1731 年）主持清查工作的吏部左侍郎彭维新上奏称江苏各属积欠钱粮 10 116.325 两，其中官侵 30 687 两，役侵 4 289 569 两，包揽人侵 406 054 两，合计侵银 4 726 311 两，民欠 5 390 014 两。③

表 5-6　雍正九年九月清查结果表

江苏积欠（两）	民欠（两）	民欠比重（％）	非民欠（两）				非民欠比重（％）
			官侵	吏蚀	包揽	合计	
10 116 325	5 390 014	53.28	30 687	4 289 569	406 054	4 726 310	46.71

---

① 温尔逊：《奏办理清查积欠钱粮事件情形折》，《雍正朝汉文朱批奏折汇编》，第十五册，第 665 页。
② 伊拉齐：《奏报会同督抚稽查上下两江亏空民欠情形折》，《雍正朝汉文朱批奏折汇编》，第十六册，第 606 页。
③ 彭维新：《奏报清查江苏积欠钱粮事竣折》，《宫中档雍正朝奏折》，第十八辑，第 52 页。

表 5-7 江苏各州府钱粮亏空清查表

单位：两

	最初的亏欠	清查所确认责任			实际的民欠	民欠占积欠百分比（%）	吏蚀包揽占积欠百分比（%）	官侵占积欠百分比（%）
		官侵	吏蚀	包揽				
苏州府	2 579 594	3 740	978 287	3 967	1 593 600	61.80	38.10	0.14
松江府	2 309 457	17 679	877 873	263 997	1 149 980	49.80	49.40	0.77
常州府	1 967 198	7 226	745 426	55 849	1 158 697	58.90	40.70	0.37
太仓府	1 844 148		1 026 719		817 429	44.30	55.70	
镇江府	680 259		114 987	53 253	512 019	75.30	24.70	
淮安府	376 034		310 903	26 934	38 197	10.20	89.80	
江宁府	332 877	751	106 435	196	225 495	67.70	32.00	0.23
扬州府	154 031		89 411	47	64 573	41.90	58.10	
通州	44 599		18 489	1 762	24 348	54.60	45.40	
徐州	40 060		360	47	39 653	99.00	1.00	
所有卫所	38 655	17	2 291		36 347	94.00	5.90	0.04
邳州	36 061	1 071	12 457		22 533	62.50	34.50	2.97
海州	26 978		5 928		21 050	78.00	22.00	
总计	10 429 951	30 484	4 289 566	406 052	5 703 921	54.70	45.00	0.29

资料来源：曾小萍著，董建中译：《州县官的银两——18世纪中国的合理化财政改革》，第237页。

从表 5-7 中可以看出，吏蚀和包揽占江苏积欠总额的 46.42%，民欠占亏空总额的 53.33%。虽然民欠比吏蚀多，但从江苏所属的 12 个府州来看，在有些地区吏蚀所占的比重则远远超过民欠，如：淮安府亏空 37 万两，吏蚀 34 万两，几乎造成全部的亏空；太仓府亏空约 184 万两，吏蚀约 103 万两。扬州府亏空 15 万两，吏蚀 9 万两，二府的吏蚀所占比重都在 50% 以上。其他如松江府、常州府、通州直隶州，吏蚀所占亏空的总额的比重也都在 40% 以上。可以说，吏蚀是造成江苏地方亏空最主要的原因之一。此外，还必须考虑到胥吏将吏蚀转移到民欠亏空中而降低吏蚀比重的情况。尹继善认为在亏空的造成中"贫穷无力难以着者，然约略言之，至多不过十之三四。其余大户之抗玩，图书之包揽，吏役之侵蚀，花分诡寄，易册改名，弊端百出"。① 因此，民欠亏空并非单纯的普通百姓拖欠钱粮赋税，这里面往往会有部分是胥吏通过各种手段所转嫁的吏蚀。

二、围绕"吏蚀"成因展开的讨论

实际上，早在亏空清查伊始，雍正皇帝就已经给本次亏空清查"定调"。雍正六年（1728 年）二月，他在清查亏空之前发布上谕，上谕中一方面指出"何以钱粮亏空拖欠之弊，积习相沿，难于整理如此？"的问题，同时也自己对这一问题进行回答：

> 何以钱粮亏空拖欠之弊，积习相沿，难于整理如此？一则胥吏中饱之患未除也，或由包揽入己，或由洗改串票，或将投柜之银钩封窃取，或将应比之户匿名免追，种种弊端，不可枚

---

① 尹继善：《奏报江苏积欠钱粮之弊折》，《宫中档雍正朝奏折》，第十一辑，第 49 页。

举。其故皆由于钱粮完欠细数,官未尝显示于民,在官则以为民欠,在民则以为已完,故吏胥得以作奸,而官民并受蒙蔽。应饬州县官,每年令各乡各里书手,将所管欠户各名下已完钱粮若干,尚欠若干,逐一开明呈送州县官,查对无差,即用印出示,各贴本里,使欠粮之民,家喻户晓。如有中饱等弊,许执串票具控,则吏胥不得肆其奸盗矣。①

雍正认为胥吏"得以作奸,而官民并受蒙蔽"的原因是,胥吏可通过各种手段将纳税人已完的赋税改为未完、纳税人未完的赋税改为已完,官员不知道"钱粮完欠细数"以为民欠,纳税人认为自己已经缴纳赋税不存在欠税,由此官民之间都受到胥吏蒙蔽。因此,雍正明确指出造成亏空的根源是胥吏。此后,地方负责清查工作的大臣先后上疏,对胥吏的"作奸"之举进行披露和分析。

雍正七年(1728年)六月,负责清查太仓的温尔逊上疏:

> 田在某图,即在某图完粮,纵有田跨几图,田连数甲,俱于各图各甲分立户名,盖其人既耕此图之田,便应纳此田之粮,其田不能欺隐,其粮何由蒙混。倘有将田卖与人,许买主卖契赴官呈验,随于原户之下注明买主姓名,俟下年开征造册之时开除旧户改换新名。其粮既定,用滚单征催,由多而少,自始而终,听业户亲交,不许他人代纳,此版图完粮之法也。臣今奉旨派来太仓清查积欠,见该州征粮仍用前法,苏州各属亦有行之而效者。臣愚以为当此清查之际,正宜乘此机会,通行版

---

① 《清世宗宪皇帝实录》,卷六十六。

图完粮之法。但查江苏等府从前粮多大户,因其田产散在各图,只求便已,任意牵连合并,另立甲名。而无知愚民,或被其包揽,依势诡寄,遂使田粮混淆,诸弊丛生。今者清查,不得不据伊等所立之甲名,照旧开造,方得实在欠户。若版图之法,必照坐落田地按图挨造,使粮归田,使田归图,将来业主虽有更换,而田地终无改移,照册查征,安能隐匿。如令州县就便,分析图甲,开造田粮清册,从此一劳永逸,斯诚万世之利也。

雍正:与尹继善、彭维新等商酌行之。①

温尔逊认为江苏赋税之所以积欠,是因为赋税征收存在问题,以往赋税征收"照田编甲,钱粮各自输纳,差徭各自承应"。②但占田较多的大户,其所占土地往往分布在若干图甲,或说在此图甲完税,或说在彼图甲完税,给其偷税漏税提供机会。同时,图甲之中按照税粮多寡轮充排年,负责催征赋税,大户充当排年是往往发生包揽科派的行为,小户充当排年时又会被大户强迫赔垫。因此,赋税征收往往难以足额,积欠便又是产生。③温尔逊提出"版图法",即按照土地来编户籍,"以户归田,以田归丘,以丘归圩,以圩归图",将土地按图来编,凡是拥有此处土地的人户则列为花户,实现有地、归图、纳税。再进一步按照滚单法,按照一图之类赋税自多而少的办法催征,听业户亲交,不许他人代纳。

雍正七年(1728年)八月,清查大臣马尔泰提出:

---

① 温尔逊:《奏为请因清查积欠之便敕行版图完粮之法事》,《雍正朝汉文朱批奏折汇编》,第十五册,第669页。
② 〔乾隆〕《娄县志》,卷七。
③ 范金民、夏维中:《苏州地区社会经济史》,南京大学出版社,1993年,第371页。

查江苏等处所属钱粮赋役不清者甚多,既无鱼鳞册,又缺实征册、赤历,每年征收钱粮只凭里书开造花户草册送官查比,奸胥积蠹上下其手。兼有绅衿豪户彼此□□□花分子户,恣意抗欠,或诡寄影射,任意……另立别图,更有将全图□□□□□□不载花户而统于里役名下征收者(此处原书有缺失),其间作弊甚巧,流弊无穷。从前积欠之多,实由于此。①

马尔泰认为,江苏赋税不清的原因是地方土地、赋税账册不清,州县征收赋税往往依靠里书开造的税册征收,这就为胥吏、士绅在其中舞弊提供条件。此后,伊拉齐与负责清查常州府的冯景夏也发现地方胥吏私造账册的行为。

(雍正七年九月)奴才查分查常州府粮道冯景夏办事细心,如金雨田等作弊之胥役多系冯景夏访拿,冯景夏因无锡区书李铭儒侵蚀银两甚多,责令呈出私收底簿。时有李铭儒催□□□之民人名杨士玉者,将李铭儒经管之天上一区私收十五年底簿二百余本尽行□出。冯景夏将私簿连人一并差送到苏,奴才亲与民人杨士玉查对两天,始知此种簿内所开花户、姓名、田地、额粮及每年完欠数目,俱皆详悉。其所侵蚀以完作欠,飞洒、花分、诡户、诡名各有私记暗号,只须一指,则种种弊端,查无不出。奴才随问杨士玉别区有无此簿,伊称不惟无锡一县十五区俱有,即各府州县无不有此底簿,但名色各别记号亦不一,若无此底簿,难以作弊等语。奴才公同马尔泰等齐到巡抚衙门,

---

① 马尔泰:《奏报盘查清理江苏州县亏空钱粮折》,《雍正朝汉文朱批奏折汇编》,第十六册,第412页。此处原文有缺损。

先传王玑、童华并长元吴三县印协各官，当面严饬，速照此簿搜查具报，随又严行通饬各府州县务将此种底簿搜查详报。去后，令苏松常三府属各种底簿业已搜查到案，其别府渐次可得，但须印协各官询明记号，尽心尽力逐本逐名磨对细查，则侵蚀之项、飞洒之弊俱不能隐弊。杨士玉此番首报实于清查有益，奴才等当面奖，仍交冯景夏讫其余。①

奏疏中提到，无锡的区书李铭儒侵蚀银两甚多，被追查大臣冯景夏缉拿，后经过居民杨士玉告发，发现李铭儒私自藏有征收底本多达200多本，伊拉齐与杨士玉核对两天，发现这些私簿详细记载了地方上的土地、户籍、赋税以及每年完欠情况，各种飞洒、花分、诡户、诡名等情况都以特殊记号标明。这种情况不仅仅发生在无锡，在江南各个府县皆属常见。

同时，伊拉齐还认为江南积欠主要在于衿绅抗欠以及吏役侵蚀，此番清理亏空，要求官侵吏蚀者自首，但是自首者或是赤贫年老，或是无父母子女独自一身承认上千两积欠，或是衿绅胥吏买通花户为自己承担亏欠，这些欠粮衿绅与侵蚀钱粮的胥吏运用种种手段拖欠钱粮，实为造成钱粮亏空最大的弊政。②

雍正七年（1729年）十一月，清查大臣安修德上疏，提出4条造成地方亏空的原因：

一、实征额册宜造的名也。征收钱粮全以额册为据，乃向

---

① 伊拉齐：《奏闻事奴才蒙谕旨差往江南会同督抚稽查上下两江亏空民欠事务》，《雍正朝汉文朱批奏折汇编》，第十六册，第608页。
② 伊拉齐：《奏闻清查民欠事》，《雍正朝汉文朱批奏折汇编》，第十五册，第519页。

来积弊,粮户册名多不实,册名不的,在粮户则巧避催科,在胥吏则从中侵隐,更有册内止造里长总名者,其粮户花名俱不备造,粮户无住宅,粮势不得。不交传催里长,此则系里传作弊,计便侵蚀,而州县惑于总名,易于催比,是以积习相沿,侵欠之源于此始也。臣请嗣复实征额册必造的姓的名,如粮户有不将本身的名承册任意捏造或以堂名字号混造者,照诡寄田粮律治罪,经造图书里长知而不举及代为捏造者罪同,州县不行查察任其混造者照蒙混造册议处,庶钱粮花户按册可稽而侵欠之源清矣。

一、佥点粮总漕总之陋规宜禁革也。查州县征收地漕必派书办各一名,经任其事,名为粮总、漕总,宜从公选派,方于公事有益。乃向来陋弊,每名有规礼银两数十两至数百两不等,书办有此使费,未有不侵钱粮,是役蚀之端实自官始。臣请严行禁革,嗣复责成该管道府不时访察,如有此等弊端,即行揭参,将官吏照律计脏治罪,其该管道府不留心访察者一并照徇庇例议处,庶陋弊革除而侵蚀之源清矣。

一、私借钱粮之弊宜禁革也。查征输钱粮例应投柜,乃不肖州县有托名办公向绅衿富户预借银两,议以准作完粮,迨银一入手,任意花销。一旦离任则贿嘱书役花分、飞洒,捏作民欠交代,是借贷之端即为侵蚀之渐。臣请严行禁革,嗣后如有不肖之员向绅衿富户借贷者,许该户赴该管上司呈首,查确捐参比照官吏,听许财物律治罪,该上司不行查参者,照徇庇例议处,如或绅户挟訾诬枉者,依律与受同科未完钱粮,仍于该户着完,庶私借钱粮之弊除而侵蚀之源清也。

一、比较册籍不宜假手书办以滋舞弊也。查钱粮按限征输,逾限不完例得比较，但向来摘查比簿，俱由书办，每有得钱卖比，名为沉搁。如粮户钱粮十两，则给书办沉搁银二三两，竟得催比不加，经年积欠。奸玩粮户见每试辄效，遂将应纳粮银反饱经胥溪壑，其弊与侵蚀等。臣请嗣后州县征收钱粮立循还簿两本在柜，每日登计花户完数，输给署内查核完欠，有逾限应比者，由署内查出摘比，如书办于中舞弊，照舞文作弊律治罪，有赃者计赃治罪，州县失察照例处分，庶搁比之弊除而钱粮之积欠自少也。

以上四条皆侵欠钱粮弊端一折条陈是否可采，伏乞皇上睿鉴施行。①

安修德认为造成亏空的原因包括四个方面：其一，赋税征册不完善，地方钱粮的征收全以额册为根据，但是掌握在政府的额册却不实，与实际赋税不敷，或是有田但是不在册的粮户巧避纳税，或是册有其名却无住宅以致使地方官员无从催科，这就使得地方官员不得不仰仗里长总名收缴赋税，而这些里长总名则可以上下其手，侵蚀钱粮。对此他提出必须重新造册，按照实际田赋姓名造册，不得任意捏做姓名以及诡寄田产，犯者依照田律治罪。其二，以往州县征收钱粮，需要派遣书办一名，名曰粮总、漕总，但这些粮总、漕总"每名有规礼银数十两至数百两不等，书办有此使费"，由此"役蚀之端实自官始"。其三，以往征收赋税，有些州县喜欢向地方绅衿富户借钱粮以充赋税，借此考成，但是钱粮到手后却肆意花销，离任之前又贿嘱书役用飞洒等手段捏做民欠钱粮，对于这种情况，

---

① 安修德：《清除侵欠钱粮之源管见折》，《雍正朝汉文朱批奏折汇编》，第十七册，第312页。

朝廷应该严行禁止。其四，田赋册籍不应该假手书办经理，地方钱粮大户欠钱粮数十两但是给书办二三两就可以避免催科，以至于经年积欠，势不能还。

雍正七年（1729年）十二月，清查大臣马尔泰和彭维新共同上疏：

> 江苏各属之所以能历年拖欠钱粮者，由于比簿繁杂，向来粮户不载实姓的名，其无实姓的名之弊有二。一则分而不合，如苏属之长、吴，松属华、娄，常属之武、阳，镇属之丹徒、金坛，扬属之江都、宝应，淮属之山阳，太仓之镇洋等州县。阅册则满目人名，呼名则百无一实；一则合而不分，各处舞弊胥役人等，名色不一，如上元、江宁等里歇催役，句容之催头，溧阳之运首，溧水、六合之单头、里长，新华、如皋之总催，嘉定、宝山、昆山、新阳之排年，靖江之户首，沐阳、睢宁之保长、公正，邳州之社总等类。应比只是祖传递接之役名，每年包充值卯，查欠则千百实在之粮户，册内不载一人。惟册无实在姓名，是以官得任意收侵，吏得恣意私蚀，自谓弊端隐而查察难，年复一年，以致积欠兹多也。
>
> 今查出官侵之弊，有素向大户借银，止给串票，不入流水堂簿者；有平日亏空，或值上司盘查，或值新旧交代，改造流水串根，将已完之银捏作民欠，且有飞洒多户，分则奇零，合则盈千累万者，于报灾缓征之时将在柜银两截留私用，改造流串，仍作民前者；于被灾年分未奉蠲免之先粮户溢完银两不行抵完，甚有移甲之溢完补乙之欠项，以至民欠不符者。此官侵之弊也。

再查吏蚀之弊多端，有经承、柜书串通本官改造流水、串根分侵入己者；有私收粮户银两，将欠税飞洒各图粮户并诡立户名者；有粮户实完若干给照则如其数，而流串止填十分之一二，暗行偷换名，曰大小票者；有熟识粮户，托伊完银于串票完数之上多加银数名曰戴帽，亦有于串票完数之下多加银数名曰穿靴，致在官在民数目互异者；有私收粮户银两写立收票，或有收银票并不立票，粮户积习相沿，从不问索串，以致积欠者；有将小户钱粮私收入己捏注荒弃逃赔者；有将私收之项零星飞洒他人户下，弱者隐忍代强者仍旧悬欠者；有经管、经承、经手、柜书与经催、图书、排年等人私造假印假串侵收作欠者。此吏蚀之弊也。

见据各官属吏役递次共首出侵蚀二百四十万两有零，现在查察，仍令未首及首而不尽实者据实续首，许其一体邀恩免罪，此官吏侵蚀居其大端。

而又有名虽与民欠相蒙，实则与官吏串结以致积欠累累者，则绅衿之家与豪衿劣监地棍之类是也。江苏绅衿虽亦有自好急公之人，然习俗渐染不自爱者，亦复不少。有将本名下钱粮碎分诡名，作为数十数百户，散布各图，欠则零星，皆捏造，无从追查便于拖欠者；有先缴印官耗羡，将正项钱粮历年悬搁者；有实欠十分，只将一二分贿嘱经承，每限不行摘比者；有先将少许撮借与营充户书等人，如先借与四五六十两不等，即抵算一百两完数欠，不显露永不追比者；有绅衿知数家人将银两花用，并不交官，官吏既自有弊，不敢过问，竟公然经年不破白者；有广为包揽，哄骗乡愚，代纳经承，入索中饱者。

在绅衿，乐与胥吏为缘，以自便其私。胥吏亦乐有绅衿抗欠，以共分其过。绅衿将抗欠之银，或权子母以周利，胥吏将所侵之银又图错营以媚官，此绅衿与官吏串通要结而混入民欠者也。间有于官吏不相朋比者，惟□狠之绅宦与无赖之声监地棍，稔知官吏作弊，暗攻其短而借以挟制，公然抗欠。或自己钱粮无多，则戚友之粮招之诡寄自己名下抗欠者；又或将已卖之产不行推出过户，经年收得业入之银两肥己，以致积欠者。

此种亦皆多捏诡名不载实姓的名，始能历年拖欠也。凡此皆积欠之丛弊，其实小民欠粮者，原不过十之一二耳。即据通省所报自愿完纳旧欠钱粮只有二十六万余两，亦皆豪户自惧查出花分、诡名，或纳其半，或纳三四分之一，仍图掩饰。①

彭维新和马尔泰全面地对江苏出现的各种民欠、官侵、吏蚀行为进行梳理。江苏之所以能历年拖欠钱粮，根本原因是账册不清，或是将应缴赋税全部归在排年、总催等一人名下，或是将应缴赋税散在所捏造的花户名下，由此"粮户不载实姓的名"，给拖欠赋税、官吏侵蚀提供机会。

官侵舞弊，包括官员向大户提前借银而不计入流水账簿，或是在盘查交代之时篡改账簿而将已经征收的税银用飞洒等手段捏造为民欠，或是在灾害之年将已征的赋税截留私用；或是将溢完民户的银两挪移补未完项目。

吏蚀舞弊，包括经承、柜书篡改流水账簿而将已征钱粮侵蚀，将私自征收的钱粮当做欠税或是飞洒或者诡寄，将已征钱粮做短欠额登基（大小票），通过认识的花户或增或减其已完银两让官、民账

---

① 彭维新、马尔泰：《总理清查江南钱粮事务彭维新等奏报清查积欠钱粮事》，《雍正朝汉文朱批奏折汇编》，第十七册，第 424 页。

簿互异，私收钱粮不发给串票而中饱私囊，将已征钱粮捏注抛荒，将私收钱粮飞洒到他人户下让弱者再完，经管、经承、经手、柜书与经催、图书、排年等人私造假印假串侵收作欠。

士绅舞弊，包括将本人名下钱粮花分为多个户头且散在各图无法追查，或只缴耗羡不缴正项，或是串通胥吏只缴纳欠款中的一小部分而拖欠其他部分，或是预先缴纳部分钱粮未来充当更多份额，知道官侵和吏蚀之弊挟制官吏，或是广为包揽入索中饱者。

最后他们分析官员、胥吏和士绅之间勾结的原因：在绅衿，乐与胥吏为缘，以自便其私。胥吏亦乐有绅衿抗欠，以共分其过。绅衿将抗欠之银，或权子母以罔利，胥吏将所侵之银又图错营以媚官，此绅衿与官吏传统要结而混入民欠者也。

雍正八年（1730年）四月，负责清查苏州府的王溯维上疏：

周行八邑，详加访查，知巧诈百出，处处不同，人人各异。苏州之弊在排年，包揽排年以一人而包数十户之粮；松江之弊在花分诡寄，粮户以一人而捏数十户之名，而要其弊不过合与分而已。臣前任青浦昆山时，亦曾设法并户归图，尚未彻底清楚，然究其作弊之由，皆因州县造册漫无章程，是以奸胥猾吏得以任意增减，肆意侵蚀。

一、造册之宜照管收除在也。历来各县造册空无四柱字样，因之田亩银谷多寡任其增减，花户姓名甲乙肆其诡捏。再则有户征比则无人是，实征之册已为不实。今既并户矣，自当照四柱定规，开列某保某图某花户名下并衿民□□，注明旧管田地山荡若干，照部颁则验算该征银若干。其中，或有买卖交易，旧则五年一推收，因之田去粮存，此弊无穷。惟有随年推收，注明开除于某保某区某图某花户名下田地山荡若干、该银若干,新收某保某区某图某花户名下田地山荡若干该银若干,此开则彼收,计□下昂对,限于正月内造完送入内衙核算明白,毫无差错,然后用印存衙,不许再假经承之手则胥吏无所用其增减矣,新旧各官于交代时造入册内,求为定则。章程既立,弊端自除,但造册纸笔核算饭食之费,官捐则无力,吏出则恐开侵蚀之端,惟有将各县公费银两议定每页若干厘,准其开销则造册,既可精确而胥吏无所借口矣。

一、易知单之宜散给花户也。各县地亩等则不同,征银计则亦异,即绅士尚有不解其数之多寡,何况目不识丁之愚民必须照实征谷写单。内衙逐款对明,每户给一单令目了然,即目不识丁者,亦可执单。有人查谷及粮户完纳,不致错误,则根本既清而胥吏飞洒之弊无所用矣。至于清欠册名色似为有益,其实飞洒诡户漏额□欠诸弊皆来此作道,未行禁止以塞其流。

一、宕票之宜随时改正也。粮户完纳往往错记保区图分,或误写姓名以致难以入册,谓之宕票。若不随时改正除欠,则此项银两,民以为完在官,官以为欠在民,而其实多中饱胥吏之腹。唯责令柜书先将实征底册花户保区图分姓名查明,然后填入串票,可免差错。如或间有差错,随时开单发看粮书,即日查覆,内幕核准改正入册除欠,其错误少者,量为责惩。若错误多者,即日责惩革退,另行公点,则赏罚明而悬宕侵蚀之弊自除矣。

一、县令之宜久任责□也。天下奇才异能者少,中才者多。江南大县虽已分治,然命盗重集□及地丁漕项尚数倍于北方之州县,非久任者不能深悉其弊之源委。且向来奸胥猾吏类皆通上房为线索，结衿棍为爪牙，挟制县令，间有一二稍自□□者，若辈又恶其害己明谋暗算，必欲中伤，一年数易，轻则罢官，重则雁罪，以致庸劣者任其愚弄，精明者化为痴呆，此吏治民风之所以难言也……臣愚以为州县贤能者，或晋秩加衔，仍照旧管事，俟久道化成，五年为期，即以所以加之衔升转。至于因公墨误之员，似与贪劣者有间，一经吏议革职，即奉特旨留任而胥吏则藐若□□，遂多不遵其法令。况所易新官，又未必尽贤，而胥吏辈正乐迎新送故，因缘作奸。臣愚以为江南州县因公墨误才可办事者，请皇上饬令督抚于咨参之时声明保举降级留任□□□，则卓异者固知鼓舞而图报，即中才者亦知感激而奋励，法立则易行，泽旧则易入，地方实有裨益而国家亦收得人之效矣。①

王溯维分析地方赋税亏空原因，其弊有四：其一，地方账册不清。赋税账册无"四柱字样"，不列花户旧管、新收、实在、开除的土地、田赋数额，土地买卖则每五年重新登记一次，这些就给胥吏在其中增减土地田赋、飞洒花分提供机会。其二，易知单未散给花户。征收赋税时需要先核定易知单，载明花户应纳赋税数量，并直接交给花户，杜绝胥吏从中舞弊。其三，宕票长期存在。所谓宕票是指账册中的错误，以往出现这种错误往往不及时修改，这就让"民以为完在官，官以为欠在民"，而给胥吏中饱私囊提供机会。其四，州县官员变动频繁，江南政务繁杂，频繁的官员变动既使得州县官难以熟悉政务，又给胥吏可乘之机。

---

① 王溯维：《分查松江府强烈王溯维奏陈造册法则以除积弊管见四条折》，《雍正朝汉文朱批奏折汇编》，第十八册，第445页。

总结上述官员的观点，有一个共同点就是都集中在胥吏身上：其一，胥吏可以和衿绅联手，衿绅买通胥吏，或是交少报多，或是隐瞒欠税，或是包揽钱粮，或是诡寄花分；其二，胥吏也可以和官员联手，相对于官员手里的赋税册籍，胥吏的手里赋税册更加实用，官员需要利用胥吏征收赋税，应付考成，胥吏则是利用官员的这种心态上下其手，侵蚀钱粮。

这种将亏空归咎于胥吏的观点得到很多官员、士人的认可。早在顺康时期的朝臣柯耸、胡悉宁就已经将亏空的根源归咎于胥吏，但是当时的清廷并没有采纳他们整饬胥吏的观点，而是以清理民欠钱粮作为清理亏空的突破口。身经康、雍、乾三朝的袁枚也将胥吏作为造成地方亏空的重要根源，他说："胥吏者，官民交接之枢纽也……不治胥吏，不能治民……刑名之外，则有钱谷。钱谷役侵者多，民负者少。"① 当过县令、做过知府的杨观潮也认为亏空是因为吏蚀，地方胥吏为奸使诈，以完作未完，以未完作完，运用"飞洒"（将大额田赋划割为小额田赋，分洒到其他人的田赋项目上）、"换封"（以小额税银换成大额税银，封数不变而数量已减）、"卧批"（起解钱粮的过程中，书吏将其瓜分）等等欺侵税银的手段致使地方钱粮亏空，他的建议便是地方官需要加强对吏役的监督控制，务使其有机可乘。而地方官吏也把如何控制吏役作为一门重要的学问，为此亦学亦官的汪琬写"论作县数则"，其中就说胥吏"此辈一旦权柄入手，倚势作威，无所不为，一经破败，虽欲保全有不可得者，是适所以害之也。胥吏乃民之蠹，一宽纵则无所不为，而民受其害，官声亦从此坏矣，故不可不时加约束，使之有所畏而不敢肆"。② 担

---

① 袁枚：《小仓山房集》，卷十八，清乾隆刻增修本。
② 汪琬：《论作县数则》，《清经世文编》，卷二十二。

任过幕僚的汪辉祖也说:"清理民欠之法花户欠赋,是处有之,顾亦有吏役侵收冒为民欠者。"① 王又槐在《刑钱必览》一书讲述钱粮征收时大篇幅介绍如何防备胥吏作奸,比如他提出:"征粮之法首稽原额,盖通县钱粮自有定额,各图亦有定额,先查明通县地亩总额,汇核各图总数,如有不符,即系经承飞洒、诡寄,驳查询究,其弊立见。"又如:"听比之时,差役有将银封呈验,混称不及交柜,及至免比,又以此封转给别差搪塞者,自应常时收取于封上标定户名存贮一箱,次早发柜,称收截串销欠如系交钱,亦应查收签记以免影射。"②

如果说安修德、伊拉齐将亏空归咎于胥吏的观点,以及朝官、士人将亏空归咎于胥吏的观点主要是基于其对于胥吏自身素质的判断而来的,即认为胥吏本身就是狡黠贪婪之辈。那么负责清查太仓州的温尔逊则是从制度层面分析亏空为什么可以归咎于胥吏。他认为地方亏空"一在奸胥里蠹将图甲田亩钱粮任意牵混,使官无从查考,开征时受人贿嘱,匿甲搁比,又骗诱欲图巧便之粮民,包收代纳悉为中饱,是若辈目无三尺,惟图济私……此清查十余年积欠中吏蚀者固多而民欠者亦复不少也"。③ 他指出现存的征税制度存在严重弊端,以前州县将一县的田地分为若干图,规定每图赋税徭役,照田编甲,每甲设置排年一名负责当年的赋税征收,但是"当时征收钱粮皆出排年之手,故实征册内每图分为十甲,每甲只载排年一人,并无花户姓名"。这就造成一个重要的弊端,所有积欠一概记录在排年名下,温尔逊以太仓州举例:"有一人管数甲者,有一甲管数

---

① 汪辉祖:《学治臆说》,"清理民欠之法",清汪龙庄先生遗书本。
② 王又槐:《刑钱必览》,卷五,清嘉庆十九年刻本。
③ 温尔逊:《奏覆清查积欠钱粮情由并口硃批折》,《雍正朝汉文朱批奏折汇编》,第二十一册,第121页。

年者，又每甲有朋充者，每年有接充者，诡弊多端，太仓镇洋共二千甲，嘉定宝山共七千八百余甲，通属排年共有二万余人，逐年计之，愈难究诘，非如别府所用区书，每县仅十余人，凡关钱粮皆其一手掌握，父子相传，永无更换，家有底册可以查追，今欲彻底澄清，难向排年究问欠户，臣恐其任意开报，或有不尽不实之处，将来挨查，何足为凭，故又令欠户亲往册局，自行查对，势必随造随查，倘有查出，又须改正，此欠册之未易告成者一也。"① 这种赋税征收方法就会导致地方官员不知赋税具体应该落在谁的身上，而地方胥吏又可以借助这个盲点上下其手，以至于出现无锡区书私设簿册的情况，其中详细载有花户姓名、田地、额粮及每年完欠数目，"其所侵蚀以完作欠，飞洒花分诡户诡名各有私记暗号，只须一指，则种种弊端，查无不出。奴才随问杨士玉别区有无此簿，伊称不惟无锡一县十五区俱有，即各府州县无不有此底簿，但名色各别记号亦不一，若无此底簿，难以作弊等语。"② 何况"明清时期，江南土地转移频繁，民间有'百年田地转三家'的说法，③ 土地产权的频繁变更也会打乱赋税的正常征收，曾小萍在研究中就指出，当时存在一种情况，就是穷人为获得钱粮将土地典当给富户，穷人保有土地产权，故而赋税还是应该出自穷人身上，但是拥有土地产权的穷人无力承担赋税，而实际拥有土地的富人却可以合理地避免赋税，这种情况更是为胥吏钻制度漏洞的空子提供便利条件。对于温尔逊的观点，清查大臣彭维新表示赞同，他说吏蚀之所以产生，"究其弊

---

① 温尔逊：《奏报清查钱粮情形折》，《雍正朝汉文朱批奏折汇编》，第十七册，第75页。
② 伊拉齐：《奏报会同督抚稽查上下两江亏空民欠情形折》，《雍正朝汉文朱批奏折汇编》，第十六册，第606页。
③ 马学强：《江南城镇土地产权制度研究（1727—1927）》，上海社会科学院出版社，2002年，第44页。

之所生，在于官则粮册既无的，名簿不存内置。在民则户甲常被暗操，科则非所素知。夫官不知粮户实在姓名完欠，民不知在官实在科则，甲户、官员两相隔绝，是以官之征比，民之完纳，一听操纵于胥吏之手。"① 当时，整个清查领导组织由范时绎负责江宁府与扬州府，尹继善、彭时新负责苏州府、常州府，马尔泰与温尔逊负责松江府与太仓州，戴音保负责海州、邳州以及徐州，伊拉齐负责淮安府，安修德负责镇江府。整个组织清查工作的八位大臣中彭维新、马尔泰、伊拉齐、安修德以及温尔逊都表示相同的观点，即胥吏是造成亏空的主要推手，整顿亏空应该从胥吏开始。

在整个清查结果中，吏蚀银两 4 289 569 两，包揽钱粮 406 054 两，合计 4 695 623 两，占亏空总额的 45%。其中在个别府占主要比重，比如淮安府亏空钱粮 376 034 两；吏蚀包揽有 337 837 两，占亏空总额 89.8%，扬州府亏空钱粮 154 031 两，吏蚀包揽有 89 458 两，占亏空总额 58.1%；太仓州亏空钱粮 1 844 148 两，吏蚀包揽有 1 026 719 两，占亏空总额 55.7%，这些州府中吏蚀钱粮占到绝对比重。而松江府吏蚀占亏空总额的 49.4%，常州府吏蚀占亏空总额的 40.7%，通州吏蚀占亏空总额的 45.4%，这三个州府吏蚀也占重要比重。②

清查的结果给予雍正有力的数据支持，同时柯耸、胡悉宁这种朝官，担任过地方官的杨观潮，士人的代表袁枚、汪琬，半幕半官汪辉祖的论述都给予雍正以言论上的支持。此外打击胥吏符合普通百姓的利益诉求，华亭人黄之隽曾用"消薄染城市，纵横骄役胥"

---

① 彭维新：《奏报清查江苏积欠钱粮事竣折》，《宫中档雍正朝奏折》，第十八辑，第 460 页。
② 曾小萍著，董建中译：《州县官的银两——18 世纪中国的合理化财政改革》，第 237 页。

这样的诗句来批判胥吏的恣意妄为。① 嘉定县辖乡百姓 69 人于万历二十五年（1597 年）开始垦荒，万历三十五年（1607 年）酌定田赋，清朝建立后，核定地方赋税，该乡胥吏借端滋扰，加科派役，最后乡民奔诉宪台，最终以申饬胥吏告结，于是乡民勒石为记："如有里胥作奸，指称加科派役，混行需扰者，许该粮里指名告理，定以违宪诓诈，论罪不贷！"② 可以看出百姓对于胥吏也是痛恨有加。到此可以说将亏空归咎于吏蚀是朝野一致的观点。这一点与发生民欠、官侵的现象时截然不同：将亏空归咎于民欠，朝廷、地方官吏、士绅三方形成多种观点；将亏空归咎于官侵，康熙、雍正两朝皇帝都存在两种不同的观点。但是对于吏蚀，朝野上下只有一种观点。

三、治理"吏蚀"的方法与取得的成效

认识到造成亏空的根源是吏蚀，那么该如何约束胥吏以解决吏蚀亏空？对此，清廷提出两条措施：其一，整顿吏治，立法严惩侵蚀赋税的胥吏；其二，完善钱粮征管制度，防止胥吏侵蚀钱粮。

清初，中央就已对如何防止吏蚀出台一系列政策。如前文所言，康熙初年，户部给事中柯耸提出要通过立法严惩来遏制吏蚀，他说："独奸胥侵欺捏报尚无定律，其弊不可胜言……如不立法严惩，漏卮将何底止。"此后清廷规定：胥役经收管解，令连名互结，如有侵盗，令互结者同赔，若经管官不行取结，亦令赔补。雍正即位后提出三款堵漏之法：其一，加强对地方赋税情况的盘查。州县官到任

---

① （嘉庆）《松江府志》，卷二。
② 上海博物馆图书资料室编：《上海碑刻资料选辑》，"嘉定县为东西两异乡升科田亩照旧办粮告示碑"，上海人民出版社，1980 年，第 141 页。

后需要选择殷实老成的胥吏盘点赋税情况，并造册报部；其二，约束胥吏的赋税征管行为。如规定赋税随征报解，不得存留在内署。对负责任的胥吏予以奖励，如负责赋税征管的胥吏如果五年内没有造成亏空，则授九品杂职；其三，分化州县官和胥吏之间的利益关系。如果州县官造成亏空，胥吏可力行禀阻，亦可越级陈述，许其免责。如胥吏不行禀阻，则将经承一同监追，减本官一等治罪。同时，清廷制订有关胥吏侵蚀钱粮、官员监督不力的惩罚制度，分1 000两以下、1 000两以上、5 000两以上至1万两、1万两以上至2万两、2万两以上等情形，分别给予处罚。如数止1 000两以下，本官照监守自盗律拟斩，准徒五年者，总吏照杂犯流罪例，杖一百、徒四年。1 000两以上，本官照例拟斩监候者，总吏杖一百、流三千里。

随着清查案的推进，清查官员发现胥吏往往通过私刻印章、另造赋税征收册等行为侵蚀钱粮，如无锡的区书李铭儒通过另造赋税征收册侵蚀银两。为此，清廷又规定：如有胥吏伪造印章文书、暗收钱粮满一百者，即斩立决，枭首示众。严惩或是"弥补"之举，只有从制度层面不给胥吏侵蚀钱粮的机会，才能防患于未然。清查大臣在讨论造成吏蚀原因的同时，也提出完善地方赋税征管制度。彭维新认为要改变吏蚀这种情况，其纲要在于"官知粮户姓名完欠，民知官实在户甲科则"，即地方官了解属地的百姓、土地、钱粮，百姓知道自己应缴纳的赋税，纳税过程要实现官和民的直接接触，从而避免胥吏从中舞弊。对此，他提出四条建议：

其一，明确纳税人土地、户口以及钱粮情况。地方征收钱粮的过程中，地方容易出现花分、诡寄等情况，甚至于粮册不载真实的姓名，州县官员不知道赋从何处。他要求江苏各县，凡是父兄子弟已经分家的都必须独自以自己的姓名立户,各户要注明家长的名字,未分家的儿子要将自己的田产以及其他诡寄的田产登记在家长名字下面。州县需要将每年输纳钱粮的户主家长登记下来,以此明确具体的纳税单位。

其二,明确告知纳税人应纳赋税。以往州县征收钱粮,开征时间在二月,但是科则由单由藩司刊发并多在每年五月才能下发到州县,二者时间存在差异,在这个时间差里面,州县为完纳赋税,在由单未到之前征收钱粮,这就会给胥吏制造肆意滥征、侵吞钱粮的机会。以后藩司衙门必须在前一年的十月初一日之前将科则由单下发到州县,各州县依据藩司由单科则制造实征册,刊填科则便民小单,里面详载姓名、田地、科则以及实征钱粮,发给粮户。粮户完纳钱粮时,在其由单之中填写某年某日完纳多少。此便民小单制造费从公中动用,不能科派。

其三,加强对已征赋税的管理。各州县需要制订流水簿记录粮户完银数目,制订日报簿记录每日收银数目。以往粮户交税时,粮户将应纳银两和负责银柜的书吏核对后,自己将其放入县衙外的银柜。这给胥吏舞弊提供机会,如粮户投 10 两,胥吏可将其换成 5 两。他提出:银柜需要放在县衙大室旁边,并且制订汇簿记录拆封并合的银两数目,防止钱粮被侵盗。

其四,推行版图顺庄法。以前江苏钱粮征收,州县以粮户的住址为编成里分,每十户为一里,但是有的田地大户,其田虽然散在各处,但是只就其户根追比,所谓认人不认地,这样有的一户名下系有数十百名花户,以一单完纳千百人的赋税。有的田地大户就会匿报其土地,而追实这些被匿藏的田地又会延误州县官员其他的事务,州县官又不能委托胥吏清查土地田粮,名臣陈宏谋说江南胥吏存在隐匿、添改、作弊的现象。① 对此,彭维新提出版图法,即按照田亩的坐落立户,这样一里的土地始终都在这里中,其中纵然有土地买卖,人员迁徙,但是其赋税是恒定不变的,这样就可以使得赋税所出落实到具体里甲上面。② 对于实行版图法的建议,温尔逊在雍正七年(1729年)就提出该政策:"因臣任太仓州时行之已又成效,本年钱粮得以完全,故敢冒昧陈奏其法,田在某图,即在某图完粮,纵有田跨几图,田连数甲,俱于各图各甲分立户名,盖其人既耕此图之田,便应纳此田之粮,其田不欺隐,其粮何由蒙混,倘有将田典卖与人,许买主赍契赴官呈验,遂于原户之下注明买主姓名,俟下年开征造册之时,开除旧户,改换新名,其粮既定,又用滚单催征,由多而少,自始而终,悉听业户亲交,不许他人代纳,此版图完粮之法也。"彭维新认为要清查田赋税版图法落实在土地的方法为宜,但是要征收钱粮则是顺庄法落实到人的方法为宜,而这两种办法是可以合并的实行的,即利用版图法明确每一里的土地赋税,然后再用顺庄法将此里的土地赋税落实在每一个人之上。

总结这些约束胥吏、治理吏蚀的方法,可归纳为三点:其一,州县必须掌握记载实际赋税的账册;其二,百姓必须知道自己应该纳多少赋税;其三,让政府与纳税人直接接触而减少胥吏经手的中间环节。这些方法的核心便是实现"官知粮户姓名完欠,民知官实在户甲科则",建立地方官员与纳税民户的直接关系,从而防止胥吏从中舞弊。

但是无论怎么样的建议和方法此时都是清查案的善后处理,那

---

① 陈宏谋:《培远堂偶存稿》卷四十六,《清代诗文集汇编》,第二八一册,上海古籍出版社,2010年,第369页。
② 彭维新:《奏报清查江苏积欠钱粮事竣折》,《宫中档雍正朝奏折》,第十八辑,第460页。

么对于这场清查亏空案又该如何处理？清查伊始，雍正下令将张楷提出的带征法一概停止，所有积欠钱粮停止征收，要求清理大臣理清官侵、吏蚀、民欠的具体数额之后再作处理。① 在重新组成清查团队之后，雍正又提出"凡侵蚀钱粮之官吏人等准其自行出首。有能据实自首毫无隐匿者，从宽免其治罪，其所欠钱粮，仍照从前带征之限，分年缴纳。若官吏本身已故，其妻子嫡属等自必悉知情由，亦令自首免罪，一体宽限带征。"② 雍正十年（1732年）朝廷正式做出如何弥补亏空的决策，对于官侵、吏蚀钱粮一律以十年为限带征，对于民欠钱粮一律以二十年为限带征，从雍正十年（1732年）开始，每年完成带征钱粮若干，则次年照此数蠲免钱粮若干，提前完纳钱粮的官员予以开复，完纳钱粮的胥吏酌量加恩。③ 雍正的这种政策实际上是暗度陈仓，他知道一千多万两的钱粮亏空时无法弥补的，但是一旦他加恩予以蠲免，则又是对清查工作的否定，所以他提出"每年完成带征钱粮若干，则次年照此数蠲免钱粮若干"的政策，这种政策实质上将一千多万的亏空钱粮免去一半。但即便是雍正这样的方法似乎在江苏也行不通。带征法持续七年后，雍正十三年（1735年），苏州巡抚高其倬认为带征法效果不佳，各项亏空钱粮完纳不及一分。最后他又提出一系列带征原则：

其一，侵蚀钱粮的官吏如果没有任何资产，无可追补，则予以免除；其二，如果官吏资产存在造假，一经发现，则将其资产抵补亏空后并治以重罪；不足银两无有着落者，由负责督查的地方官与捏报人员按股份赔；其三，对于已亡故的官吏，如果其没有资产造

---

① 《清世宗宪皇帝实录》，卷七十五。
② 《清世宗宪皇帝实录》，卷七十八。
③ 《清世宗宪皇帝实录》，卷七十八。

假，将其房产、田地充公，但容许其交租居住，如果三次不能完纳，将其产业变价出售，完纳亏空；其四，严格制订处罚条例。官员催比需按限完成，如两限已过而亏空不能完纳一限之数，或过三限而不能完成一限之数，则严加处分；对于造成官侵、吏蚀、民欠的人，如果一限全不完，或者二限、三限时尚不能完纳一限的，以抗粮罪处罚。①

整个江苏亏空钱粮1 010万，其中官侵3万，吏蚀428万，包揽40万，民欠539万。即官侵吏蚀合计471万、民欠539万。在雍正八年（1730年）之前，官吏自首240万，百姓自首26万。②高其倬的新法施行5个月后，雍正皇帝驾崩，乾隆即位，两个月后，乾隆下旨将雍正十二年（1734年）之前的各省民欠钱粮悉行蠲免，③不久又将官侵、吏蚀"亦著照民欠例宽免"。④

那么如何来评价雍正这次亏空清理取得的成效？雍正九年（1731年），主持清查工作的吏部左侍郎彭维新上奏称江苏各属积欠钱粮1 010万两，其中：官侵3万两，役侵428万两，包揽人侵40万两，民欠539万两。吏蚀占亏空总额的46.33%，民欠占亏空总额的53.37%。对此，雍正时期重点是治理吏蚀亏空，一方面，整顿吏治，立法严惩侵蚀赋税的胥吏；另一方面，完善钱粮征管制度，防止胥吏侵蚀钱粮。此后虽然江苏又出现亏空，但根据乾隆十二年（1747年）的亏空清查发现，吏蚀自首亏空245 634两、民欠亏空2 460 687两。可以看出，乾隆年间的这次清查所发现的吏蚀仅24

---

① 高其倬：《奏陈查出侵役之捏报酌筹积欠之征输以警抗顽折》，《宫中档雍正朝奏折》，第二十二辑，第202页。
② 《清世宗宪皇帝实录》，卷八十九。
③ 《清高宗纯皇帝实录》，卷四。
④ 《清高宗纯皇帝实录》，卷三。

万两,约为民欠亏空的十分之一。对比雍正六年(1728年)至雍正九年(1731年)清查的结果:吏蚀468万两、民欠银539万两,二者几乎相当。

表5-8 雍正六年和乾隆十二年亏空清查结果比较表

时间	民欠		吏蚀	
	规模(两)	占亏空比重(%)	规模(两)	占亏空比重(%)
雍正六年(1728年)	539万	53.33	468万	46.42
乾隆十二年(1747年)	246万	90.80	25万	9.20

从亏空对比来看,无论是民欠亏空,还是吏蚀亏空,二者在乾隆十二年(1747年)清查结果中的规模都已经远低于雍正六年(1728年)清查结果中的规模。但是,由于雍正六年(1728年)的亏空清查和乾隆十二年(1747年)的亏空清查所针对的时间范围不同,故无法简单地进行总量比较,但这并不妨碍进行结构比较。通过对雍正时期和乾隆时期两次亏空清查结果的对比可以发现:雍正时期的江苏亏空中,吏蚀几乎占地方亏空的一半;但乾隆时期的亏空中,吏蚀只占不到地方亏空的十分之一。由此也可以看出,清王朝在雍正六年(1728年)关于吏蚀的治理是卓有成效的,其所提出的以"官知粮户姓名完欠,民知官实在户甲科则"为核心的治理吏蚀的举措也是有效果的。也正是乾隆十二年(1747年)的亏空清查发现,在江苏亏空中,吏蚀已不是主要原因,民欠几乎是吏蚀的10倍,亦因如此,乾隆年间亏空治理的重点转向民欠治理。

第六章 皇帝的新装：乾隆时期江苏亏空治理

> 有治人无治法，惟在汝不姑息好名，示惟正之供，即化民之义而已，若夫科条催督，乃其末者，且朕有所不晓矣。
>
> 《宫中档乾隆朝奏折》第一辑

作为"圣祖深爱神知，默定于前；世宗垂裕谷诒，周注于后"的乾隆皇帝自然不需要强调"三年无改于父之道"，这位自诩"类祖不类父"的帝王仰慕康熙建立的丰功伟业，急于向天下彰显自己时代的到来。但清朝经过三代统治，制度已相当完备，乾隆时期的赋税征管制度改革大都成为"老调重弹"，减税对百姓而言只是"口惠而实不至"的"仁政"，耗羡归公改革也只能"法制尽善，不可复行更张"。乾隆时期的两次亏空清查，前一次清查"专为役侵起见"，但这一问题似乎在雍正时期已得到控制；后一次清查为解决"积欠累累"，一番操作之后，皇帝终于得到自己想要的"江南亏空，看来尚属无多"，彰显自己"化民"仁政的成效。然而这种"无多"只是数字上的游戏，国家赋税收入没有增加，赋税完纳率（实征赋税/应征赋税）的提高只是因为应征赋税的大幅减少。然而，总会有给

"寿跻八袠，综览万几"的乾隆皇帝"添堵"的大臣，尹壮图公然请求清查各省亏空，将这位"十全老人"的"新装"扒个底净。于是，中央和地方的各级官员为给皇帝穿上"新装"，导演了一场海宇乂安的"大戏"。

第一节　老调重弹：乾隆年间的制度调整

一、赋税征管制度的完善

经过顺治、康熙以及雍正三朝的制度完善，清代的赋税征管制度从税额确定到赋税征收、从钱粮管理到官员考成、从官员交接到亏空追赔都有相关的制度安排。到乾隆时期，中央已经很难进行制度创新，只能不断重申已有制度或提高惩罚力度。

在赋税征收方面：康熙三十九年（1700年），中央强调实行自封投柜和滚单法。乾隆元年（1736年），中央再次重申，"州县收纳钱粮务照定例，令纳户包封自投入柜，不许收书一涉其手，如有奸胥违例留包偷取情弊，该管府州即揭报题参"；针对地方官吏存在的私征行为，乾隆多次要求督抚"仰体朕心"，时加访察，即行严参，不稍宽贷。

在钱粮管理方面：康熙二年（1663年）和四年（1665年）强调，布政使、府、道等各级官员要在州县征收赋税时做好监督。康熙七年（1668年），中央规定：州县开征钱粮后，逐月报府，随收随解。乾隆五十七年（1792年），中央再次强调：州县经征钱粮，详请拆封后，责成各道府查符实征银数，饬令即行解交藩库，其以次递征已及成数者，亦即尽收尽解。统计一年征收银数，截至年底为止，令该管道府将各州县经征底簿及花户串根详细检查，实在已完若干、民欠若干，据实开报。各该督抚即取具藩司道府甘结，于开印前报部存案。倘道府所查完欠数目与州县月报旬报不符，点查银数短少，即行据实揭报，严参治罪。如该管道府有意通同徇隐，亦即一并严参。①

在官员考成和追赔亏空方面：康熙二年（1663年）已经制定关于州县官征收赋税以及知府、道员、布政使督促赋税的考成条例，也制定了关于州县官、府、道员、布政使未能完成征收欠税的惩罚办法。康熙十一年（1672年）、十七年（1678年）、十八年（1679年）、四十五年（1706年）、五十六年（1717年）、五十九年（1720年），中央又制定了向造成亏空的官员进行追赔并予以惩罚的办法。雍正二年（1724年），中央进一步明确追赔欠银的办法。乾隆十四年（1749年）规定：嗣后除失察知府直隶州亏空之道员等官，照失察例降四级调用外，至失察州县亏空既责成盘察不实之知府，其道员自应量为酌减。该管道员不豫行揭参州县亏空者，降一级留任，庶道府各有处分。乾隆五十七年（1792年）规定：凡州县征收钱粮，该管道府将完欠细数，符实详查，倘查有短少，即行揭报，严参治罪。如该管道府有意通同徇隐，该督抚即一并参办。至督抚藩司稍存瞻顾，别经查出亏空，除照例治罪外，仍着落督抚藩司道府各官，按照分赔。②

在仓库管理方面。雍正元年（1723年）要求：每年奏销时，督抚要亲自盘查。如果存在亏空，督抚不进行题参则按照徇隐治罪并照例分赔。如果督抚胁迫下属挪移滥用导致亏空，则照新旧官交代不明之例通详各部院，或具揭秘送各部院据揭奏闻，将督抚议处。

---

① （嘉庆）《大清会典事例》，卷一百四十三。
② （嘉庆）《大清会典事例》，卷一百四十七。

乾隆十二年（1747年）、二十六年（1761年）、二十七年（1762年）、三十一年（1766年）、四十七年（1782年）多次强调加强仓库盘查，所提办法亦无非就是要求督抚等上级官员加强对州县官的监督；要求督抚承担失察责任并分担赔补；提高仓库清查频率，各州县需要每三年汇报一次仓库情况。①

二、蠲免、减免与"耗羡归公"政策的调整

与不轻易蠲免民欠的雍正不同，"类祖不类父"的乾隆一心想成为的是让"率土黎庶，普被恩膏"的康熙，在即位之初便宣布："各省民欠钱粮，系十年以上者，著该部查明具奏，候旨豁免"。或许，乾隆觉得仅是减免十年以上民欠尚不足以彰显新朝气象，不久又进一步改为"将雍正十二年以前各省钱粮实欠在民者一并宽免"。同时，针对雍正时期江苏亏空清查中查出的官侵和吏蚀，乾隆也表示："从前江南积欠钱粮内曾有官侵、吏蚀二项，乃从民欠中分出者，比时差往大臣官员办理原不妥协，亦著照民欠例宽免。"② 由此，江苏终于将所有亏空一扫而光，真正意义上实现"无债一身轻"，毫无历史负担地走进乾隆王朝。

乾隆二年（1737年），乾隆下令进一步削减苏、松浮粮，免苏州府和松江府田赋20万两。其中，苏州府、松江府和太仓直隶州分别削减税额89 609两、69 510两和43 387两。根据《左司笔记》中的记载：康熙三十九年（1700年），苏、松两地共有土地137 655顷、征收赋税合计1 975 017两，顷均赋税14.35两；经过雍正年间（45万两）和乾隆年间（20万两）的两次减税后，假设土地面积不

---

① 〔嘉庆〕《大清会典事例》，卷一百四十六。
② 《清高宗纯皇帝实录》，卷四。

变、征收课则不变，那么此时苏、松两地合计征收赋税为 1 325 017 两，顷均赋税 9.63 两。经过两次减税，苏、松赋税负担基本与康熙三十九年（1700 年）的常州府赋税负担（顷均赋税 9.42 两）持平、略高于镇江（顷均赋税 7.19 两）的赋税负担水平。

与此同时，乾隆还将改革目光放到耗羡政策上。雍正去世的当年十一月，乾隆发布"命督抚实心爱民谕"，认为皇帝就是"作民父母"，督抚大臣"又代朕以子民，均有父母斯民之任者也"。他告诫地方官"为治之道莫切于爱民"，强调爱民就要"钱粮不敢侵欺，请托不敢假借，弊窦不容毫发，羡余不隐分厘"。[①] 在明确督抚的"爱民"责任的同时，他发布"禁溢收耗羡谕"，具体而言：

> 向来州县征收钱粮，因银色有倾销之耗折，解送有路途之盘费，故于正项之外征收耗羡。原无定额，其廉洁者，尚知自爱。不肖者，任意征求。而督抚以至道府等员于中收受节礼陋规，互相容隐，弊难究诘。嗣经巡抚诺敏、田文镜倡为提解归公之法，各该督抚就本省情形酌定分数征收，以为各官养廉及地方公事之用。除所定分数外，丝毫不许溢征。盖以耗羡原属格外之项，与其听地方官私行征取，不如明定分数，使有节制不敢违越也。然在未提解以前，尚为私项。既提解以后，或恐不肖官员，视同正课，又得于耗羡之外巧取殃民。

> 从前皇考洞见流弊，屡降谕旨，欲俟将来亏空全清，府库充裕之日，渐减渐革。圣心廑念，未或忘之。朕绍承大统，切念民依，孜孜轸恤，日与王大臣等悉心筹画，期使吾民于正项

---

① 《清高宗纯皇帝实录》，卷七。

之外丝毫无扰,而一时势有未能,尚须从容计议。惟是提解耗羡之法,行之已十有余年,恐日久弊生。奸吏夤缘朘削,羡外加耗,重困闾阎,不可不为深虑。

著各该督抚严饬有司,咸体朕意,知耗羡一项可减而决不可增,可于格外从宽而断不可于额外多索。倘于所定分数之外,或又借估色添戥为名多取丝毫者,该督抚即行题参重治其罪。倘督抚徇隐不举,或经科道纠参,定将该督抚等一并严加议处。①

乾隆首先说明自己关于"耗羡归公"政策形成的认识:由于"银色有倾销之耗折,解送有路途之盘费",地方官员便在正项赋税外私自加征。雍正时期,中央以"与其听地方官私行征取,不如明定分数"为由将耗羡定额化。但耗羡归公只是一时之举,"将来亏空全清,府库充裕之日,渐减渐革"。乾隆表示自己"切念民依,孜孜轸恤","恐日久弊生。奸吏夤缘朘削,羡外加耗,重困闾阎",要求各地督抚严查耗外加耗的现象,"或又借估色添戥为名多取丝毫者,该督抚即行题参重治其罪。倘督抚徇隐不举,或经科道纠参,定将该督抚等一并严加议处"。在接到乾隆的上谕后,协理江南道事福建道监察御史鹿迈柱②、协理浙江道

---

① 《清通典》,卷七,清浙江书局本。
② 鹿迈柱:《奏为请严耗外加耗之禁以清吏治以裕民生事》,《雍正朝汉文朱批奏折汇编》,第二十九册,第882页。"窃思钱粮火耗之弊,相沿日久。圣祖仁皇帝临御之年,早已洞悉弊端,屡行禁革。但州县官狃于陋习,视为应得之物,该管上司亦不无分肥染指之处,故名随革而实不革,亦缘当时各官除正俸外别无养廉,外官用度原属不足。嗣后雍正二年,山西高成龄条奏提解火耗,九卿议覆准行。蒙世宗宪皇帝俯念火耗不能猝革,由于地方养廉公费之无所出,故准留额外之耗,便知此更不可复增,又酌为地方之费。以俟公用优裕,尚或可渐减。伏读雍正二年七月初六日上谕,盖所以斟酌权宜不得已而为之计者,至深且悉。因令直省督抚酌量奉行,俾个该州县将耗羡银两全数解交藩库,自督抚至州县各官养廉暨阖省公费皆取足其中,此外通行禁止。使贪墨者不得多取,而守法自爱之员亦得以养其廉洁,遵循已久矣。诚恐不肖之员,日久弊生,贪得无厌,或于正耗外渐行多收,何所底止。于世(转下页)

事监察御史薛韫①和詹事府少詹事许王猷②也先后上疏要求"严禁耗外加耗"。

鹿迈柱、薛韫和许王猷虽然都主张"严禁耗外加耗",但对耗羡

(接上页)宗宪皇帝谆且训诲,因是变通之法,地方奉行有渐失其本来者,不可不预为防也。至于钱粮奇零欠短,准令以钱上纳,实为便民。今制钱价值较前昂贵,每大制钱一千值因一两一钱六七分不等,闻各州县折收制钱,每银一两连耗收大制钱一千一二百文不等,甚至不系奇零,亦令纳钱,是耗羡之中暗增耗羡,加一之外又富加一。以便民之政奉行不善,转为多取之术,并宜严行禁革也。臣请嗣后有加派横征,私行巧取,浮于应得之数,累及小民者,除照例将本身计赃治罪外,仍将多取之数著落家属加倍追出,以儆贪婪。再个府所属多不过十余州县,少则数州县,如果该管知府实行整饬,不时密加查察,自能弊绝风清。倘失于觉察,或知而徇隐,一经告发,或被督抚查出,亦应将该府据实参奏,从中议处,以为罔恤民瘼者之戒。"

① 薛韫:《奏请酌减火耗分数以杜耗外加耗之弊折》,《雍正朝汉文朱批奏折汇编》,第二十九册,第966页。"查钱粮之有耗羡,由来已久,向系有司私自征收,剥民肥己。自雍正二年提解耗羡,听该督抚各就地方情形酌定分数,借以清补亏空,拨设养廉,较有司私征之数减裁大半而民无忧累,公用充给,诚通权达变之善道也。十余年来,遇有贪员,重复征收,耗羡之外增耗羡,养廉之中私取养廉,亦渐渐而成之势也。世宗宪皇帝屡降谕旨,以火耗原一时权宜,将来亏空清初,府库充裕,火耗亦可渐轻,以至于尽革。况如江浙额征浮粮,蠲免至数十万两,轮蠲各省钱粮又遇欠多逾千万。皇上御极,豁免雍正十二年以前直省旧欠钱粮,又特旨禁革杂税。我朝重熙累洽,深仁厚泽,保赤诚求有加无己,岂区区较量于耗羡之有无多寡。督抚提解之始,原属以公济公,而公用既裕,事势亦当变通,即公事取给未便一时尽革,即恳圣恩,特颁谕旨酌减火耗分数,不但宽一分,民受一分之赐,而承流宣化,咸仰体圣天子丕显丕承善继善远之至意,如此项为可减不可增,惟有额内宽恤不忍分外刻剥,庶杜绝耗外加耗之弊,而于民生有利赖,即于国计有裨益。"

② 许王猷:《请酌除提解耗羡流弊以厚民生折》,《雍正朝汉文朱批奏折汇编》,第二十九册,第973页。"州县之有耗羡也,缘州县征解钱粮,其平色倾销必有折耗,解司部郡必有路费,于是乎有耗羡之名。州县之廉洁者,不籍是以肥己,则取之甚轻。其有重耗者,督抚即以□而纠参之,诚以耗羡乃私项而非公项也。自后相沿成立,日渐加增,有加一加二加三之不等。州县之饱私囊,素馈于上官,上下相蒙,公行无忌。陕西巡抚诺敏、河南巡抚田文镜遂有提解耗羡之请,以为取州县之私索作公共之养廉,陋规既除,公事可办,似无累于民生而有益于国计。一时廷臣议准所请,各省遵行在案。独是耗羡未经提解之时,则为私项,则小民尚望有减轻之一日。既经提解,便属公项,小民永难望一毫之减少。况乎平色倾销及解费等项仍有折耗,州县必不肯以己之养廉代为赔垫,势不得不暗加之小民,虽有委员拆封及同城官公同拆封之例,总属虚文,徒滋烦扰。初行之时,或以功令禁严未敢骤为加重,今行之数年,已渐渐加增矣。将行之既久,势必又如前此之相沿成例,而公行无忌矣。在百姓无可告诉,惟有竭撅奉公以免追呼。……臣请伤令该部查各省所定耗羡额数,除各官养廉外,耗羡多者酌减若干,耗羡少者酌减若干,使百姓一岁之所入得有积蓄,以为仰视俯育之资。"

政策的认识和提出改进办法上略有差异：鹿迈柱认为，耗羡归公是"斟酌权宜不得已而为之计者"，耗羡归公目前存在的问题是"耗羡之中暗增耗羡"。因此，他并未要求改变耗羡归公的政策，而主张严行禁革耗外加耗；薛韫认为，耗羡归公实现了弥补亏空、拨设养廉和民无忧累，是"通权达变之善道"，耗羡归公政策目前存在的问题是"遇有贪员，重复征收，耗羡之外增耗羡，养廉之中私取养廉"。因此，他希望酌减耗羡分数；许王猷认为，耗羡归公使得耗羡由私转公，耗羡未归公之前，耗羡属于可以减轻的私项。而耗羡归公后，耗羡则属于无法减少的公项。由于"平色倾销及解费等项仍有折耗"，而地方官员又不可能自己掏荷包弥补耆耗，因此耗外加耗便是必然。于是，他提出由中央查核"各省所定耗羡额数"，根据需要进行调整，形成规范的耗羡管理制度，以此限制地方官员的私征暗加行为。

然而，无论中央如何禁止，地方上耗外加耗的现象依然存在。如在乾隆二年（1737年）的上谕中就指出，四川在耗羡之外每银百两提解银六钱，名为余平，乾隆表示"闻之不胜骇异"。① 再如乾隆六年（1741年），山西在征收地丁钱粮每两例加耗羡一钱三分的基础上，有的州县加到一钱七八分不等，甚至加至二钱。部分乡村以钱纳粮，每两收大制钱一千三十文，就时价合算计一两加二钱有余，这又是变相的耗外加耗。乾隆表示"若如此征收，民何以堪"？②

乾隆七年（1742年），乾隆在当时最重要的考试——殿试

---

① 《清高宗纯皇帝实录》卷五十二。
② 《清高宗纯皇帝实录》，卷一四三。

中，围绕耗羡归公政策出题。① 在考题中，乾隆提到诸多关于耗羡的观点：康熙时期无耗羡而多私征摊派，雍正时期有耗羡而公私有备；康熙时期无耗羡有清官，雍正时期有耗羡无清官；康熙时期无耗羡而民多富足，雍正时期有耗羡而民多贫困。乾隆要求这些国家的后备"公务员"阐述见解，并命令"今科殿试制策内羡余一条系时事中之切要者，读卷官务须留心阅看，以觇士子平素之学问经济，不得仅以文理通畅，字画端楷，遂列前茅。如果能确有所见，恺切敷陈，可备采择者，朕将见诸施行。即字画不甚工致，亦应拔取进呈，以备亲览，可传谕读卷诸臣知之"。

但学子的见解似乎让乾隆很失望，"乃诸贡士所对，率皆敷衍成文，全无当于实事。想伊等草茅新进未登仕籍，于事务不能晓彻，此亦无怪其"。② 于是，他又将此策问发与九卿、翰林、科、道和地方督抚，认为这些官员在任多年，或可有所见解。但朝臣的见解似乎也不尽人意，"乃近见诸臣奏对，竟有于耗羡一事之外旁牵侧引，以狂瞽之见，为无稽之言，所答并非所问。即说到耗羡，亦究竟不知原委，万难见诸施行。甚至潘乙震之请开捐，路斯道之请铸币，

---

① 《清高宗纯皇帝实录》，卷一六四。"务民之本，莫要于轻徭薄赋、重农积谷。我国家从无力役之征，斯固无徭之可轻矣，而赋犹有未尽合古者乎。赋之外曰耗羡，此固古之所无也；抑亦古尝有之，不董之于官。则虽有若无，而今不可考耶。且康熙年间无耗羡，雍正年间有耗羡。无耗羡之时凡州县莅任，其亲戚仆从仰给于一官者，不下数百人。上司之苛索，京官之勒助，又不在此限。而一遇公事，或强民以乐输，或按亩而派捐，业田之民，受其累矣。自雍正年间，耗羡归公，所为诸弊，一切扫除。而游民之借官吏以谋生者，反无以糊其口。农民散处田间，其富厚尚难于骤见，而游民喧阗城市，贫乏已立呈矣。人之言曰，康熙年间有清官，雍正年间无清官，亦犹燕赵无铸。非无铸也，夫人而能为铸也，而议者犹訾征耗羡为加赋，而不知昔之公项，皆出于此而有余。今则日见其不足，且动正帑矣。是以徒被加赋之名，而公私交受其困而已矣。将天下之事，原不可以至清乎，抑为是言者，率出于官吏欲复耗羡者之口乎。多士起自田间，其必不出此，而于农民之果有无利弊，必知之详矣……凡此数者，皆朕日夜踌躇，而未得其要领者，多士其毋以朕为不足告，閟之隐，其尚以朕为可告，而敷之陈之，悉言其志，毋有所讳。"

② 《清高宗纯皇帝实录》，卷一六四。

尤为荒谬之极"。乾隆认为自己的目的是调整耗羡政策，而大臣却进陈敛财之术，"沾沾以国用为言，竟似国用实有不足，不得不从权计议者。此风一开，将见言利之徒，接踵而起，其为害甚大，岂止有妨政体而已"。乾隆训斥这些大臣，"数日来无知妄奏之辈，原当加以处分。因系降旨询问，导之使言，故虽乖谬，特从宽宥。此番训谕之后，如再有节外生枝，悖理伤道者，必从重治罪，以为妄言者之戒"。①

当然并非所有的大臣都是"妄奏之辈"，时任湖广总督的孙嘉淦上疏阐述自己关于耗羡归公的看法。孙嘉淦是康熙五十二年（1713年）进士，在中央担任过庶吉士、翰林院检讨、国子监司业、国子监祭酒、工部侍郎、吏部尚书、刑部尚书等职务，也担任过顺天府尹、直隶总督等地方要职，具有丰富的从政经历和地方治理经验。孙嘉淦首先表示自己的态度——"臣职任封疆，再三筹画，乃知耗羡一事，固有所不可已，提解归公，其法实不可轻变也"，并进行解释——"是则耗羡归公，既无害于民生，复有补于吏治"，同时批评那些将耗羡归公视为加赋的人是"耳食者"（道听途说、人云亦云的人），指斥那些要求禁止耗羡的人"显以名动朝廷，实欲自便其私"。同时，孙嘉淦反思现行的耗羡归公政策，反对官员将耗羡用于国家正项支出和对耗羡支出按照正项进行奏销。孙嘉淦认为耗羡归公的初衷是用地方私征的收入弥补地方公务开支，而将耗羡用于其他国家正项支出并按照正项支出进行报销，则"相沿日久，或有不肖官员指耗羡为正项，而于耗羡之外又事苛求，必致贻累小民，此风断不可长"。孙嘉淦也提出耗羡政策的调整办法——核查各省耗羡多少和公

---

① 《清高宗纯皇帝实录》，卷一六五。

务需要情况,"将有余之省核留敷用之数,其所余者减轻耗额以予百姓,使百姓受轻赋之益,而督抚又无侵用之由,其法乃益尽善,并可不烦户部之查核,而所谓耗成正项之流弊,亦可以永杜也"。①

最后,乾隆亲自出面,对此次耗羡政策讨论进行总结。乾隆首先肯定耗羡归公政策,"法制尽善,不可复行更张",并要求将耗羡"通贮藩库,令督抚察核",各省动用耗羡只需要"送部查核",而不再如正项一样走奏销程序。乾隆针对江南耗羡情况做出部署:一方面规定佐杂养廉,"闻江南佐杂等官向来未议养廉,事务繁多,差遣络绎,倍于他省。微员俸少力薄,未免衣食艰难。查江苏有不充饷之盐规银两,安徽司库有存公耗羡银两。著总督赵宏恩、巡抚顾琮、赵国麟公同查核。仿照江西湖广之例,酌定数目,每年赏给以为养廉,示朕体恤微员之至意。"另一方面,再次强调严禁私自加征耗羡。"如有劣员暗地加耗,立即题参治罪,以为殃民肥己之戒……该督抚等不时体访。如有不肖州县,于应收火耗外,丝毫加重者,立即题参,严行治罪。如不行觉察,经朕访闻确实,必将该督抚一并严加议处,断不姑容"。②

在这次耗羡归公政策讨论中,可以看出,皇帝和官员对耗羡存在"复杂的感情",一方面,他们承认耗羡归公政策有利于增加地方财政收入,也在一定程度上有利于遏制地方官员私征;另一方面,他们又不敢直接将耗羡归公等同于加税,或者说大大方方地承认耗羡归公的加税实质,并进而将其纳入和正项钱粮一样的奏销程序,反而是为避免"加税"之名,一而再地强调耗羡收入和正项收入不同。因为,他们都明白不能将耗羡银等同正项,一旦将耗羡等同正

---

① 孙嘉淦:《办理耗羡疏》,《孙文定公奏疏》,卷八,清教和堂刻本。
② 《清高宗纯皇帝实录》,卷一七二。

项并纳入奏销体系，耗羡就会从地方以公完公形式的收入转变为中央控制的收入，中央严格的奏销体系会限制了耗羡在地方上以公完公的作用，地方官员就会再次加征耗羡。此外，他们也都意识到，无论是承认还是不承认耗羡的加税性质，还是说无论是否将耗羡纳入正项管理，耗羡归公并不能禁止地方官员的"耗外加耗"。为加强对耗羡的管理和防治地方官员"耗外加耗"，乾隆主张进行制度化约束。这种制度化约束，就是将耗羡纳入正项奏销体系，这也与之前讨论的结果相矛盾，实际上，这种两难局面在雍正末期就已经出现，上文也进行论述。

早在乾隆五年（1740年），乾隆就要求"户部可行文各省督抚，将地方必需公费分晰款项，立定章程，报部核明，汇奏存案。嗣后务将一年之内，额征公费、完欠杂支同余剩未给各数目，逐一归款。各官养廉照依正署起止月日应得分数，并扣除空缺，详悉登记。其收数内有拖欠未完者，分别应否着追。其支数内有透动加增者，分别是否应给。有无挪移亏缺之处，俱于岁底，将一切动存完欠确数及扣贮减半平余银两，造册咨送户部核销。"① 此后，各省分别制定《耗羡章程》。江苏的耗羡征收标准被定为：苏州、松江、太仓三府州属每两收耗五分，常州、镇江二府属每两收耗七分，其余各府州属每两收耗一钱。②《耗羡章程》中规定：各省额征耗羡均随同正项钱粮统计分数，一疏具题以定考成；各项耗羡除已完未完分数考成另册造报外，仍一面将动支各数声明有无侵挪亏空专折奏报，一面分析造具四柱款册送部，户部于年终汇核具奏；征解耗羡，如有止解正项不解耗羡，即系官吏侵挪，藩司一面勒追，一面参究，若该

---

① 《清高宗纯皇帝实录》，卷一〇九。
② 《钦定户部则例》，卷六。

司瞻徇容隐，经部查出，一并参处，欠项着落分赔，仍将是否随正完解之处，该督抚于报部册内声明以凭稽核；各省额征耗羡银两，概同正项钱粮随时征收，其应支各官养廉吏役工食准其在于征收银内坐支，其余仍随正项钱粮尽数解司；每届岁底，各督抚查明一年之内额征完欠及动用存留确数并节年积存数目年清年款造册报部，由部汇奏。①

此后，中央不断收紧对耗羡的管控，乾隆二十五年（1760年）规定，各省动支耗羡银两，令该部于年终汇奏，将一年准销及行查并不应动支驳回共若干件，一并另缮清折随奏。乾隆三十三年（1768年）规定，动支耗羡，各省有定款、无定数银两，五年比较，通融抵补。乾隆四十八年（1783年）规定：各省耗羡银两务与正项钱粮随同报解，如遇地方急需，一面奏闻一面动垫。倘有擅行动垫者，照例查参。通过上述规定，实际上也就是将耗羡转变为国家的法定赋税，纳入正项奏销体系，这也意味着，原来由地方支配的非法定收支成为国家法定的收支。乾隆本想通过将耗羡制度化来加强对耗羡的管理，遏制地方私征加派，但实际上却是为地方上的"耗上加耗"又添了一把"柴火"。可以说，清王朝在耗羡归公先后所面临的问题未发生实质性改变（地方财力依旧不足、官员依旧私征耗羡、官员间依旧充斥陋规），唯一的改变就是中央和地方上确实多出一笔收入。

第二节　役侵与民欠：乾隆朝的两次亏空清查

一、乾隆十二年亏空治理：专为役侵起见

虽然江苏"无债一身轻"地走进乾隆王朝，乾隆也削减苏州和

---

① 《钦定户部则例》，卷九。

松江的税额,并多次减免江苏赋税。但仅仅到乾隆十年(1745年),江苏巡抚安宁就奏称自乾隆元年(1736年)至乾隆九年(1744年),江苏积欠不下二百余万。安宁提出清查亏空,并认为本次清查亏空当以清查"吏蚀"为主,"如果役蚀居多,则及早清理,犹可设法追偿。即使役蚀无几,亦可儆惕将来,不致因循养蠹。"① 实际上,在此之前,乾隆已经决定免除次年江苏的赋税。乾隆认为,朝廷一方面蠲免江苏次年赋税,另一方面又大行清查、追讨积欠,则"不无滋扰,非休养万民之意",甚至于有损圣德。乾隆训斥江苏官员,"况尹继善、陈大受历任督抚已久,安宁在布政使任亦已多年,竟将地方要务置若罔闻,皆伊等因循玩忽,全不实心查办之所致。尔等可寄信与尹继善等,俟开征之年,即行设法清厘。按年查察,毋使积习相沿,逋欠愈重,更须妥商办理,使闾阎不致滋扰。"② 由此,清查亏空的日期延后一年。乾隆十二年(1747年)四月,两江总督尹继善、江苏巡抚安宁提出本次清理亏空的具体方案:

> 臣等酌定自首减免之条,今各属于散单前出示晓谕,准其将所侵何都、何图、何户、何年、银两若干据实首出,于三个月内全数通完,免其治罪,否则按其侵蚀之数,照知人欲告而自首律,减本罪二等定拟。其自首不实不尽,致被查出,即以不实不尽之数通计所首之数减一等治罪。
>
> 应追银犯该徒罪以上者概行监追,勒限一年全完免罪。逾限不完,即照原拟治罪。未完银,搜查家产变抵,再有不敷,着落的属严追完项。倘书役希图幸免,不行自首者,查出照侵

---

① 吕小鲜:《乾隆十二年江苏清理积欠史料》,《历史档案》1995年第1期。
② 《清高宗纯皇帝实录》,卷二五七。

盗钱粮例从重定拟，遇赦不准援免。至失察各官，有旧任、现任之不同。如现查出旧任役侵，依限追完者，胥役既得免罪，旧任亦请免议。如不能依限全完，仍应治罪者，旧任亦仍照失察例。现任照承追例，分别议处。其查出本任役侵，依限追完者，功过相抵免议。如不能查出，后经发觉及查出而不能依限追完者，亦照例分别参处等语。查此与雍正十二年前抚臣高其倬侵蚀官役一摺，部议相符，应准其查照办理。大学士议奏至所称地方官失察在前，查出在后，应宽处分之处，地方官处分过严，恐转致回护掩饰，所议亦属妥协，均应如所奏行。再此番清查，专为役侵起见，不得丝毫扰民，应令该抚等妥协办理。①

尹继善和安宁认为"此番清查，专为役侵起见"，即将此次清查定调为专门清查胥吏侵蚀造成的亏空。他们要求胥吏自行将侵蚀情况"据实首出"并在"三个月内全数通完"。对未能"据实首出"或"逾限不完"胥吏则予以严厉的惩罚，并追究地方官员的"失察"责任。与此同时，乾隆也通过多个渠道监督江苏此次清查事务，他下旨给正在江南办理河务的大学士高斌，询问"安宁初任巡抚，办此二事，有当与否，抑或有用气之处"。② 不久，高斌就江苏亏空情况进行汇报，认为清查亏空"不惟无益，而且有损"，在清查过程中，存在将书役侵蚀转变为民欠并由百姓代偿的情况。他提出撤回清查官员，而"宜慎选精明强干之员，俾久于其任"，妥善追缴亏空。③

---

① 《清高宗纯皇帝实录》，卷二八八。
② 《清高宗纯皇帝实录》，卷二九四。
③ 《清高宗纯皇帝实录》，卷二九九。

乾隆也并未全信高斌的片面之言，而是命令尹继善据实奏闻，同时将高斌的奏折发给大学讷亲阅看，并令布政使爱必达密行详查、据实具奏。不久，乾隆又给军机大臣下令，指出：此次江苏积欠清理中将书役侵蚀转由百姓承担的情况，强调"而所闻果实，则是办理犹未尽善，此弊尤宜厘剔"。著传谕安宁，此项积欠内有系吏胥侵蚀者，应向吏胥查追，不得任其狡饰仍向粮户重科，务须加意稽查，妥协办理。十月，爱必达上奏，他认为高斌所言"书役侵蚀转变为民欠并由百姓代偿的情况"似属悬揣，未得实据，是那些侵蚀钱粮的书役想要阻止清查工作而放出的谣言。但同时他也认为高斌所言"事非无因"，并指出几个案例（句容县粮户骆寅等被收书张玉昆侵收银300余两，骆寅等情愿照数完纳；镇洋县银匠王苍玉侵收银140余两，监生何嘉楣情愿先行完缴），要求安宁做好对清查工作的监督，"总期归于无弊无扰，似未可因讹言繁兴，委曲迁就"。①

　　乾隆看到爱必达分奏疏后，认为"高斌素性长厚，此等清查积欠之事，恐致扰民，本非其所欲为"，同时也认为"览爱必达回奏，实属至公之论"，并下令给安宁"夫书役假串侵收钱粮，自应在书役名下追偿。即使脱逃，亦当俟缉获之日，严行追比，乃令原户重为完纳，此系安宁失于检点，办理犹未尽善之处。况粮户已完之项，复令重科，所称出于情愿，亦系必无之事。如果有之，则系盛世良民。为大吏者，当免其完纳，以示嘉奖，岂有复使代偿之理。此时办理，虽未必如高斌所奏若此之甚，但即此二事推之，将来书役闻风效尤，其流弊必至如高斌所奏者。江苏积欠至二百余万之多，固当设法清厘，第不可使粮户重完，以致扰累"。乾隆要求爱必达协助

---

① 《清高宗纯皇帝实录》，卷三〇〇。

安宁，并再三强调"虽清查积欠，难免议论，但皆系地方大吏，如果和衷共济，自能因时制宜，实力妥办，使清查之事，克底于成，而又不致纷扰，以称朕意"。①

针对乾隆的疑虑，安宁提出甄别吏蚀转移民欠的办法——"现饬属细开清单，派妥协佐贰发交花户，是否实欠，令各于单内填明。如填系已完，或单内欠数多而花户认欠少者，则仍系役侵。书役至此，乃无从掩饰"。安宁再次强调，"自查办以来，实无勒派花户认欠及粮户重完等事。惟其中或有狡黠花户，知民欠尚可拖延，暗受贿赂，挺身为书役代认者，或有花户转托相熟之人，如银匠总甲之类，并非在官书役，被其侵蚀，今既查出，自愿先行完纳。又或有花户与书役狼狈为奸，改匿弊混，通同漏课，一旦破露，该户不得不认为实欠者。"安宁也认为"以上情弊，实所不免。止缘江省州县，视役侵为常事，书役视花户为利薮，且希冀将来旧欠，必有恩旨宽免，此时若不及早查办，拖欠既深，无可征比。若豁民欠，即役侵得免，是教之使侵，将来益无底止。臣所以不得已有清理之举，惟有益加谨凛，体察属员，以无扰闾阎为主"。乾隆表示"此番经理，实汝不得已之举，亦既殚竭心思矣。然与其经营于事后，孰若绸缪于事先，且十年、二十年之间，必清察一次，亦岂政体。汝等若平时留心，何致有此哉，既往不咎，此后宜加之意耳"。②

在清查基础上，两江总督尹继善等提出追缴办法：书役自首侵蚀的22万余两，既然已经自首，便要按期追讨。自查清造册竣日起限，除百两以内者，仍照原议勒限三个月追清外，其欠百两外至五百两以上者限六个月，六百两至一千两以上者限一年。全数通完，

---

① 《清高宗纯皇帝实录》，卷三〇一。
② 《清高宗纯皇帝实录》，卷三二〇。

照律免罪。如逾限不完，或虽有完数，不及五分者，按未完银数，拟罪监追。如完足五分者，再予展限，仍不全完，亦按未完银数，拟罪监追。乾隆对此表示"著照所请行，咨部知之"。①

然而，旧欠尚未完全追缴的情况下，又出现新欠。乾隆十三年（1748年），安宁上疏表示：乾隆十二年（1747年）赋税尚有32万余两并未完成。乾隆认为"旧欠固应立法催征，即或查办，亦未尝不可。不若现年钱粮，使其勿致拖欠"，指出清查工作尚未完成而新欠已经出现，"前案未毕，后案复生，清查一事，徒自滋扰耳"。乾隆要求"将本年所欠之数，何以又有三十余万之多，清查之法何以不能使后此钱粮之无欠，一并详悉查明，具摺奏闻"。②

此次清查共发现吏蚀并自首银245 634两、民欠2 460 687两。两江总督策楞、江苏巡抚觉罗·雅尔哈善分析吏蚀产生的原因，"向来催科杜弊之法，尚多未能尽善。查江省州县，每多贪图便安，一切征粮簿串、摘比、销欠等事，俱多假手书役，以致乘机舞弊。或虚销征册，或卖卯搁比，或假串侵收，或洗补印串，或白票包收。亦有奸顽粮户贿嘱经书，花分诡寄，飞洒隐漏，推收不清，寄庄规避。又有贪夫嗜利，以债准粮，顽绅劣衿，特符抗欠，经差保歇，亦有收侵种种陋弊，总不外此数端"。③

他们将造成地方亏空的原因归咎于四点：其一，地方官在征收赋税的过程中假手胥吏，以至于使得胥吏有机可乘；其二，胥吏在督催赋税的过程中采用虚开征册、使用的假票证等手段侵蚀钱粮；其三，胥吏与纳税户相互勾结，使用花分、诡寄、飞洒的多个手段

---

① 《清高宗纯皇帝实录》，卷三〇一。
② 《清高宗纯皇帝实录》，卷三二〇。
③ 《为遵旨筹办清理积欠善后事宜奏折》，吕小鲜：《乾隆十二年江苏清理积欠史料》，《历史档案》1995年第1期。

帮助纳税户规避赋税钱粮；其四，赋税征收存在钱粮包揽以及抗粮行为。对此，他们提出两种解决办法：其一，加强地方赋税账册管理。征税之前，预造册籍务必核实民户赋税数量，如有土地买卖、分并粮户的行为，则务必验实契券分书。将征收册存在内署，所有赋税缴纳注销完纳之事一律令州县官与幕友在署内办理，不许假手首胥吏；其二，加强赋税征收过程的管理。实行滚单法，滚单法规定五户为一单，每单以粮多者为首，首户缴纳完赋税后顺次移交给次户，一户不纳，则处罚同单各户。在赋税征收中，加强对纳税凭证的检验，防止假申、白券等舞弊行为。布政使司设立循环簿，发至各州县，州县官每月填报完欠，以此督查地方赋税征收。① 当然，无论是加强赋税账册的管理，还是实行滚单法，也都是老生常谈。更重要的是，从亏空清查结果来看"吏蚀并自首银245 634两、民欠2 460 687两"，民欠远超吏蚀。亦因如此，"专为役侵起见"的亏空清查，自然也无法得到"江南亏空，看来尚属无多"的满意结果。

二、乾隆十六年亏空治理：积欠累累

实际上直到乾隆十六年（1751年），积欠也没追缴到"三瓜两枣"。乾隆无奈表示"念东南贡赋甲于他省，其历年积欠钱粮，虽屡准地方大吏所请分别缓带，以纾民力。而每年新旧并征，小民终未免拮据。朕宵旰勤劳如伤在抱，兹当翠华亲莅，倍深轸切，用普均沾之泽，以慰望幸之忱。著将乾隆元年至乾隆十三年江苏积欠地丁二百二十八万余两、安徽积欠地丁三十万五千余两，悉行蠲免"。同时，似有不甘心的乾隆又表示"江苏积欠乃至二百二十余万之多，

---

① 《清高宗纯皇帝实录》，卷三二九。

催科不力,有司实不能辞其咎,而疲玩成习,岂民间风俗之浇漓,尚有未尽革欤"。于是,乾隆下旨,要求地方官员认真分析地方亏空的原因,并提出全面的治理政策。乾隆认为江苏赋税比浙江重不了多少,但浙江并无拖欠而江苏积欠累累,江苏亏空之所以难以根治,主要是"顽户将视为旷典可以常邀,是蠲除之恩,适以启拖欠之端也",要求地方"将向来一切催征舞弊之处,加意厘剔,尽行禁革,务须立定章程,使有司恪守规则,不得稍有未清,致滋复欠之弊,则每年完纳无亏,闾阎亦永无新旧并征之扰,于国计民生均有裨益"。①

此外,乾隆将御史陆秩就江苏亏空原因的分析(其一,存在代缴行为;其二,官员只顾完成考成,征比钱粮止论银数,不问姓名,统计某图共该若干,若至八分九分,图书便可塞责,至某户有欠无欠,官实不知;其三,征幕宾串通算房共同舞弊)发给王师。王师认为陆秩提出的弊端确实存在,并提出"力行自封投柜之法","必须按时将各图花户内摘内销","自督抚以及州县时时防察,毋得疏懈"。同时,王师提出全面解决亏空的14条解决办法:

一、任留尾欠宜严加振刷。江苏赋税征收解送又分地丁、漕项、河工、驿站、俸工多项,每年考成时各款仅可征至八九分,而负责赋税征收地方官员因此受到的处罚较轻,以至于各州县各款均有亏缺,年复一年,积少成多,形成巨额亏空。王师对此提议加强州县官的考成,凡是能按时完成钱粮征收的记功,而对于不能按时按量完成赋税征收的积累三次则在每次大计中不予保荐提升。

二、征比幕宾宜严加意查察。地方官所聘幕僚贤愚不等,有的

---

① 《清高宗纯皇帝实录》,卷三八〇。

甚至与胥吏串通一气，听任胥吏包揽钱粮，进而造成亏空。因此需要加强对幕宾的管理。

三、小户钱粮宜勒限全完。以往赋税征收往往先征大户、再征小户，但是大户往往将自己应征赋税花分为诸个小户，户数越多则赋税越难以征收，以至积欠越多。因此以后赋税征收，先将一两以下的小户另行造册，用滚单法勒限完纳，禁止小户任意拖延，则花分之弊可以自行消除。

四、宕完之户宜为查改。在赋税征收过程中，赋税征收的串票等单据有时会被有意无意地写错，称之为"宕票"，宕票的存在给赋税征收与查核带来诸多不便，胥吏亦经常利用宕票来侵蚀钱粮。在以后每年赋税征收销欠之时，如果遇到宕票需要查核立即改正，并造册登记。

五、包侵之弊宜除。地方赋税征收中，歇家、经承、柜书、图书、粮差、银匠等各色胥吏往往欺骗小户，承诺代小户缴纳赋税却侵蚀这部分赋税，从而造成亏空。在以后的赋税征收过程中要严格履行自封投柜，如有包揽行为，则包揽者与被包揽者一并问罪。

六、搁比之弊宜除。所谓搁比指的是在每年摘比时故意不查核督催欠粮粮户。往年每岁摘比时多由胥吏办理，欠户则可以贿赂胥吏逃过摘比。此后每年摘比，由地方官与幕宾在署内办理，不许胥吏经手。

七、花分、诡寄、飞洒、隐漏之弊宜除。花分、诡寄、飞洒、隐漏皆是胥吏与地方抗粮之户通用的手段，要防止这些行为，当从严格制订赋税册籍开始。王师规定以后各类册籍以及送到纳户手中的滚单必须与上一届原册逐一查对，易知由单中载明本户名下产数与银数。核造清欠册时需要间滚单发出，而实征册则存备内署，不许假手胥吏。

八、雇请代杖之弊宜除。以往征收赋税时，催粮粮差获得欠户差费不同，等到核算税银时，则雇人代其受刑。以后再行杖刑时，需要验明正身，防止粮差与欠户合伙舞弊。

九、衿绅书役兵丁抗欠之弊宜清。地方士绅兵丁欠粮属于地方赋税征收的通病，王师提出在赋税造册中另造士绅之册与兵丁之册，分别由该管官衙门与该管武职衙门管理，如遇欠粮行为，分别报备各衙门处理。

十、寄庄钱粮抗欠之弊亦除。地方赋税征收经常遇到田户与其所有田地分属不同州县的情况，使得田赋征收出现诸多不便。此后赋税征收过程中，一县征收本县内赋税后，需要将该田户在本县赋税完欠情况通知所在州县，以督促赋税。

十一、开征停忙之期应因地变通。以往赋税征收，二月开征，五月停忙，八月开征，防止耽误农业生产，但是江苏各地地情不一，所以应因地制宜。如苏州府等州县因经营蚕业，应将其开停时间改为二月开征、六月停忙。

十二、分年带征钱粮宜通融完纳。以往对于拖欠的钱粮采用节年带征的方法，每年带征数额一定，但是由于年景不同，收入不一，以至于每年征收量或多或少，带征额或完成、或不能完成，又形成新的积欠。以后对于带征钱粮，每岁无定额，或是一年缴纳，或是分年缴纳，由纳户自选。

十三、田产交易应于税契时推收。即在土地发生买卖行为时，将田粮科则并买主应收人某某图甲户汇开推收单二张，并契头税将推收单一并交给书吏注册，推收单存内衙核查，由是赋税征收不会随田产变动而变得混乱。

十四、坍没版荒公占绝冢之粮宜随时勘豁。坍没、版荒、公占、绝冢之地照例应予以田赋蠲免，但是地方官员、胥吏借此征收赋税，时有百姓遭受敲扑，以后凡是遇到这些土地则及时予以田赋蠲免。

王师自谓所提14条清理亏空的措施，"以上条陈澄致弊之源，立催科之法，除胥蠹之权，清虚欠之赋，至内摘内销不假手胥役，则诸弊不除而自去，尤为最要良法，州县更当实力奉行，则必见成效"。① 王师提的14条建议可谓是面面俱到，其中多条建议亦是每次清查亏空后都会提到的办法。

如第五条"包揽之弊"，早在顺治年间，中央政府就规定"江南财赋繁多，经收诸役包揽侵渔，保长歇家朋比剥民，令严行察访，勒石永禁"。② 再如第七条"花分、诡寄、飞洒之弊"，在顺康之际韩世琦清理亏空时，户科给事中柯耸认为胥吏"或于正额之外妄立名色而多派私征，或将已完之粮不登收簿而注欠重比，或受本户嘱托而粮数飞砌隔图，或侵一人银两而零星散洒各户。一经册报，无不照数赔完。如不立法严惩，漏卮将何底止"。③ 第十条"寄庄之弊"，在雍正六年（1728年）亏空清查中，温尔逊提出结合版图法和顺庄法，纠正人、地分离造成的赋税难以征收。王师提到诸多加强关于对胥吏的管理方法，这些方法大都也在前人的治理方法中出现过。至于地方士绅积欠钱粮也一直是地方赋税征收遇到的问题，中央政府也先后制订各项督催士绅缴纳钱粮的办法，如在奏销案中革去功名、将士绅赋税完欠情况造成报备学政等等。王师的计划总体而言其目的在于控制胥吏，防止其在赋税征收过程中起到破坏作

---

① 王师：《奏议清除江苏钱粮弊窦办法折》，《宫中档乾隆朝奏折》，第一辑，第208页。
② （乾隆）《大清会典则例》，卷一百三十六。
③ 《清圣祖仁皇帝实录》，卷五。

用,甚至侵蚀赋税钱粮。同时王师也提到一些具体到如何加强对普通民户的管理,如第三条如何解决小户积欠问题、第十一条如何合理安排赋税征收与农业活动、第十二条如何优化带征、第十四条如何控制赋税不随土地买卖而遗漏。

对比雍正六年(1728年)清查结果,吏蚀占全部亏空的46%。但乾隆十三年(1748年)清查结果显示,吏蚀245 634两,民欠则高达2 460 687两,吏蚀尚不足民欠的十分之一。可以说,吏蚀已不在亏空中占主要地位,造成地方亏空最重要的原因是民欠。在康雍乾时期,地方赋税基本从未足额缴纳过,即便经过雍正和乾隆的两次削减,江苏的赋税还是从未足额缴纳。对中央来说,既然重赋问题已经被解决,而赋税依旧不能足额缴纳,那么只能说明地方在征收赋税过程中出现问题,即或地方存在抗税、拖欠行为。

对王师的建议,乾隆皇帝如是批复:"有治人无治法,惟在汝不姑息好名,示惟正之供,即化民之义而已,若夫科条催督,乃其末者,且朕有所不晓矣。"① 从乾隆皇帝的批复也可以看出,他认识到地方赋税之所以存在巨大亏空,不在于如何设法督催或是致力于控制胥吏,而在于减少地方百姓的抗粮欠税行为,这样才能真正意义上解决地方存在的巨额民欠问题。亦因如此,王师的建议中包含诸多治理民欠的具体措施与方法,如第一条"任留尾欠宜严加振刷"、第三条"小户钱粮宜勒限全完"、第四条"宕完之户宜为查改"。在经过乾隆十三年(1748年)的清查以及其后推出的各项亏空治理政策之后,虽然整个乾隆朝亏空问题依旧不断,但总体而言,每年的

---

① 王师:《奏议清除江苏钱粮弊窦办法折》,《宫中档乾隆朝奏折》,第一辑,第208页。

已完银占比一直处于一个高位。

在乾隆十三年（1748年）对江苏地方亏空进行清查之后，中央政府又多次对地方亏空进行清查。乾隆三十五年（1770年）对乾隆十一年（1746年）至三十三年（1768年）的历年亏空展开清查，其中江苏下属两藩司，苏州藩司各属积欠544 000余两，江宁藩司积欠498 000余两，① 江苏合计亏空钱粮104.2万余两，平均每年积欠钱粮3万余两。这个数字与雍正六年（1728年）清查案中1 010万亏空以及雍正十三年（1735年）清查案中270万亏空相比可谓少之又少，而且雍正六年（1728年）清查的时间是从康熙五十一年（1712年）至雍正四年（1726年）共计15年，雍正十三年（1735年）清查的时间是从乾隆元年（1736年）至乾隆十二年（1747年）共计12年，而乾隆三十五年（1770年）清查案所涉的时间长达23年之久，前两者每年积欠分别为67万余两与22.5万余两，而乾隆三十五年（1770年）清查出来平均每年积欠不过3万余两。同时较之于前两者每次的亏空钱粮大都以蠲免而结束，而这次江苏亏空的钱粮却得到弥补，如苏州府亏空54万余两，至乾隆三十六年（1771年）底就已经弥补49万余两，乾隆皇帝下令将其余尾欠数额尽数蠲免。乾隆三十五年（1770年）的这次亏空清查案所得到的结果足以说明自康熙时期至雍正时期、再到乾隆时期，历次的亏空清查案后所做的各种治理亏空的措施起到作用，至乾隆五十一年（1786年）李世杰出任两江总督，他到任后查察江苏亏空，最后得出的结论是："江南亏空，看来尚属无多。"②

---

① 《清高宗纯皇帝实录》，卷九〇三、卷九四三。
② 李世杰：《奏报江南各属亏空》，《宫中档乾隆朝奏折》，第六十二辑，第672页。

第三节 面子与里子：尹壮图案与乾隆朝治理亏空成效

一、面子：尹壮图请查亏空案

尹壮图，乾隆三十一年（1766年）进士，官至礼部侍郎。乾隆五十五年（1790年），尹壮图上疏"各督抚声名狼藉，吏治废弛，臣经过地方，体察官吏贤否，商民半皆蹙额兴欺，各省风气大抵皆然，请旨简派满洲大臣同臣往各省密查亏空"，① 即将归政的乾隆闻言，认为自己"朕临御五十五年，子惠元元恩施优渥。普免天下钱粮四次，普免各省漕粮二次，为数何啻万万。偶遇水旱偏灾，不惜千百万帑金。初助抚恤，赈贷兼施。蔀屋穷檐，共沾实惠。凡身被恩膏者，无不家喻户晓"，"自谓勤政爱民，可告无愧于天下"。乾隆认为，尹壮图抨击朝政而又无法指实，"而折内又云仅属空闻，并未目击，究竟此等传闻之语出自何人，岂绝无姓名可指乎？"乾隆还认为："在尹壮图之意，亦知事有难行。不过自揣学问才具，均属平庸，内而不能升用侍郎，外而不能简派学政，至尚书督抚之任，更难梦想。欲藉此奏见长，或幸录用，又可假盘查为名，沿途吓诈，希得馈助，可以名利兼收。此等居心，岂能逃朕洞鉴"。②

面对大臣对自己数十年执政的否定，乾隆显然是雷霆大怒。继而，乾隆派侍郎庆成带同尹壮图前往山西盘查仓储，"以服其心"。同时，为彰显皇恩浩荡，认为壮图系自请盘查之员，本不应一体由

---

① 《清史稿》，列传一〇九。
② 《清高宗纯皇帝实录》，卷一三六七。

驿行走，但恐其自备车马，未免濡迟，止著给予驿马，不必支予廪给。同时，乾隆将此由五百里传谕书麟并谕梁肯堂知之。此后乾隆再次申明，本朝"深仁厚泽，浃洽人心"，自己"年跻八旬，励精图治，孚惠益下，犹日孜孜，罔敢暇逸"，并指出尹壮图"捕风捉影之谈，为沽誉邀名之举"，命令侍郎庆成带尹壮图前往"所指书麟管理之山西省切实盘查，若果有仓库亏缺，即当追问亏缺之由，严加究办"。①已经接到谕旨的山西官员自然"心领神会"，尹壮图会同书麟将库项逐一查照弹兑，丝毫并无短少，复将仓库丈量盘验，石数亦属相符。尹壮图亲自盘查，不能指出亏空确据，自谓"是其前奏之逞臆妄谈，几如捕风捉影，毫无凭据，实已不能置辩。但阅其摺内仍称猥以戆愚，冒渎圣聪"，请求回京治罪。乾隆再次强调"朕临御五十五年，敬天勤民，励精图治，仰膺昊眷，海宇乂安"，并认为尹壮图摺内所指原不止山西一省查无亏缺，既然山西无亏空，那便在命令其赴山东及直隶正定、保定等处查出，"以服其心"。尹壮图一路走、一路上奏，表示自己"经过各州县地方，百姓俱极安帖，随处体察，毫无兴叹情事等语"。

乾隆强调，"殊不知朕之用尹壮图为阁学，原以云南现无大员，故尔不次升擢。若论其才具学问，于阁学已为幸获。今尚欲妄思干进，其希荣卑鄙之念，朕早已灼见其肺肝。若谓其以建白沽谠直之名，虽庸人亦知其不能出此。惟伊前摺内所奏，各省多有亏空，奏请盘查，尚不得不谓之有所建白"，是以明降谕旨将尹壮图革职，令庆成押带来京，交刑部治罪矣。同时，乾隆大力表扬山西、直隶、山东、江苏四省官员，"既查无亏缺，该藩司等屏挡得法，实能慎重

---

① 《清高宗纯皇帝实录》，卷一三六七。

钱粮,所有该四省现任布政使均著加恩交部议叙。"庆成押带尹壮图到京,乾隆命大学士九卿会同审讯,尹壮图俯首认罪,将希荣卑鄙,饰词谎奏各实情,逐一供吐。大学士九卿照挟诈欺公安生异议律,问拟斩决。

此时的乾隆自然又得到一个彰显"仁政"机会,他先给尹壮图扣上"邀名牟利"的帽子,从人格上抹杀尹壮图——认为尹壮图自己在中央不能升用为侍郎,又没办法简派学政而获得更多的养廉银。因此,他想通过这个方式获皇帝赏识而得到升迁,或是能够"可藉盘查为名需索吓诈"。同时,乾隆还要彰显自己从祖父那里学到的"仁",在将尹壮图"社会性死亡"后加恩免罪,"以内阁侍读用仍带革职留任。"或许是尹壮图在中央会勾起乾隆某方面的感情。不久,他又以"以孝治天下"为名,将尹壮图打发会。老家侍奉老母。当然,方式还是一样,由尹壮图自己选择——"著留京王大臣即传尹壮图面加询问,如伊不愿回籍,亦听其在京供职;倘情愿回家侍奉,即准其开缺归养,以示朕教孝矜全格外推恩至意。"

那尹壮图所指到底是否是实情?十年后,目睹事件过程的嘉庆在给尹壮图平反的谕旨中如是说道:"前因原任内阁学士尹壮图曾奏各直省仓库多有亏缺,经派令庆成带同尹壮图前赴近省盘查,彼时各该督抚等冀图蒙蔽,多系设法挪移,弥缝掩饰,遂致尹壮图以陈奏不实降调回籍,此皆朕所深知。"[1]"皇帝的新装",这是个耳熟能详的故事,尹壮图就像那个指出皇帝没穿衣服的笨蛋,然而他所要面对的是,一位自诩"十全武功"的皇帝和一群齐心协力要为皇帝要穿上"新装"的大臣。

---

[1] 《清仁宗睿皇帝实录》,卷四十二。

二、里子：乾隆朝治理亏空成效

关于乾隆十二年（1747年）亏空治理的效果而言，正如前文所言，吏蚀在此时已经不是亏空的重点。同时，实际上无论是加强赋税册籍管理、限制胥吏从中舞弊，还是滚单法，都是"老调重弹"。

关于乾隆十六年（1757年）的亏空治理效果，亦如前文所言，"在乾隆十三年（1748年）对江苏地方亏空进行清查之后，中央政府又多次对地方亏空进行清查。乾隆三十五年（1770年）对乾隆十一年（1746年）至三十三年（1768年）的历年亏空展开清查，其中江苏所属，苏州藩司各属积欠54.4万余两、江宁藩司积欠49.8万余两，江苏合计亏空钱粮104.2万余两，平均每年积欠钱粮3万余两。这个数字与雍正六年（1728年）清查案中1 010万亏空以及雍正十三年清查案中270万亏空相比可谓少之又少，而且雍正六年（1728年）清查的时间是从康熙五十一年（1712年）至雍正四年（1726年）共计15年，雍正十三年（1735年）清查的时间是从乾隆元年（1736年）至乾隆十二年（1747年）共计12年，而乾隆三十五年（1770年）清查案所涉的时间长达23年之久，前两者每年积欠分别为67万余两与22.5万余两，而乾隆三十五年（1770年）清查出来平均每年积欠不过3万余两。"就此而论，亏空治理取得了成效。但如第三章的分析：康熙年间，江苏的应征赋税在372万两左右。经过两次赋税削减，至乾隆年间，应征赋税下降到333万两左右；康熙时期的实征赋税约为312万两，雍正时期的实征赋税约为302万两，乾隆年间的平均实征赋税约为312万两。乾隆年间的实征赋税规模和康熙年间持平，但应征赋税规模却从372万两大幅下降到312万两，这就被动使得赋税完纳率从不到85%提高到90%以上。因此，民欠规模的下降，或许得益于赋税征管制度的完善，但更得益于"分母变小"——通过减税来降低应征赋税。

经过两次大规模亏空治理后，地方亏空问题也并未得到根治。在此后的四五十年间，还是爆发过多次亏空。

（1）民欠。如乾隆二十四年（1759年），尹继善和陈宏谋上奏，乾隆二十三年（1758年）和二十四年（1759年）两年积欠赋税64万余两。他们认为积欠赋税中，"实在贫乏拖欠者，如庐墓荒地及产典粮存、年久无著、又家多事故力有难支，如此者不过十之二三"，其余大部分则是胥吏舞弊造成的。尹继善和陈宏谋列举的胥吏舞弊办法依旧是以拖待免、花分、诡寄、包揽等。所提出的解决办法还是"三板斧"，包括：按照乡图积欠多寡委任若干名"耐烦之员"，逐户传问，并公示赋税缴纳情况。各委员按照完欠情况一一审问，"其有已完作欠者，呈出印票，即就近拘到代完之人，讯明著追"，"内有以大改小，或系假印假票，即送地方官治罪监追"，"如纳户虽称已完，并无串票，或只有私收白帖，此由该户违例私付之咎，应将旧规酌改，勒令纳户重完，免治其罪"。包揽侵蚀赋税的人自首并按限完成，则罪减一等；如果官员侵蚀，亏空官员如亡故，由继任官和失察上司赔补。尹继善和陈宏谋认为"如此，则愚民知白帖私付者尚须重完，出费延比者终难幸免，侵收之书役虽按数追完仍有应得之罪，则从前诸弊，可望杜绝"，同时他们认为"大户所欠，将数少者先完，数多者分限清完，则大户诡分为小户者，不能希冀缓完"，提出"并令州县嗣后开征之始，将大户小户之粮，一并催征，不得先催大户、后催小户，则大户诡计花分之弊，亦可杜绝。"①

---

① 《清高宗纯皇帝实录》，卷五九一。

同时，鉴于江苏地区赋税繁重，中央提出增设江宁布政使。谕军机大臣等"江苏钱谷殷繁，布政使一员专司总汇。文案委积，日给不遑。即在敏干之材，尚虞顾此失彼。历年尘牍相因，不能依限厘剔，未必不由于此。因思现在安徽布政使随督臣驻劄江宁，所办仍属上江事件，文移往返，不免需时。而亲临地方各员，又非其专辖，于封疆体制，尚未允协。若将安徽藩司仍回驻安庆，而于江苏增设藩司一员，即驻劄江宁，以江南之苏、松、常、镇等处，江宁及江北之淮、扬、徐、通、海等处所属地方，酌量分隶管辖。职分则事易集，一切政务，自可从容就理。所有区分府属及衙署养廉官吏经费各事宜，应如何通融定制之处"。尹继善提出：将江、淮、扬、徐、海、通六府州分隶江宁藩司管辖，苏、松、常、镇、太五府州分隶苏州藩司管辖。

此后，江苏虽然还有民欠，但总体规模并不是很大。亦因如此，中央也不再强调对民欠的追讨。如乾隆三十六年（1771年），当年赋税于岁内全完，十一年至三十三年积欠并三十二、三十三、三十四年灾缓带征银两共计544 700余两，截至三十六年（1771年）年底已缴纳491 510余两，只剩下53 190余两。乾隆认为：尾欠尚不及十分之一，"颇知踊跃急公，情甚可嘉，自应特沛殊恩，以示奖劝"，加恩予以减免。①

(2) 吏蚀。乾隆三十年（1765年），靖江县区书童亲仁诓骗花户称其可以代为缴纳赋税，案发后，巡抚庄有恭认为童亲仁侵收花户兵行尾欠米1 400余石，"将该犯拟照侵盗钱粮一千两以上斩监

---

① 《清高宗纯皇帝实录》，卷九〇三。

侯"。① 乾隆认为"该县熊琫,不能早行觉察,亦难辞咎。但系自行查出禀报,而此项侵蚀米石,情愿代赔,亦足示儆,所有应得处分,著加恩宽免"。② 一直以来,中央对士绅涉足赋税征收颇为忌讳,因此遇到士绅与胥吏勾结侵蚀钱粮的亏空案,中央的处罚就相当严厉,如在乾隆四十八年(1783年),时年多雨水以至于漕粮米色不纯,花户缴税时多被胥吏挑退驳回,地方监生倪溶等人希望包揽图利,便诡称可以代花户缴纳漕粮,各个监生在得到花户漕粮后又向熟悉的管粮书记行贿钱粮,以此获得管粮书记的照应从而完纳漕粮。后地方官查验钱粮政策时发现包揽之事,并查清监生与胥吏勾结侵蚀钱粮的情况。巡抚下令严查此事,追回犯事的监生、胥吏所得利钱并再罚税粮一半,并将其本人或处以流放、或处以充军、或予以杖责。对于青浦县知县,因其明知包揽之事,却只将部分吏书革职了事,罚其发往新疆效力。依照规定,那些花户也因受到处罚,但是最终以"花户诸质为等因米色不能纯洁,恐误完漕,交倪溶等代完,尚属急公起见,应免其置议"。③

再如乾隆五十五年(1790年),句容县粮书侵用钱粮一案,查出历年侵欺银3 700两、漕米800余石。乾隆认为"此项钱粮例应年清年款详解报司,该书吏等又何能侵蚀入已,必系官吏通同,以完作欠,至漕米一项按额交完,一有短缺,即不能足数兑收,又何以侵蚀至八百余石之多,明系斛面浮收,上下渔利。此等情节,该督抚漫无觉察,一任蠹书侵欺舞弊,而总督藩司驻劄江宁竟同聋瞶。

---

① 庄有恭:《奏报另行办理靖江县区书童亲仁侵收花户米石案折》,《宫中档乾隆朝奏折》,第二十六辑,第331页。
② 《清高宗纯皇帝实录》,卷七四七。
③ 闵鹗元:《奏报审办青浦县生监倪溶等串通蠹吏包漕渔利案事》,《宫中档乾隆朝奏折》,第五十七辑,第504页。

该省官吏作奸犯科之事，竟至上下相蒙，毫无顾忌，或恐不止此矣，"① 直接将总督书麟革职拿问，解交刑部治罪。吏部议失察句容县粮书侵蚀钱粮之历任该管上司及前任两江总督李世杰等照例分别降调。最终，江苏句容县粮书侵蚀钱粮漕米一案中，现任与前任总督、巡抚、历任失察的该管司道府等官均受到相应处罚。

从康熙、雍正、乾隆时期历次亏空清查来看，官侵始终不是造成亏空的主要来源，经过雍正年间的治理，吏蚀亏空大幅度按下降。雍正九年（1731年）的清查结果显示，自康熙五十一年（1712年）至雍正四年（1726年）江苏各属亏空钱粮10 106 325两，其中吏蚀亏空总额468万两，约占亏空总额46.33%，约占民欠亏空的87.12%。平均而言，每年吏蚀造成的亏空高达31.2万两。而对比乾隆十二年（1747年）的亏空清查发现，乾隆元年（1736年）至乾隆九年（1744年）江苏各属亏空钱粮2 706 321两，其中吏蚀并自首亏空245 634两，只占到亏空总额的9.07%，约占民欠亏空的10%。平均而言，每年吏蚀造成的亏空只有2.4万两左右，远低于前一时期。可以说，经过雍正时期的治理，吏蚀亏空得到有效遏制。同样，经过乾隆时期的两次治理，民欠亏空也得到有效治理，即如前文所言，虽然整个乾隆朝亏空问题依旧不断，但总体而言，每年的已完银占比一直处于一个高位。乾隆十五年（1750年）至十八年（1753年），平均每年实征银334.9万两，当年已完银319.5万两，当年已完银占比高达95.4%，而且这部分当年未完成的赋税在次年又会完纳大部分。实际上到乾隆朝中晚期，赋税完纳率都保持在较高水平，乾隆四十二年（1777年）、四十六年（1781年）、四十七年（1782年）

---

① 《清高宗纯皇帝实录》，卷一三五五。

和四十八年（1783年）的赋税完纳率分别是96.42%、91.93%、91.24%和92.07%，民欠赋税得到有效治理。上述这些意味着，原来困扰地方的官侵、吏蚀和民欠三大亏空都得到有效解决。

但这看似"前景一片大好"的局面只不过是"金玉其外"而已，只是为给乾隆皇帝穿上"新装"。乾隆五十一年（1786年），李世杰被任命为两江总督，他到任后即对江苏亏空进行清查。对积欠亏空，他认为"尚属无多"，同时又下令江苏各个府州通查各属仓库钱粮有无亏空，并规定如果此次查察后再有亏空案发生，则对涉事州县官严惩不贷。在李世荣的极力督催之下，各州县陆续上报各属仓库亏空情况，苏州、松江、常州、镇江以及太仓州四府一州共计亏空93 000余两，江宁、扬州、淮安、徐州以及通州、海州、海门四府两州一厅共计亏空105 000余两，两布政使司合计亏空20余万两。李世杰将造成地方仓库亏空的原因概括为4个：地方官员用仓储抵补民欠，民户亡绝后，仓储无从补足；前任与后任官员更替时，前官任内有仓库亏空，留下凭证给后任官，但是前官亡故后仓库无法获得补充；仓库中储有实物，而实物不利于保持保值。如米粮，在仓库间挪移时往往会出售折银，而后却因米价上涨，使得难以补足原量，以至形成亏空。① 在李世杰的催办之下，苏州布政使司先后弥补72 000余两的亏空，江宁布政使司弥补44 000余两的亏空。

等到乾隆五十五年（1790年），又爆发了尹壮图请查仓库亏空案。虽然在乾隆的主导下，举朝大臣的合作下，最算给乾隆穿上"新装"。但无论百般掩饰，也掩盖不了"江南各属亏空"的事实。

---

① "或有实欠在民，年久人亡户绝，遂至无著者；或有前、后官交代之际有欠票，后因前官或参或故，无可偿还者；或有挪动仓离任之时，将价缴贮在库，后因米价日昂，不覆买补者；或有将衣饰推抵日久，蔫旧不能变卖抵款折；一府一州之中或有一县、数县通盘算计，遂成累万。"李世杰：《奏报江南各属亏空》，《宫中档乾隆朝奏折》，第六十二辑，第672页。

只不过,"尹壮图案"是对清王朝整个财政监督体系的否定,清代实行的是中央集权的财政体制,在这种财政监督体制之下,财政监督是政府内部、上级对下级之间的监督,而处于监督顶层只能是皇帝本人,各级官员需要的是对上级官员负责,督抚部院大臣需要的是对皇帝负责,因此在乾隆皇帝本人不想查清亏空的情况下,各地大臣在慌乱中总算给乾隆皇帝穿上"新衣",全国上下就"合作"了一场闹剧,而此时清代整个财政监督体系就已失去其应该发挥的作用。

第七章　故态复萌：嘉道时期亏空治理

> 各省亏空一事，朕既责成各该督抚密行查办，自当仰体朕意，实心经理，岂得以和盘托出？
>
> ——《清仁宗睿皇帝实录》

"世间安得两全法，不负如来不负卿"，可能对嘉庆而言，最痛苦的事就是"总之百姓不可剥削，仓库不可亏损"。嘉庆一方面希望地方官员补上亏空，另一方面又要求地方官员不通过加税的方式补上亏空。于是，坐在正大光明匾下的嘉庆想出一个不那么正大光明的主意——命令地方官员"秘密清查、悄悄赔补"。当然，这种"又要马儿跑又要马儿不吃草"的治理办法最终以失败而告终。嘉庆和道光多次重点治理江苏亏空，所用大臣如朱理、初彭龄、魏元煜、陶澍也莫不是一代名臣良吏，皇帝、大臣换了又换如花落去，亏空依旧故态复萌。

第一节　世间安得两全法：嘉庆初期的秘密清查

嘉庆四年（1799年），乾隆去世。亲政的嘉庆认为"原任内阁学士尹壮图曾奏各直省仓库多有亏缺，经派令庆成带同尹壮图前赴近省盘查，彼时各该督抚等冀图蒙蔽，多系设法挪移，弥缝掩饰，遂致尹壮图以陈奏不实降调回籍，此皆朕所深知"，① 下令将尹壮图调回北京，并加恩赏给事中衔。由于尹母年迈，嘉庆"仍令驰驿回籍侍母，他年再候旨来京供职"。为彰显自己"拨乱反正"的决心，嘉庆表彰尹壮图，赏给缎二匹以示恩眷，并准许其在籍奏事。

尹壮图的复员预示着嘉庆要对乾隆晚年的诸多弊症进行改革，其中清理地方亏空便是重要内容。当年十二月，刚刚走马上任的江苏巡抚岳起上疏，他提到自己担任巡抚以来，发现州县中仓库无亏者仅十有二三，仓库亏空或因公项赔垫，或竟自习染奢靡，迄今尚未能查清。此外，官员为应付考成，不断挪新掩旧，制造新的亏空。岳起提出彻查地方仓库，嘉庆皇帝批示"照卿所请"，并要求"以实奏报"。② 次年正月，嘉庆发布上谕：

> 国家设立仓库，原备各省缓急之用，岂容稍有亏缺。若清查过急，州县借弥补为名，复有劝捐派累之事，是为民反成害民之举，理财变为聚敛之弊矣。若勒限在任弥补，则是剜肉补疮，无益有害，朕深知此弊。大抵州县亏空，不畏上司盘查，而畏后任接手。上司不能周知，盘查仍须书吏，临期挪凑，贿嘱签盘，况为期迫促，焉能得其真实，此所以不畏上司盘查也。惟后任接手，自顾责成，无不悉心查核，书吏亦自知趋向新官，不能隐藏册簿。然此皆向来之弊，非近年情形。近年则新旧交

---

① 《清仁宗睿皇帝实录》，卷四十二。
② 岳起：《奏请展盘查仓库钱粮例限事》，嘉庆四年十二月初十。中国第一历史档案馆，04-01-35-0760-034。

相联络，明目张胆，不特任内亏空未能弥补，竟有本无亏空，反从库中提出带去，名曰仿亏空，竟移交后任。后任若不肯接收，则监交之员，两边说合，设立议单。其不肯说合者，又令写具欠券，公同书押，以国家仓库作为交易，实属从来未有之创举。凡此弊端，朕在深宫皆知，况亲临之督抚独不知乎？既知而不办之故，则因三节两生日之私情，有碍颜面。闲有一二清正大员，又以不办积阴功，殊不知保全一贪官，害百万生灵，其损阴功大矣。总之百姓不可剥削，仓库不可亏损，其如何从容弥补之法，则在督抚悉心讲求，无欺无隐，密奏章程，候朕酌定，亦不拘年限也。①

嘉庆先是阐明仓库的作用是"原备各省缓急之用"，同时也承认存在亏空现象，并认为如果"清查过急"，州县官就会通过盘剥百姓来筹集资金，"反成害民之举"。当时，仓库亏空已是各地常态，地方官员在交接过程中相互勾结，有亏空则隐瞒不举，无亏空甚至要制造亏空。地方督抚大员收受官员陋规赠礼而帮其隐瞒，甚至是以"积阴德"为名保全下属。实际上，到嘉庆时期，清王朝的仓库管理制度已经相当完善，尤其是在防范官员交接过程中的转移亏空和加强各级官员间的相互监督两方面形成诸多奖惩举措和监督办法。包括：

康熙二十七年（1688年）：藩库交代钱粮，如有侵盗亏空等弊，将隐匿不参之该督抚革职。如督抚有侵盗入己之处，照侵欺例从重治罪；州县亏空，知府不揭报，反逼新任官出结者，革职。

---

① 《清仁宗睿皇帝实录》，卷五十七。

康熙四十四年（1705年）：凡知府盘察出结之后，州县一有亏空，知府无论几时察出揭参，免其从重治罪。

雍正二年（1724年）：州县新旧交代，照例于两月内盘察明白，出具印结详报。如有督抚逼勒交盘者，许新任官揭报到部，由部题参，交与都察院审明议处。

雍正四年（1726年）：知府直隶州知州离任时，除本任内仓库钱粮仍照定例限两月交代，其所辖州县一切正杂钱粮，再限一月造册交代，令署官盘察出结。如署官察出亏空揭报，即着前任府州均半分赔，署官亦与新任官造册交代。如逾限不即交代，及该管官督催不力者一并议处。

乾隆二十四年（1759年）：请嗣后江苏州县钱粮，专责新任官。凡遇接受交盘，将节年未完民欠数在五万两以上者于交盘原限外展两个月，五万两以下者展一个月彻底清查。如有官侵、吏蚀，即于限内报参；如结报交代后，有前任官任内以完作欠、衙役兜牧侵蚀等弊，经后任官及岁底盘查之道、府、州查出，不必更查前官，惟现任出结之员是问。至道、府、州、岁底盘查印结，亦照交代之式，随奏咨部存案，如能随时查出前弊揭参，照例免议。倘姑容徇庇不报，一并参处。

乾隆二十七年（1762年）：各省道库遇有新旧交代，亦令督抚亲验盘查，所有收支实存数目，仍著藩司符明加结详送，督抚保题。倘结保之后，有亏挪等弊，照例分别议处。①

但正如清朝的大部分规定，规定是一方面，执行又是另一方面。虽然国家对仓库管理有明确的管理制度和惩罚举措，但是始终未能

---

① 参见前文"表4-4 康熙时期地方财政管理制度沿革表"，"表5-4 雍正时期地方财政管理制度沿革表"，"第六章 第一节 老调重弹：乾隆年间的制度调整"。

防止仓库亏空。

针对如何治理亏空，广西巡抚谢启昆提出"弥补亏空之法"。他认为，地方仓库亏空之所以严重，主要原因有三：首先是"大吏之贪黩者利州县之馈赂，偾事者资州县之摊赔"，州县官员挪移仓库进行贿赂。离任的时候，受贿的地方大员帮助说合后任接收亏空，"此亏空之缘起也"；继任地方大员，或是平庸无能，或受蒙蔽，或怕兴起大狱，甚至以"敢接亏空者为能员，以禀揭亏空者为多事"，地方官员甚至将亏空作为挟制上司谋求升迁的"美缺"，"此亏空之滥觞也"；虽然现在大小官员都"争先弥补"，但原来造成亏空的官员"大半死亡遣戍"，现在的官员囊中羞涩无力赔补。同时，弥补之法过于宽松则"人心生玩"，过于严苛则"众志惊惶，胥吏舞弊，百姓先受其累，"此立法之难也"。他提出，由各省因地制宜治理亏空，先"查明实亏数目"，让"猾吏无可影射"，然后分年限量力补苴。谢启昆认为，按照此法治理，"督抚革陋规以清其源，倡节俭以绝其流，讲求爱民之术以培元气，奖擢清廉之员以励官常。似此日计不足，岁计有余。不数年闲，休养生息。不独仓库完善，而吏治民生，亦蒸蒸日上矣"。①

谢启昆的提法深得嘉庆认可，嘉庆对此批示："所论甚是，三年有成，亦不为缓。总之，仓库原不应有亏，必须实贮。然亏损之由，非一朝一夕，则补助之道，岂可骤施。况应酬交接之人，存亡离散，无可著追，忍令现任之人，倾家荡产乎？况亦不肯倾家荡产，反借此以剥削小民，肥家入己。此事朕见得清，知得透，然则任其亏缺耶？"嘉庆还表示治理亏空的关键是"上司培养元气，躬行节俭，以

---

① 《清仁宗睿皇帝实录》，卷六十二。

不收之陋规、耗羡之盈余,缓缓归款,上行下效,未有不能完之理"。①

然而,嘉庆的"秘密清查"最终还是无法"保密"。岳起将嘉庆的批示意见报到户部,使得原来的秘密清查仓库公开化,这也就意味着中央与地方都必须直接正视地方仓库亏空问题。如果急于弥补仓库亏空,则意味着地方可能发生劝捐派累之事;而不急于弥补仓库亏空,则意味着中央放纵地方亏空,会使地方仓库亏空愈演愈烈。嘉庆十九年(1814年),任江苏巡抚的初彭龄反思"秘密清查"的办法,他认为"亏空应立时惩办,而各省督抚往往密奏,仅使分限完缴。始则属官玩法,任意侵欺;继则上司市恩,设法掩盖。是以清查为续亏出路,密奏为缓办良图,请饬禁","名为密折陈情,实则通同舞弊",嘉庆亦认为"此二语确尽情事"。②

秘密清查公开化使得中央与地方陷入两难局面,嘉庆无奈之下又发布上谕,表明自己的态度:自己提出的秘密清查是为帮助地方官员,"原以亏空之案,官非一任,事阅多年。若概行查办,则经手亏缺及接任虚报各员,皆当按例治罪,人数未免众多。或尚有贤员,亦觉可惜。是以宽其既往之愆,予以弥补之限,此系朕格外施恩"。同时,嘉庆批示:"仓库岂可缺欠,必应弥补,能不病民,斯为尽善,缓急之间,卿等妥商章程,办理总不宜太骤。"③

嘉庆五年(1800年)七月,岳起汇报清查情况:共查出亏银1 963 759两。其中,江宁藩司亏空未补银224 111两,垫补未归银

---

① 《清仁宗睿皇帝实录》,卷六十二。
② 参见《清史稿》,列传卷一四二;《东华续录》,"嘉庆三十八"。
③ 岳起:《奏报弥补亏空钱粮办法事》,嘉庆五年七月十二日,中国第一历史档案馆,04-01-35-0761-011。

67 315两。岳起认为仓库亏空的原因包括：用于驿站的公务支出、前官亡故未能交代难清、挪移用于垫支民欠和官吏用于应酬馈送，其根本原因还是，"大吏不能洁己，率属费用更是奢靡，取给无度，上司有欲不刚，属员遂有恃无恐，种种弊端皆由于此"。①

岳起也提出赔补办法——查实亏空情况，确认历任亏空数额，责成赔补。然而办法能不能执行还是另外一回事，至嘉庆八年（1803年），嘉庆总结嘉庆五年（1800年）以来的亏空清查情况，"今阅时已届二年，总未见各该督抚将各属仓库如何勒限弥补、现在曾否弥补完竣详悉具奏，一味迁延含混"，他要求"著再传谕各该督抚于接奉此旨后，即将各该省现在有无亏缺，其查出亏缺之州县银数、谷数、共有若干，现在已补若干、未补若干，其在本省现任官员名下勒令弥补者若干，已经离任各员由该省行知旗籍咨追者共有若干，究于何时可以全数弥补完竣，一一详细分析，开单具奏"。②

在中央的督促下，巡抚汪志伊再次汇报江苏亏空弥补情况：江宁各属未补银共145 500余两，仍照旧定章程勒催，于嘉庆十年（1805年）归补全完。苏藩所属未补银共309 000两，限每年补银57 000余两，计至嘉庆十二年（1807年）全数补完。嘉庆接到奏疏后，表示"按照各属实在情形，分别勒限补完，办理均属妥善，"同时要求汪志伊"应照此次所奏限期，认真督催按年核实，除俟本年底再将弥补确数奏闻外，仍于每年年终密奏一次，"并明确强调"如既补之后复有新亏，即行严参惩办。统俟至嘉庆十二年通省全完后，朕不拘何时，特派大员前往查核，傥稍有不实，均惟该抚是问"。③

---

① 岳起：《奏陈仓库亏空钱粮数目并追缴赔项事》，嘉庆五年十二月，中国第一历史档案馆，04-01-35-0761-030。
② 《清仁宗睿皇帝实录》，卷一一五。
③ 《清仁宗睿皇帝实录》，卷一一一。

次年，汪志伊汇报亏空弥补情形：江宁布政使所辖各府州至嘉庆八年（1803年）七月又陆续弥补118 582两，尚未补银105 529两，垫补下已规银27 279两，尚未归银43 005两。苏州布政使所辖各府州亏空未补银701 860两，抵垫未归银37 568两，至嘉庆八年（1803年）七月又陆续弥补421 022两，未补银280 837两，垫补项下已归银9 369两，尚未归银28 199两。整个江苏原亏银1 963 759两，至嘉庆八年（1803年）七月，尚有亏空银386 366两。垫补银项陆续完纳36 649两，尚有亏空68 235两。① 至嘉庆十五年（1810年），苏州布政使所辖州县的亏空已经尽数弥补，而江宁布政使所辖州县的亏空尚有一万余两未能弥补。② 江苏亏空看似得到有效治理，但实际大都是在挪新补旧，使得旧欠未清，而新欠又至。这些问题如不能解决，长此以往，只能造成更多的亏空。亦因如此，自嘉庆十八年（1813年）开始，一直到道光年间，中央政府又对江苏亏空进行了多次清查。

第二节　疲玩尤甚：嘉道时期的江苏亏空治理

一、嘉庆十四年的亏空治理

嘉庆十一年（1806年）和嘉庆十四年（1809年），清朝先后爆发两次亏空案。前者发生在地方，直隶司书王丽南伙同官员、幕僚、差役通过窜改数字、虚开公文、串通银匠等方式侵蚀钱粮30余万两；后者发生在中央，在嘉庆十一年（1806年）至嘉庆十四年

---

① 汪志伊：《奏报遵旨饬查江苏仓库亏缺钱粮已未完补各数事》，嘉庆九年正月二十二日，中国第一历史档案馆，04－01－35－0762－021。
② 章煦：《奏报江苏续补仓库亏缺银数事》，嘉庆十六年三月二十九日，中国第一历史档案馆，04－01－35－0770－030。

(1809年),工部书吏通过伪造印文、捏造款项的方式冒领白银40余万。嘉庆表示"实堪令人发指",在严惩涉案人员和处置失责官员的同时,认为"近年以来,各州县交代不清,监交各员相为容隐,遂做成亏空",而每隔数年再设局清理,也并未"穷源截流之要,仍属空言无补",各地总督、巡抚、布政使又"掩饰催征不力,及查有州县亏缺,又复姑息养奸,或瞻徇亲故,或利其逢迎,包庇纵容,予以弥缝之名,巧为蒙蔽,以致国帑虚悬,甚至借名弥补,朘削民膏"。① 嘉庆再次强调,各地督抚"务当于各州县在任时加意查察,一遇有亏短州县,即随时纠劾办理,勿稍假借"。②

嘉庆十六年(1811年)八月,户部汇报各省积欠情况:"除单内奉天、山西、广西、四川、贵州五省皆年清年款并无积欠,云南省仅有积欠五百余两,均无庸议外。其安徽、山东积欠各多至四百余万两,江宁、江苏积欠各多至二百余万两,疲玩尤甚",其他福建、直隶、广东、浙江、江西、甘肃、河南、陕西、湖北、湖南等省积欠数万至数十万、百万有余不等,嘉庆要求各省督抚"实力催征,毋任延玩拖欠,一经征有成数,即行报部拨解"。③

鉴于"江宁、江苏积欠各多至二百余万两,疲玩尤甚",中央命令新任江苏巡抚朱理清查亏空。嘉庆十八年(1813年),朱理清查了嘉庆十四年(1809年)之前的亏空情况,结果显示:江宁布政使司各属仓库亏空 1 073 503 两,其中已完 63 415 两,而实亏 1 010 088 两;苏州布政使各属亏空银 3 335 201 两、米豆 3 994 石,其中陆续弥补亏空银 713 875 两、米豆 2 690 石,实际未完亏空银

---

① 《清仁宗睿皇帝实录》,卷二二〇。
② 《清仁宗睿皇帝实录》,卷二二四。
③ 《清仁宗睿皇帝实录》,卷二二四。

2 621 326 两、米豆 1 304 石。朱理提出追补办法，即区分亏空原因予以弥补，对因官员病故无可追补的 762 039 两，每年在州县耗羡银中提取分年弥补；对升任他地官员或丁忧官员任内未完银 71 321 两，分别追补；对每年垫完民欠银 381 643 两，限定年限，分别进行督催；对各属书欠、役欠银 311 500 两，责成地方官分别予以督催，如在三年内无法完成，即将书、役治罪；对因新旧官交代过程中，旧官交代新官代追以及实物变抵过程中亏空的 223 210 两，分别向在任官追补。其中，对地方修理考试院、仓监、城垣、塘工、营汛、巡船等工程所钱 170 432 两，分年进行摊补；对江宁现任各官未补银 298 964 两、苏州现任各官未补银 701 176 两，暂停各官升转，准其弥补。①

针对朱理的提议，嘉庆在给军机大臣的上谕中强调：

> 各州县弥补之法，总在杜绝新亏，若不节其流，其事迄无底止。自此次截数之后，该抚务通饬所属清查只此一次，断不能再邀宽典。各州县中如有挪新掩旧再致亏缺者，查出一处，即参办一处，照例监追治罪。庶现任之员，各自顾身家。接任之员，亦不肯代人任咎。自经此次奉旨之后，务照依所定年限数目，核实提解，如查明某款原亏若干，分限几年补完，此几年中，一年应补若干，每届年终，将依限补足若干，尚有未完若干，逐款分晰，开列清单，据实密奏，交军机处查核。该抚务督率该藩司等认真经理，确实勾稽，勿得一奏之后仍听属员

---

① 朱理：《奏报查明江苏仓库亏垫各款酌定追补章程事》，嘉庆十八年二月十二日，中国第一历史档案馆，04-01-35-0773-045。

掩饰拖延，以致有名无实也。勉之慎之。①

嘉庆认为，仓库亏空屡禁不止，是因为"总在杜绝新亏。若不节其流，其事迄无底止"。嘉庆一改以往宽和的态度，指出经过此次清查后再出现亏空就严查严办，"清查只此一次，断不能再邀宽典，各州县中如有挪新掩旧再致亏缺者，查出一处。即参办一处，照例监追治罪，"并要求总督、巡抚严行稽查，"勿得一奏之后仍听属员掩饰拖延，以致有名无实也"。② 同时，针对御史善柱提出的"申明官员交代定例以重仓库钱粮"，嘉庆也认为亏空无法根治的主要根源是新旧官员交代不清，"定例新旧官交代，如查有亏缺，该督抚立时严参究治。近皆相率弥缝，以致仓库多有不实。"嘉庆要求各省督抚认真纠察，"如后任官报有前任亏缺，即据实将前任官严参，勒追治罪，不可稍存袒护瞻徇之见；若后任不行举报，私行接受，既已具结申详，将来别经查出，则惟后任官是问。"③

在道光四年（1824年）韩文绮的奏疏中，可以管窥嘉庆亏空治理的成效，江苏在嘉庆十四年（1809年）之前通省亏空4 408 000余两，至嘉庆二十五年（1820年），先后赔补2 988 000余两，其余1 400 000余两在嘉庆二十五年（1820年）获得减免。④ 当然，这只是对嘉庆十四年（1809年）以前亏空的清查和追赔结果，而嘉庆十四年（1809年）以后的亏空还是一笔糊涂账。实际上，在亏空清查和追赔的过程中也存在诸多问题：

---

① 《清仁宗睿皇帝实录》，卷二六六。
② 《清仁宗睿皇帝实录》，卷二六六。
③ 《清仁宗睿皇帝实录》，卷二六四。
④ 韩文绮:《奏报追缴嘉庆十四年以前二次清查案内赔项事》，道光四年五月二十九日，中国第一历史档案馆，04－01－35－0791－047。

首先，追赔受到基层官员的抵制。嘉庆十九年（1814年），时年江苏大旱，州县官员督催钱粮不利，却"因藉口设措亏项于民情灾务未能兼顾，兹际颗粒如珠，倘征收漕粮，借弥补名目，多方勒掯，则乡曲穷黎，更形支绌"。① 而继任巡抚张师诚也无力改变这种局面，只能老生常谈，治理亏空"总须先截住新亏，再将旧亏数目彻底查清，熟筹弥补。此时立法伊始，章程紧要，必须办理确有把握"。② 同时，负责清查的官员之间也存在矛盾。嘉庆要求百龄和初彭龄"著即会同查办，将历任亏空之员，各就该员名下查明实据……何等者应革职监追？何等者尚可暂行留任勒限追赔？分别情罪重轻，酌拟章程，开单具奏"。③ 但二人之间常有矛盾，初彭龄弹劾百龄受盐场税关馈遗，经查核属于诬告，嘉庆以初彭龄弹劾无据，将其调回并命令百龄继续清查。

此外，在亏空的治理中，嘉庆总希望督抚能够发挥关键作用，期待督抚"务当于各州县在任时加意查察，一遇有亏短州县，即随时纠劾办理，勿稍假借"。④ 督抚既需要对皇帝负责，同时还要获得下属的支持，不然"人心散了，队伍就不好带了"。由此，督抚便和皇帝玩起"躲猫猫"。在此次亏空治理中，嘉庆和督抚提出的政策是"堵上新亏"，但实际上各地依旧无法保障足额缴纳赋税。本书"第三章"中也提到：在嘉庆四年（1799年）至嘉庆十七年（1812年）所统计的6个年份中，应征田赋在246万两至253万两上下浮动，平均为249万两（不计漕项银73万）。实征田赋除嘉庆九年（1804年）达到244万两以外，其他时期都在219万至230万之间浮动，

---

① 《清仁宗睿皇帝实录》，卷二九七。
② 《清仁宗睿皇帝实录》，卷二九八。
③ 《清仁宗睿皇帝实录》，卷二九四。
④ 《清仁宗睿皇帝实录》，卷二二四。

平均约为 228 万两（不计漕项银 73 万）。平均而言，田赋完纳率为 91.44%。"① 这也还是意味着，当时每年任约有 10%的赋税无法足额完纳。

嘉庆二十年（1815年），嘉定、宝山、奉贤三县未完下忙钱粮 2 万余两。百龄提出：将知县吴桓、姚凤楷、张敏求革职，但容许他们暂留职办理；将督催不利的松江府知府宋如林、太仓州知州朱景昌革去顶带，也容许他们予限督催。② 百龄的做法实际上是"两头取巧"，一方面通过严惩造成新亏的官员，来迎合皇帝"堵住新亏"的意思；另一方面，在"革职处分"的同时"留职办理"，在"革去顶带"的同时"予限督催"，名义上进行严惩，但又实质性保留这些州相官员的权位。对此，嘉庆显然了然于胸，他强调，州县未完的赋税应该区别到底是官亏造成还是民欠造成，如果说官员亏缺而诡言民欠，应加重治罪；如果是民欠，则当于奏销时按照分数将经征督催各员分别参处。"今嘉定等三县未完银两，究竟系属官亏，抑系民欠，并未查明，笼统参办。如民欠属实，则此时奏销尚早，何遽将三县先予革职处分。若竟系以完作欠，侵蚀官帑。则此时立法之初，既已参奏革职，又复藉办漕为词，声请暂留本任，是又为不肖劣员开恋缺之门，似严实宽。通省州县，更复何所儆惧，新定章程，岂不竟成虚设耶。"③

二、道光元年的亏空治理

刚刚登基的道光，显然有大干一场的想法。道光元年（1821

---

① 《清仁宗睿皇帝实录》，卷三〇二。
② 《清仁宗睿皇帝实录》，卷三〇二。
③ 《清仁宗睿皇帝实录》，卷三〇二。

年）正月，他命令江苏巡抚魏元煜、安徽巡抚李鸿宾、浙江巡抚帅承瀛、山东巡抚钱臻清查各处亏空。对于治理江苏亏空，道光格外重视：

> 朕闻江苏省仓库亏空之多，较他省为尤甚。魏元煜系新任巡抚，无所用其回护，必须将从前实在亏数详查明确，勿令仍前隐混。惟查办之法，总在责成两藩司于该州县应解司库款项逐一勾稽。其有缺解者，即从此根究致亏之由；如实有侵蚀入已贪污狼藉者，必当据实参办，审明立寘重典，使贪墨者知所儆戒，而廉洁有守者，亦不致代人受累，克自树立；其实系因公挪垫情罪得已者，应如何设法调剂，使帑项不致虚悬。魏元煜务即督同藩司额特布、杨懋恬秉公确核，或应执法，或应着追，或应弥补，自行酌定，于何时办理完善，不得似前此他省清查仅开明亏数以一奏塞责，迁延时日，终至有名无实。既清其源，必节其流。此后凡有新亏者，接任之员于交代时一经揭报，立即严参按律究办，不得稍存姑息，以杜漏卮。经此次查办之后，倘仍未尽确实，将来别经发觉，则惟该抚及该藩司是问，将此谕令知之。①

道光认为江苏仓库亏空严重，其解决办法在于"总在责成两藩司"严行督察，分别侵蚀、因公挪垫等情况予以处理。他还是依旧强调，"经此次查办之后，倘仍未尽确实，将来别经发觉则惟该抚及该藩司是问"。这也是道光一贯的想法，道光曾对安徽巡抚李鸿宾

---

① 《清宣宗成皇帝实录》，卷十二。

说，"该抚当督同藩司张师诚，将旧亏实在数目，逐案详查，该州县于何案解不足数，即究其致亏之由……经此次饬查之后，倘仍前隐混，漏卮不塞，将来别经发觉，惟该抚及该藩司是问"。也曾对山东巡抚说，"前将徐炘调任山东藩司，因其人尚精明，于勾稽可期得力。钱臻即督同该藩司将历次清查之案，复加详核……经此次饬查之后，傥再有不实不尽，将来别经发觉，惟该抚及该藩司是问"。①

魏元煜认为，"江苏省仓库钱粮，款项丛杂，历年交代，卷册繁多，款目辇辀，必须逐款剔厘。其亏空确数，方能水落石出"，因此提出限期一年解决。道光认为"追求速度不如追求质量"，提出"即宽以二年之限，亦不为迟，此事总在办理之核实，不在时日之缓急"，并强调"该抚惟当遵照前旨督同藩司额特布、杨懋恬细心确查，认真筹办，务期流节源清，国帑有著，断不可迁就含混，仍似从前有名无实也"。②魏元煜认为要清查仓库亏空，还是要先堵住新亏，"杜绝之法，严提新赋，将本年上忙钱粮先行尽数催提解贮司库，使之无可挪移"。③

到道光三年（1823年），各地清查都有了眉目。大学士曹振镛提出"将直省各督抚节年密奏清查弥补章程，移咨户部，以凭查核"。次年五月，韩文绮将清查结果上报中央：自嘉庆十四年（1809年）至嘉庆二十五年（1820年），江宁藩司亏空包括有著银1 126 096两、无著银176 822两，苏州藩司亏空包括有著银892 846

---

① 《清宣宗成皇帝实录》，卷十二。
② 《清宣宗成皇帝实录》，卷十四。
③ 魏元煜：《奏报清查仓库钱粮亏数先筹剔除积弊缘由事》，道光元年五月二十九日，中国第一历史档案馆，04-01-35-0786-035。

两，无著银 429 729 两，合计通省亏垫银约 2 625 490 两。① 韩文绮提出"清查仓库亏垫章程"，包括：垫完民欠，分年勒限催追；本省外省官欠，分别立限追补；本省外省追赔银两，酌展限期完缴；领变价银款，勒限追补；摊捐银款，分别流摊追补；书役欠项，分限严追归款；无著银两，仍提羡余弥补；存仓米谷，勒限买补足额。中央表示"俱著依议行"，像以往一样，中央还是强调此次清查亏空是"最后一次"，"江苏省此次查办，复又亏缺至二百六十二万余两之多，现准其勒限追缴，姑免治罪。嗣后该抚务当实心实力，将各员亏欠银两认真催追弥补。每届年终，将弥补确数，据实奏报，仍于交代时彻底盘查。倘有一案新亏，立即指名严参惩办，勿得稍事姑容，亦不许再有清查名目，以杜流弊"。②

具体到各类亏空的追赔，江苏方面提出具体举措。如"垫完民欠，分年勒限催追"，江宁、苏州两属应代赔垫完民欠银 227 130 两，仍应于原垫各名下著追。惟该员等均有应补之款，若将此项同时追补为数较多，自此次奉旨之日起数在 1 000 两以内者限一年完缴，1 000 两以上至 2 000 两者予限 2 年，2 000 两以上者统限 3 年。如限满不完，先行摘去顶带，仍勒限半年内清完，准其开复，倘有迟逾，即著革职离任押追。候补人员，限满不完，扣委扣补，亦勒限半年内清完，准其委署补缺，逾限无完，即革职押追。升调他省各员应赔银两，以咨到各省之日起，照限著追，分别现任候补，一体办理。其告病、病故、降革、勒休、遣戍、回籍等员应赔银两，

---

① 韩文绮：《奏报追缴嘉庆十四年以前二次清查案内赔项事》，道光四年五月二十九日，中国第一历史档案馆，04-01-35-0791-047。
② 《清宣宗成皇帝实录》，卷七十。

亦著自该省准咨之日起限著追，仍查明照常例核办。① 再如对无著亏空，江苏提出提解耗羡银弥补亏空：自道光五年（1825年）起，江宁藩司每年提银23 300两、苏州藩司每年提银6万两，限8年内全部弥补，每年年底将完补各数奏报。至道光八年（1828年），由于江苏连年积欠，中央政府将每年应提羡余银改为原额的三分之一，江宁藩司所属每年提补银7 766两、苏州藩司所属每年提补银2万两弥补亏空。②

虽然形成追讨方法，但是每年的弥补数量却很少，截至道光八年（1828年），江宁藩司追补亏空银21 575两、苏州藩司追补亏空银43 535两。其中官员如候补州县王克勤未完桃源、江都二任内二三限官欠，候补知县甄别降补县丞府经历武念祖未完上元、六合二任内二三县追赔银两，裘增庆未完阜宁任内初二三限官欠，已逾统限。③ 至道光二十二年（1842年），尚有未补银99万余两，④ 实际上这一亏空终道光朝都未能足额弥补。

对于这一时期的地方亏空形成原因，很多官员进行探讨并提出解决办法。布政使张师诚认为：仓库亏空的一个重要原因是前任、现任官员交代不清，在前任离任时会留下亏空，管理州县的府、道衙门稽查不足，以至于陈陈相因而成巨额亏空。因此，他提出官员交接之际，需要后任官开具仓库款目报送府、道衙门，逐一复核，才能完成交接。⑤

---

① 《清宣宗成皇帝实录》，卷九十八。
② 《清宣宗成皇帝实录》，卷一百三十九。
③ 陶澍：《奏报追补清查案内亏垫银数并将未完各员照章办理事》，道光九年七月十二日，中国第一历史档案馆，04-01-35-0798-050。
④ 程矞采：《奏报追补三次清查案内第十七限完欠银数事》，道光二十三年正月初八日，中国第一历史档案馆，04-01-35-0810-062。
⑤ 张师诚：《奏报通查苏属仓库钱粮情形事》，嘉庆十一年五月二十二日，中国第一历史档案馆，04-01-35-0765-049。

韩文绮认为造成亏空的原因包括：其一，江苏漕粮较重，且催征紧迫，州县难以按时完纳。由于漕粮比其他赋税更重要，地方官就会垫款买米缴纳漕粮，由是形成亏空；其二，江苏境内多设水陆驿站，凡往来差使以及各项物资输送皆需驿站供应，州县常年要补贴驿站经费；其三，每年征收漕粮时需要修补仓廒、买办器具、购置芦席以及雇船运米，这些经费都由地方负担；其四，地方上包括修理城垣、监狱、试院、兵房、海塘等等一切大小工程经费支出中，由于物价变动，使得原来中央规定的支出额无法满足经费需要，地方官员多会借用仓银，而形成亏空；其五，存仓的米谷或用于赈济、或被出借、或前任参案未完，官员不得不照例买补，但由于物价波动，往往会产生亏空。其六，地方官员往往需要委派胥吏处理公务，也需要提供饭食纸张等银。虽然韩文绮提到的原因中，除垫款购米缴纳漕粮外，其他的往往都是因公开支或者公费不足所引起，但他所提的解决办法并非要求增加地方公费，而是强调提库存、严交代两项，前者指在钱粮征收的过程中，要及时提取州县征收得到钱粮，防止州县将已经钱粮作为欠粮并用于弥补往年仓库亏空而又形成新的钱粮亏空；后者指在前任和继任官交接时，继任官要及时清查仓储并造册报送。①

也有官员从吏治角度分析亏空成因，张鹏展认为官员素性奢靡、逢迎上司、营私舞弊以及规避处分等原因侵蚀钱粮。同时，亏空在当时已经成为习气，治理亏空反倒成为"不合群"，"近来各省亏空，俱未办出，一人独办，反或招刻薄之名，遂至习为固然"。② 此外，

---

① 韩文绮：《奏报追缴嘉庆十四年以前二次清查案内赔项事》，道光四年五月二十九日，中国第一历史档案馆，04-01-35-0791-047。
② 张鹏展：《请厘吏治五事疏》，《清经世文编》，卷二十。

赔补政策也是造成亏空日积月累的重要原因。赔补主要以提解耗羡银为主，而这些耗羡银原本作为地方官员收入以及地方公务支出，赔补政策则又剥夺这些收入，由此形成"地方公费不足、因公挪移造成亏空、中央赔补政策剥夺耗羡、地方公费更加不足、亏空更加严重"的恶性循环。

从以上诸多官员对江苏亏空原因的分析来看，他们认为造成亏空的原因如下：其一，地方赋税考成严苛以至于官员不得不挪移仓银完纳漕粮；其二，地方公共事务支出繁多，中央政府规定的经费不敷使用而不得不从地方仓库支取经费；其三，地方官员制订的亏空赔补方法恰恰就是造成亏空的原因之一。实际上，这一问题所反映的本质问题还是地方漕粮负担过重和地方公费不足。就前一个问题而言，虽然雍正和乾隆削减田赋，但是始终未降低作为"天庚正供"的漕粮负担。就后一个问题而言，雍正初年耗羡归公与养廉银的设立本意在于增加地方收入以此来降低地方亏空，然而从雍正晚年开始中央对耗羡银的管理越发严格，并逐渐将之纳入正项管理体系，耗羡归公政策失去原有的作用，地方官员或是耗外加耗，或是挪移钱粮，造成亏空也就必不可免。既然中央既不想减免漕粮，又要将耗羡银作为正项进行管理，同时也未能及时根据物价对公费支出标准进行调整，那么地方亏空一次又一次的发生也成为必然的结果。亦因如此，终嘉道时期，"仓库不可亏损"的目标始终也未能实现。

余论　无可无不可的亏空治理

如何评价清代前期江苏亏空治理的成效？历次亏空清查之后不久，新的亏空就会出现，国家不得不又开启新一轮的亏空清查，由此周而复始。这似乎给人的感觉就是——亏空是难以解决的痼疾。

但正如本书在一开始就指明的，清代地方亏空包括官侵、民欠与吏蚀等多种类型。如果研究清代亏空问题时并不区分亏空类型，换而言之，如果仅认为在前一时期和后一时期都存在亏空，那就认为前一时期的亏空治理是无效的，那么自然会得出清代亏空的问题一直没有得到有效解决的结论；但如果对具体类型的亏空治理进行研究，对比前后两次亏空的构成，就又会发现针对具体类型亏空的治理取得了成效，达到治理亏空的目的。

雍正六年（1728年）的亏空清查发现，吏蚀所占亏空的比重超过40%。乾隆十二年（1747年）的亏空清查发现，吏蚀所占亏空比重已不足10%。可以说，雍正年间关于吏蚀亏空的治理是"行之有效"的。雍正六年（1728年）清查显示，康熙五十一年（1712年）至雍正四年（1726年）的15年间，积欠539万两，平均每年36万两；乾隆十三年（1748年）清查显示，乾隆元年（1736年）至乾隆十二年（1747年）的12年间，积欠246万两，平均每年20.5万两；乾隆三十五年（1770年）清查显示，乾隆十一年（1746年）至三十三年（1768年）的23年间，积欠104.2万余两，平均每年积欠4.5万余两。就此而言，这时期关于民欠的治理也取得了成效。但无论任何时期，只要清查也都会发现，官侵、民欠和吏蚀的现象依然存在。关于清代江苏亏空清查的评价，只能说，虽然亏空从未被彻底根治，但具体时期具体类型的亏空治理可以取得效果。

进一步而言，在顺治十八年（1661年）的亏空中，民欠占亏空总额的63.87%，是官侵、吏蚀总和的1.45倍；在康熙五十一年（1712年）至雍正四年（1726年）的亏空中，民欠占亏空总额的53.33%，是其他两项亏空总和的1.14倍；在乾隆元年（1736年）至乾隆十二年（1747年）的亏空中，民欠占亏空总额的90.92%，是其他亏空的10.01倍；在嘉庆、道光时期的历次亏空中，垫完民欠也都是重要原因。从历次亏空清查来看，民欠都占到相当比重。但民欠是否根治，并不影响到赋税收入。正如本书第三章估计，江苏实征田赋在康熙、雍正、乾隆以及嘉庆时期分别约为312万两、302万两、312万两以及301万两，长期维持在307万两上下。这一数据表明，无论是否降低赋税额度、无论是否减税、无论是否完善赋税征收办法，江苏的纳税能力也就是在307万两上下，在"宽大"的康熙时期如此，在"务实"的雍正时期还是如此，在"萧条"的嘉道时期亦是如此。

更进一步而言，既然康熙、雍正、乾隆、嘉庆和道光时期，江苏实征赋税长期维持在307万两上下，而这并未对国家和江苏的政务运行造成太大影响。或者说，虽然江苏的实征田赋远低于其应征田赋（康熙时期372万两、乾隆时期为333万两，嘉庆时期约为322万），虽然中央多次对民欠进行清查，但每次清查之后的追缴也往往会不了了之。实际上，这也反过来也意味着，江苏所征收到的这些赋税实际上已经满足了国家的需要。对于官侵和吏蚀而言，前者并非亏空的主要构成，官员与其侵蚀挪移钱粮，还不如通过加征耗羡、收受陋规来得更加"堂而皇之"，毕竟前者敢犯天条，后者只不过就是"官场规矩"；吏蚀虽然是造成亏空的重要原因，但从清查的结果来看，吏蚀所占亏空比重越来越小，远没有民欠多。同时，吏蚀中主要部分在征税过程中，胥吏通过各种手段侵蚀的钱粮，而这部分吏蚀并不在政府能得到的实征赋税之内，也就是说其本身与民欠一样，并未影响到实际得到赋税收入规模，也并未对国家和江苏的政务运行造成太大影响；吏蚀的另外一部分是胥吏侵蚀仓储的存银，这虽然不会对中央赋税收入造成影响，但会造成州县的财政缺口，然而官吏却也可以通过耗羡和陋规弥补，吏蚀也就不会直接影响中央规定给地方事务。总而言之，无论规定多少应征赋税，无论是否存在亏空，实征赋税就那么多，中央总能拿足自己的那部分，地方官员和胥吏也总能通过其他办法取得收入，地方也能完成中央规定的各种任务，地方政务运行也能持续运转，中央既可以通过减免将那些本就收不到的民欠赋税来彰显"皇恩浩荡"，又可以时不时通过清查官侵和吏蚀来敲打地方官员以彰显皇权和收揽民心。既然无论是否有亏空，中央和地方"太阳都能照常升起"，中央自然没有动力再去计较能否多收"三五斗"，每次亏空清查后所谓的追缴，往往都会被蠲免；地方自然也没有动力去刨根挖底，毕竟地方官员还要靠耗羡和陋规来创收，靠州县官员和胥吏来治理，只要能应付中央的差事也就行了。

亦因如此，在清代亏空治理中，总能看到这样的一些现象：其一，国家典章制度极其森严，但始终无法发挥应有的作用；其二，无论是后世之君，还是后世之臣，所提到的改革举措，大都是"老调重弹",所谓仅有的一点新意,也往往就是将惩罚措施制定的再严苛一些;其三,清代前期的这些皇帝整体尚属贤明,所用大臣,包括康熙时期的韩世琦、慕天颜、汤斌、张伯行等,雍正时期的尹继善、高其倬,乾隆时期的庄有恭、陈宏谋,嘉道时期的岳起、朱理、张师诚、章煦、魏元煜、韩文绮、陶澍等这些,也都是名臣干吏。典章完备、主明臣贤,既有治法,也有治人,却对亏空束手无策。

亏空治理,本来就是可有可无的事。对中央而言,治理亏空,不见得能有多少收益;不治理亏空,国家运行也不会受到太大影响。对地方而言,该给中央上缴的赋税,无论是否存在亏空,地方都能上缴;该由地方履行的政务,无论是否存在亏空,拆东墙补西墙也能应付;江苏的纳税能力长期稳定,应征赋税规模却长期超出其纳税能力,民欠的存在也就理所当然;地方公费不足,官员挪移也顺理成章;薪水微薄,官吏侵蚀自然成为必然之举。亦因如此,每次的清查也不过就是一件应付上级检查的差事,只要清王朝这艘破船还能摇摇晃晃向前走,也就不在乎多打或少打几个亏空补丁。

参考文献

一、正史与政书

1. 班固:《汉书》,中华书局,1963年。
2. 张廷玉:《明史》,中华书局,1997年。
3. 《清实录》,中华书局,1985年。
4. 《清史稿》,中华书局,1976年。
5. 蒋良骐:《东华录》,清乾隆刻本。
6. 王先谦:《东华录》,清光绪十年长沙王氏刻本。
7. 勒德洪:《平定三逆方略》,清文渊阁四库全书本。
8. 《清文献通考》,清文渊阁四库全书本。
9. 《清通典》,浙江书局本。
10. 《钦定户部则例》,上海古籍出版社,2002年。
11. 《漕运则例纂》,清乾隆刻本。
12. (嘉庆)《大清一统志》,四部丛刊续编景旧钞本。
13. 《大清五朝会典》,书同文古籍数据库。
14. (乾隆)《大清会典则例》,清文渊阁四库全书影印本。
15. (光绪)《大清会典事例》,清光绪二十五年重修本。
16. 《清文献通考》,清文渊阁四库全书本。

二、档案与资料汇编

1. 《顺治十四年江南赋役全书》，国家图书馆馆藏。
2. 《黄册》（户部地丁类—江苏），现藏于中国社会科学院经济研究所。
3. 《宫中档康熙朝奏折》，台北"故宫博物院"编纂，1976年。
4. 《宫中档雍正朝奏折》，台北"故宫博物院"编纂，1977年。
5. 《宫中档乾隆朝奏折》，台北"故宫博物院"编纂，1982年。
6. 《康熙朝汉文朱批奏折汇编》，中国第一历史档案馆编，档案出版社，1984年。
7. 《雍正朝汉文朱批奏折汇编》，中国第一历史档案馆编，江苏古籍出版社，1989年。
8. 嘉庆朝、道光朝奏折，中国第一历史档案馆藏。
9. （清）《皇清奏议》，民国影印本。
10. （清）贺长龄编：《清经世文编》，清光绪十二年思补楼重校本影印。
11. 上海博物馆图书资料室编：《上海碑刻资料选辑》，上海人民出版社，1980年。
12. 张伟仁主编：《明清档案》，联经出版事业股份有限公司，1986年。

三、文集与笔记

1. （明）王恕：《王端毅公奏议》，清文渊阁四库全书本。
2. （明）朱子素：《嘉定县乙酉纪事》，嘉定抗清史料集，周关东主编，上海古籍出版社，2010年。
3. （明）张国维：《吴中水利全书》，清文渊阁四库全书本。
4. （明）侯方域：《侯方域集》，清顺治刻增修本。

5.《州县须知》,清乾隆刻本。

6.《苏松历代财赋考》,清康熙刻本。

7.(清)刘斯枢:《程赋统会》,清康熙刻本。

8.(清)汪辉祖:《学治臆说》,清汪龙庄先生遗书本。

9.(清)韩世琦:《抚吴疏草》,清康熙五年刻本。

10.(清)黄六鸿:《福惠全书》,清康熙三十八年刊本。

11.(清)储方庆:《储遯庵文集》,清康熙四十年刻本。

12.(清)杨观潮:《治平汇要》,清雍正七年刻本。

13.(清)顾炎武:《日知录》,卷十,清乾隆刻本。

14.(清)钱陈群:《香树斋诗文集》,清乾隆刻本。

15.(清)袁枚:《小仓山房集》,清乾隆增修本。

16.(清)王又槐:《刑钱必览》,清嘉庆十九年刻本。

17.(清)王庆云:《石渠余纪》,清光绪十六年刊本。

18.(清)郑观英:《盛世危言三编》,清光绪二十三年刻本。

19.(清)冯桂芬:《显志堂稿》,卷六。

20.(清)陆世仪:《苏松浮粮考》,清光绪陆桴亭先生遗书本。

21.(清)王士禛:《居易录》,清文渊阁四库全书本。

22.(清)汤斌:《汤子遗书》,清文渊阁四库全书本。

23.(清)吴暻:《左司笔记》,卷四,清钞本。

24.(清)王秀楚:《扬州十日记》,清钞本。

25.(清)朱子素:《东塘日札》,清荆驼逸史本。

26.(清)孙嘉淦:《孙文定公奏疏》,清敦和堂刻本。

27.(清)叶梦珠:《阅世编》,上海古籍出版社,1981年。

28.(清)董含:《三冈识略》,卷四,辽宁教育出版社,2000年。

29.冯桂芬:《校邠庐抗议》,上海书店出版社,2002年。

30. 章太炎：《原经》，中华书局，2007 年。
31. （清）顾炎武：《天下郡国利病书》，上海古籍出版社，2012 年。
32. （清）陈其元：《庸闲斋笔记》，中华书局，2015 年。
33. （清）姚廷遴：《历年记》，上海人民出版社，1982 年。
34. （清）曾羽生：《乙酉笔记》，上海市文物保管委员会编，1961 年。
35. （清）王应奎，柳南续笔：《历代笔记小说大观》，上海古籍出版社，2012 年。
36. （清）董含：《三冈识略》，辽宁教育出版社，2000 年。
37. （清）陈宏谋，培远堂偶存稿：《清代诗文集汇编》丛书编纂委员会编，清代诗文集汇编·第 281 册，上海古籍出版社，2010 年。

四、地方志

1. （清）眭文焕：（乾隆）《重修桃源县志》，清乾隆三年刊本，国家图书馆馆藏。
2. （清）程国栋：（乾隆）《嘉定县志》，清乾隆七年刊本，国家图书馆馆藏。
3. （清）赵酉：（乾隆）《宝山县志》，清乾隆十一年刊本，国家图书馆馆藏。
4. （清）金秉祚：（乾隆）《山阳县志》，清乾隆十四年刊本，国家图书馆馆藏。
5. （清）邬承显：（乾隆）《邳州志》，清乾隆十五年刊本，国家图书馆馆藏。
6. （清）张予介：（乾隆）《昆山新阳合志》，清乾隆十六年刊本，国家图书馆馆藏。
7. （清）贵中孚：（嘉庆）《丹徒县志》，清嘉庆十年刊本，国家图书馆馆藏。

8. （清）杨受廷：（乾隆）《如皋县志》，清嘉庆十三年刊本，国家图书馆馆藏。

9. （清）潘镕：（嘉庆）《萧县志》，清嘉庆二十年刊本，国家图书馆馆藏。

10. （清）崔志元：（道光）《铜山县志》，清道光十一年刊本，国家图书馆馆藏。

11. （清）吴棠：（咸丰）《清河县志》，清咸丰四年刊本，国家图书馆馆藏。

12. （清）史彩纂：（康熙）《上海县志》，清康熙二十二年刻本。

13. （清）（崇祯）《松江府志》，卷九。

14. （清）于琨：（康熙）《常州府志》，清康熙三十四年刻本。

15. （清）于成龙：（康熙）《江南通志》，凤凰出版社，2011年。

16. （清）郭廷弼：（康熙）《松江府志》，上海古籍出版社，2011年。

17. （清）郭毓秀：（康熙）《金坛志》，清康熙刻本。

18. （清）高龙光：（乾隆）《镇江府志》，清乾隆十五年刻本。

19. （清）李光祚：（乾隆）《长洲县志》，清乾隆十八年刻本。

20. （清）许治：（乾隆）《元和县志》，清乾隆二十六年刻本。

21. （清）谢庭薰：（乾隆）《娄县志》，清乾隆五十三年刊本。

22. （清）冯鼎高：（乾隆）《华亭县志》，清乾隆五十六年刊本。

23. （清）陈缵：（乾隆）《吴江县志》，清乾隆修民国年间石印本。

24. （清）尹继善：（乾隆）《江南通志》，清文渊阁四库全书本。

25. （清）王祖肃：（乾隆）《武进县志》，清乾隆刻本。

26. （清）阮升基：（嘉庆）《重新宜兴县志》，清嘉庆二年刻本。

27. （清）阿史当阿：（嘉庆）《扬州府志》，清嘉庆十五年刊本。

28. （清）唐仲冕：（嘉庆）《海州直隶州志》，清嘉庆十六年刊本。
29. （清）宋如林：（嘉庆）《松江府志》，清嘉庆松江府学刻本。
30. （清）李景峄：（嘉庆）《溧阳县志》，清光绪二十二年重刻本。
31. （清）武念祖：（道光）《上元县志》，清道光四年刻本。
32. （清）杨宜崑：（嘉庆）《高邮州志》，清道光二十五年重较刊。
33. （清）王友庆：（道光）《泰州府志》，清光绪三十四年刻本。
34. （清）张鸿：（道光）《昆新两县志》，白云山出版社，1993年。
35. （清）庞鸿文：（道光）《常昭合志稿》，江苏古籍出版社，1991年。
36. （清）梁国棣：（咸丰）《重修兴化县志》，清咸丰二年刊本。
37. （清）吴坤修：（光绪）《重修安徽通志》，清光绪四年刻本。
38. （清）董用威：（咸丰）《邳州志》，清光绪二十一年重刻本。
39. （清）应宝时：（同治）《上海县志》，清同治十一年刊本。
40. （清）张兆栋：（同治）《重修山阳县志》，清同治十二年刻本。
41. （清）李铭皖：（同治）《苏州府志》，清光绪九年刊本。
42. （清）胡裕燕：（光绪）《清河县志》，清光绪二年刻本。
43. （清）杨开第：（光绪）《重修华亭县志》，清光绪四年刊本。
44. （清）卢思诚：（光绪）《江阴县志》，清光绪四年刻本。
45. （清）汪祖绶：（光绪）《青浦县志》，清光绪四年刊本。
46. （清）陈光瀛：（光绪）《川沙厅志》，清光绪五年刊本。
47. （清）何绍章：（光绪）《丹徒县志》，清光绪五年刻本。
48. （清）叶滋森：（光绪）《靖江县志》，清光绪五年刻本。
49. （清）裴大中：（光绪）《无锡金匮县志》，清光绪七年刊本。
50. （清）刘诰：（光绪）《重修丹阳县志》，清光绪十一年刻本。
51. （清）杨激云：（光绪）《泰兴县志》，清光绪十二年刻本。

52.（清）王佐良：（光绪）《赣榆县志》，清光绪十四年刊本。

53.（清）余良栋：（光绪）《桃源县志》，清光绪十八年刊本。

54.（清）刘崇照：（光绪）《盐城县志》，清光绪二十一年刻本。

55.（清）王僖徵：（乾隆）《句容县志》，清光绪重刊本。

56.（清）梁悦：（光绪）《通州直隶州志》，江苏古籍出版社，1991年。

57.（清）王祖畲：（宣统）《太仓镇洋县志》，江苏古籍出版社，1991年影印本。

58. 刘春堂：（民国）《高淳县志》，民国七年刻本。

59. 刘焕：（民国）《如皋县志》，民国十八年铅印本。

60. 冯煦：（民国）《宝应县志》，民国二十一年铅印本。

61. 曹允源：（民国）《吴县志》，民国二十二年铅印本。

62. 严型：（民国）《宿迁县志》，民国二十四年铅印本。

63. 冯煦：（民国）《金坛县志》，民国刊本。

64. 戴仁：（民国）《重修沭阳县志》，江苏古籍出版社，1991年。

五、近人论著

1. 孟森：《明清史论著集刊》，中华书局，1959年。

2. 何烈：《清咸、同时期的财政》，（台北）编译馆中华丛书编审委员会，1981年。

3. 周伯棣：《中国财政史》，上海人民出版社，1981年。

4. 庄吉发：《清世宗与赋役制度的改革》，台湾学生书局，1985年。

5. 侯家驹：《中国财金制度史论》，（台北）联经出版事业股份有限公司，1988年。

6. 李三谋：《明清财经史新探》，山西经济出版社，1990年。

7. 武静清，陈兴国：《十九世纪末二十世纪初叶山西财政与经济》，中国财政经济出版社，1994年。
8. 李向军：《清代荒政研究》，中国农业出版社，1995年。
9. 陈支平：《清代赋役制度演变新探》，厦门大学出版社，1998年。
10. 邓绍辉：《晚清财政与中国近代化》，四川人民出版社，1998年。
11. 周育民：《晚清财政与社会变迁》，人民出版社，2000年。
12. 周志初：《晚清财政经济研究》，齐鲁书社，2002年。
13. 马学强：《江南城镇土地产权制度研究（1727—1927）》，上海社会科学院出版社，2002年。
14. 叶振鹏：《20世纪中国财政史研究概要》，湖南人民出版社，2005年。
15. 陈锋：《清代财政政策与货币政策研究》，武汉大学出版社，2008年。
16. 史志宏，徐毅：《晚清财政1851—1894》，上海财经大学出版社，2008年。
17. 刘秉麟：《中国财政小史》，武汉大学出版社，2007年。
18. 史志宏：《清代户部库银收支与库存统计》，福建人民出版社，2009年。
19. 王文素：《中国古代社会保障研究》，中国财政经济出版社，2009年。
20. 张妍：《清代社会经济史研究》，北京师范大学出版社，2010年。
21. 林满红：《银线：19世纪的世界与中国》，江苏人民出版社，2011年。
22. 何平：《清代赋税政策研究（1644—1840）》，故宫出版社，2012年。

23．岁有生：《清代州县经费研究》，大象出版社，2013年。
24．倪玉平：《清朝嘉道财政与社会》，商务印书馆，2013年。
25．薛理禹：《清代人丁研究》，社会科学文献出版社，2014年。
26．陈锋：《清代财政史》，湖南人民出版社，2015年。

六、学术论文

1．匡小烨：《清代存留制度与地方社会：以湖北为例》，华中师范大学学位论文，2004年。

2．周保明：《清代地方吏役制度研究》，华东师范大学学位论文，2006年。

3．张祥稳：《清代乾隆时期自然灾害与荒政研究》，南京农业大学学位论文，2007年。

4．杨占坡：《清代广西存留制度研究》，广西师范大学学位论文，2009年。

5．胡克诚：《明代江南逋赋治理研究》，东北师范大学学位论文，2011年。

6．龚浩：《清代江苏财政研究》，中央财经大学学位论文，2018年。

7．彭雨新：《清末中央与各省财政关系》，《社会科学杂志》1937年第9-1期。

8．伍丹戈：《四川省地方财政制度历史的考察》，《四川经济季刊》1944年第1期。

9．汤象龙：《鸦片战争前中国的财政制度》，《财经科学》1957年第1期。

10．朱永嘉：《顺、康间清政府与江南地主阶级的矛盾斗争——兼论清初地主士大夫的民族气节的实质和意义》，《复旦学报》1964

年第 1 期。
11. 伍丹戈：《论清初奏销案的历史意义》，《中国经济问题》1981 年第 1 期。
12. 郭松义：《论摊丁入亩》，《清史论丛》（第三辑），中华书局，1982 年。
13. 刘志伟：《关于明初徭役制度的两点商榷》，《北京师范大学学报》1982 年第 4 期。
14. 王树槐：《清末民初江苏省的财政》，《近代史研究所集刊》1982 年第 11 期。
15. 郑州大学中国经济史小组：《试论清前期的蠲免政策》，《上海经济研究》1982 年第 1 期。
16. 史志宏：《山西摊丁入地若干问题辨析》，《历史档案》1984 年第 3 期。
17. 王旭东：《清代雍乾时期文官养廉银制度初探》，《青海社会科学》1984 年第 4 期。
18. 樊树志：《摊丁入地的由来与发展》，《复旦学报》（社会科学版）1984 年第 4 期。
19. 陈东林：《试论雍正"提耗羡，设养廉"的财政改革》，《史学集刊》1984 年第 4 期。
20. 江桥：《会考府考略》，《历史档案》1985 年第 1 期。
21. 萧国亮：《雍正帝与耗羡归公的财政改革》，《社会科学辑刊》1985 年第 3 期。
22. 魏光奇：《清代后期中央集权财政体制的瓦解》，《近代史研究》1986 年第 2 期。
23. 彭泽益：《清代财政管理体制与收支结构》，《中国社会科学院研究生院学报》1990 年第 2 期。

24. 徐建青：《清代康乾时期江苏省的蠲免》，《中国经济史研究》1990 年第 4 期。

25. 季士家：《江南分省考实》，《中国历史地理论丛》1990 年第 2 期。

26. 罗仑、范金民：《清前期苏松钱粮蠲免述论》，《中国农史》1991 年第 2 期。

27. 唐文基：《明代江南重赋问题和国有官田的私有化》，《明史研究论丛》1991 年第 4 期。

28. 樊树志：《明代江南官田与重赋之面面观》，《明史研究论丛》1991 年第 4 期。

29. 周振鹤：《释"江南"》，《中华文史论丛》1992 年。

30. 袁一堂：《清顺治末年财政危机及缓解措施》，《河北学刊》1992 年第 4 期。

31. 贾允河：《嘉庆朝钱粮亏空的原因》，《西北师范大学学报》（社会科学版）1993 年第 5 期。

32. 韦庆远：《〈明清档案〉与顺治朝吏治》，《社会科学辑刊》1994 年第 6 期。

33. 吕小鲜：《乾隆十二年江苏清理积欠史料》，《历史档案》1995 年第 1 期。

34. 李映发：《清代州县财政中的亏空现象》，《清史研究》1996 年第 1 期。

35. 范金民：《明清江南重赋问题述论》，《中国经济史》1996 年第 3 期。

36. 何平：《论清代赋役制度的定额化特点》，《北京社会科学》1997

年第 2 期。

37. 赵践:《清初奏销案发微——从清廷内阁中枢一个文件说起》,《清史研究》1999 年第 1 期。
38. 朱楞:《江苏建省时间辨析》,《东南文化》1999 年第 4 期。
39. 魏光奇:《清代直隶的差徭》,《清史研究》2000 年第 3 期。
40. 董建中:《耗羡归公的制度化进程》,《清史研究》2000 年第 4 期。
41. 周育民:《清王朝覆灭前财政体制的改革》,《历史档案》2001 年第 1 期。
42. 郑克晟:《明代重赋出于政治原因说》,《南开学报》2001 年第 6 期。
43. 何汉威:《清季中央与各省财政关系的反思》,《"中央研究院"历史语言研究所集刊》2001 年第 72 期。
44. 郑振满:《清代福建财政与政府职能的演变——〈福建省例〉研究》,《清史研究》2002 年第 2 期。
45. 公一兵:《江南分省考议》,《中国历史地理论丛》2002 年第 1 期。
46. 倪玉平:《试论清代的荒政》,《东方论坛》(青岛大学学报) 2002 年第 4 期。
47. 陈锋:《20 世纪清代财政史研究》,《史学月刊》2004 年第 1 期。
48. 付庆芬:《清初"江南奏销案"补正》,《江苏社会科学》2004 年第 1 期。
49. 马玉良:《清初辅政时期对南方汉族的压制》,《社会科学战线》2006 年第 3 期。
50. 岁有生:《关于江南奏销案的再思考》,《兰州学刊》2008 年第

4期。

51. 陈锋:《清代清查亏空(待续)》,《辽宁大学学报》(哲学社会科学版)2008年第5期。

52. 《清代清查亏空(续完)》,《辽宁大学学报》(哲学社会科学版)2008年第6期。

53. 陈锋:《清代"康乾盛世"时期的田赋蠲免》,《中国史研究》2008年第4期。

54. 傅祥林:《清代江苏建省问题新探》,《清史研究》2009年第2期。

55. 刘凤云:《康熙朝的督抚与地方钱粮亏空》,《清史研究》2009年第3期。

56. 陈锋:《论耗羡归公》,《清华大学学报》(哲学社会科学版)2009年第3期。

57. 范金民:《政繁赋重,划界分疆:清代雍正年间江苏升州析县之考察》,《社会科学》2010年第5期。

58. 周健:《嘉道年间江南的漕弊》,《中华文史论丛》2011年第1期。

59. 李光伟:《清代田赋蠲缓研究之回顾与反思》,《历史档案》2011年第3期。

60. 高培勇:《论地方治理现代化框架下的财政基础理论建设》,《中国社会科学》2014年第12期。

61. 晏爱红:《"漕项"考释》,《中国史研究》2014年第1期。

62. 范金民:《清代雍正时期江苏附属乾隆积欠之清查》,《中国经济史研究》2015年第2期。

63. 倪玉平:《试论清朝嘉道时期的钱粮亏空》,《人文论丛》2015年第 1 期。

64. 龚浩：《"官侵"与康雍时期地方财政亏空治理——江苏省为研究对象》，《传统中国研究集刊》2015 年第 12 期。

65. 范金民：《清查乾隆初年江苏省积欠钱粮清查之考察》，《苏州大学学报》（哲学社会科学版）2016 年第 1 期。

66. 龚浩：《清初财政亏空案中利益群体分析》，《传统中国研究集刊》2016 年第 14 期。

67. 王文素、龚浩：《王朝更迭下的地方财政改革——以明清时期江苏地区均田均役制度的推行为视角》，《人文论丛》2017 年第 2 期。

68. 李光伟：《清代江苏田赋积欠蠲免研究》，《中国经济史研究》2018 年第 5 期。

七、外文译著

1. 哲美森著，林乐知译：《中国度支考》，上海广学会，1897 年。
2. 佐伯富著，郑樑生译：《清雍正朝的养廉银研究》，台湾"商务印书馆"，1996 年。
3. 滨岛敦俊：《论明末苏松常三府之均田均役》，第九届明史国际学术讨论会暨傅衣凌教授诞辰九十周年纪念论文集，厦门大学出版社，2003 年。
4. 曾小萍著，董建中译：《州县官的银两——18 世纪中国的合理化财政改革》，中国人民大学出版社，2005 年。
5. 岩井茂树著，付勇译：《中国近代财政史研究》，社会科学文献出版社，2011 年。
6. 百濑弘著，郑永昌译：《清朝的财政经济政策》，收录于《财政与近代历史论文集》下册，(台北)"中研院"近代史研究所编。
7. 王业键著，高凤等译：《清代田赋刍论（1750—1911）》，人民出版社，2008年。

后 记

一个统治时间长达二百多年的王朝,是无法治理亏空?还是无力治理亏空?抑或无心治理亏空?这一问题始终萦绕在我的脑海——说它无法治理,但它建立的规章制度却极其严密;说它无力治理,但它也能在具体类型或具体时段的亏空治理中取得效果;说它无心治理,但强调治理亏空的政令在历朝都层出不穷。

虽然本书对此做出了一些回答,并试图通过对清代前期江苏亏空治理的研究,探讨传统时期国家的治理体系、治理能力和治理理念。但很显然的是,研究成果与此目标相比还有相当长的一段路要走。想要全面地回答这一问题,既需要不断翻阅浩如烟海的史料,还需要尝试进行多学科的探索,更需要在研究的过程中不断丰富阅历。我将在以后的学术道路上不断学习思考,希望将来在这一问题的研究上会有更清晰的认识、更全面的分析和更深入的解读。

书稿的完成,得益于导师的指导。作为硕士期间才进行史学学习的新人,上海社会科学院马学强研究员教会我如何搜集史料、整理文献、选择问题、分析研究,带我进入史学研究的大门;攻读博士学位期间,中央财经大学王文素教授指导我阅读财政思想理论类论著,参与整理"十通"中的"食货"内容,尽可能拓宽我的研究视野;博士后期间,中国社会科学院高培勇教授为我讲解财政与国家治理的关系,鼓励我在财政史研究的基础上向财政理论研究和财政政策研究拓展,引导我思考传统时期的财政与国家治理的内在逻辑及其对当代中国的影响。

史料搜集和整理是史学研究的基础。我要感谢上海社会科学院图书馆刘海琴老师、国家图书馆罗瑛老师、中国社会科学院经济研究所图书馆王砚峰馆长与向彪老师,承蒙诸位老师的关照,才能让我完成史料的整理。同时,书稿中也大量使用了书同文古籍数据库、爱如生古籍数据库、爱如生地方志数据库等数据库资源。

书稿在撰写过程中得到多位前辈学者的指点。中国社会科学院经济研究所魏众研究员、张琦副研究员、缪德刚副研究员,财政部财政科学研究院赵云旗研究员、申学锋研究员,复旦大学王振忠教授,南京大学范金民教授,武汉大学陈锋教授,中国人民大学崔军教授以及中央财经大学白彦锋教授、温来成教授、马金华教授给予了极有价值的修改意见。书稿中也吸收了我在参加各类学术会议时专家讲座带来的启发以及未识尊容而只从其论著中得到的启示。书稿中部分内容已经发表,在此过程中,得到了胡文亮教授、张超颖教授等老师的指导修改。

书稿的顺利出版,有赖于上海社会科学院出版社编辑老师们的认真编校,包括核算数字、厘定句读、核实史料、修改错漏字和病句等各个方面。书稿封面图是由马学强研究员、鲍世望摄影师、独小川老师和独炬同学提供。

书稿在写作过程中得到很多朋友的帮助,同中国社会科学院办公厅杜江副研究员一起探讨公共经济学问题,与上海市档案馆彭晓亮研究馆员、上海社会科学院袁家刚博士、胡德勤博士和李家涛博士、上海音像资料馆李东鹏博士、上海交通大学胡端副研究员,国家税务总局高珂研究员，中国农业发展银行任致伟博士，首都经济贸易大学王涛博士，上海人民出版社王继峰副编审，上海市人大法制委、常委会法工委张杰，上海师范大学何东伟博士，山东财经大学田粟源博士等朋友的交流中，我也获得很多宝贵建议。同门刘源、周诗韬、岳霄雪等曾前去上海图书馆帮我誊抄、复印江苏赋役全书，张豆和齐晨阳博士帮我校对书稿。

最后，我要感谢我的家人，我的妻子江碧婷女士在工作之余帮我统稿校对，家人的付出、包容、支持和鼓励，才能让我在学术的道路上不断前行。

2022 年 3 月 17 日

写于密云云蒙山